FÉ POLÍTICA?

BASES DA RELAÇÃO ÍNTIMA ENTRE FÉ E POLÍTICA

Gilvander Luís Moreira

Apresentação

Pedro A. Ribeiro de Oliveira

FÉ POLÍTICA?

BASES DA RELAÇÃO ÍNTIMA ENTRE FÉ E POLÍTICA

Belo Horizonte

FÓRUM SOCIAL

2025

Luís Cláudio Rodrigues Ferreira
Presidente e Editor

Coordenação editorial: Leonardo Eustáquio Siqueira Araújo
Revisão: Vanessa Leão
Capa, projeto gráfico e diagramação: Walter Santos

Rua Paulo Ribeiro Bastos, 211 – Jardim Atlântico – CEP 31710-430
Belo Horizonte – Minas Gerais – Tel.: (31) 99412.0131
www.editoraforum.com.br – editoraforum@editoraforum.com.br

Técnica. Empenho. Zelo. Esses foram alguns dos cuidados aplicados na edição desta obra. No entanto, podem ocorrer erros de impressão, digitação ou mesmo restar alguma dúvida conceitual. Caso se constate algo assim, solicitamos a gentileza de nos comunicar através do *e-mail* editorial@editoraforum.com.br para que possamos esclarecer, no que couber. A sua contribuição é muito importante para mantermos a excelência editorial. A Editora Fórum agradece a sua contribuição.

Dados Internacionais de Catalogação na Publicação (CIP) de acordo com ISBD

M838f Moreira, Gilvander Luís

Fé política?: bases da relação íntima entre Fé e Política / Gilvander Luís Moreira. Belo Horizonte: Fórum Social, 2025.

230p. 14,5x21,5cm
ISBN impresso 978-65-5518-906-3
ISBN digital 978-65-5518-909-4

1. Fé e política. 2. Fé política. 3. Bases da fé e política. 4. Evangelho e política. 5. Fé e vida. I. Título.

CDD: 322.1
CDU: 322

Ficha catalográfica elaborada por Lissandra Ruas Lima – CRB/6 – 2851

Informação bibliográfica deste livro, conforme a NBR 6023:2018 da Associação Brasileira de Normas Técnicas (ABNT):

MOREIRA, Gilvander Luís. *Fé política?: bases da relação íntima entre Fé e Política*. Belo Horizonte: Fórum Social, 2025. 230p. ISBN 978-65-5518-906-3.

DEDICATÓRIA

Dedico este livro aos militantes da luta pela terra, por território, por moradia, por preservação ambiental, pela demarcação dos territórios dos Povos Indígenas e de todos os Povos Tradicionais.

À **Irmã Neusa Francisca do Nascimento**, da Congregação das Irmãs da Divina Providência, que partiu para a vida plena dia 25 de agosto de 2023. Irmã Neusa dedicou a sua vida à luta dos oprimidos, das Comunidades Tradicionais do Norte de Minas e, por anos, ajudou a construir o Conselho Pastoral dos Pescadores (CPP), no estado de Minas Gerais, bem como o importante Movimento das Pescadores e Pescadoras Artesanais, o MPP, que tanta luta vem travando nas barrancas do Rio São Francisco.

Ao **Manoel Baía** e **Ricardo Freitas de Miranda**, nosso querido Kadu, ambos da coordenação da Ocupação Vitória na Izidora, em Belo Horizonte/MG, assassinados brutalmente por estarem firmes na luta pela moradia para quem precisa.

Ao guerreiro **Cacique Merong** (Wallace Santos Souza. Ele gostava de ser chamado pelo nome indígena), liderança do Povo Indígena Kamakã Mongoió, da Retomada Território Kamakã Mongoió, em Córrego de Areias, Casa Branca, Brumadinho/MG, tombado na luta, em 04 de março de 2024. Semeado e plantado no Território Kamakã Mongoió, o Cacique Merong segue vivo em nós na luta, sempre.

A todas as lideranças das ocupações de Belo Horizonte e de Minas Gerais que me ensinaram que a única luta que se perde é aquela que não se trava ou que se abandona, e que direitos se conquistam na luta coletiva popular.

A todas as pessoas que criaram e estão construindo a Escola de Fé e Política Vilson de Jesus Silva, da Diocese de Caetité, na Bahia.

Ao **dom Pedro Casaldáliga** e a todos(as) que de mil formas buscam colocar em prática uma espiritualidade sócio-política libertadora e, por isso, profética.

À **Nádia Aparecida Sene de Oliveira**, do núcleo das CEBs de Uberaba/MG, da Pastoral da Criança e revisora dos meus textos.

Gratidão eterna a todos(as) e todes vocês.

SUMÁRIO

APRESENTAÇÃO

Ao apresentar este livro de Frei Gilvander Luís Moreira, com o título ***Fé política?*** e o subtítulo ***Bases da relação íntima entre Fé e Política***, adianto que a Política é uma dimensão fundamental da Fé cristã, mas não a esgota. De minha parte, só qualifico como propriamente política a Espiritualidade – que decorre, mas não se confunde! – com a Fé na ressureição do mártir Jesus Cristo, que, condenado pelo Templo, foi crucificado pelo Império Romano.

Minha chave de leitura foi a clássica tese de Karl Marx que diz: "Não se trata de contemplar o mundo, mas sim de transformá-lo". Ela não coloca o ativismo em lugar da teoria, como vulgarmente se pensa. O que ela formula, isso sim, é o princípio fundamental da *teoria da práxis*. Ela ensina que, para ser instrumento de transformação da sociedade, uma teoria só pode partir da reflexão sistemática sobre a *práxis*. Precisa ser teoria, é óbvio, mas não derivada apenas de ideias e conceitos.

E Frei Gilvander é a pessoa qualificada para fazer esse tipo de estudo teórico, por ser alguém visceralmente inserido na *práxis* das lutas populares. Tanto nas lutas do campo – de lavradores e lavradoras sem-terra ou morando em assentamentos, e de Povos Originários ou Quilombolas – quanto nas Ocupações Urbanas e nas lutas contra a mineração e em defesa da água, ali está nosso Autor, levando a coragem da fé e o apoio daquele setor da Igreja que entende que o reinado de Deus está onde duas ou mais pessoas se unem para construir uma sociedade justa, fraterna e cuidadora da *Casa comum*.

Este livro reúne uma coletânea de textos recentes do Autor: alguns publicados em veículos de grande divulgação, outros em veículos de menor alcance. Sua ordem segue o momento conjuntural em que foram produzidos, pois não se trata exclusivamente de um estudo bíblico ou teológico, mas de uma reflexão sobre nossa responsabilidade como cristãos e cristãs em entender a mensagem do Deus revelada na Bíblia em cada situação vivida por seu Povo.

Talvez, esse enfoque metodológico, à primeira vista, exagere um pouco na aplicação de textos bíblicos para os dias atuais, mas este foi o modo que também os profetas e as profetisas de outros tempos encontraram para convocar quem os ouvia. Não dá para ler os textos aqui publicados sem que sua fala nos interpele. Neste sentido, são textos que atualizam a fala profética para o nosso tempo e nos chamam à ação político-transformadora, até mesmo quando tratam temas propriamente teológicos, como a descoberta da divindade de Jesus ou a evolução da doutrina católica sobre os modernos estudos bíblicos na Europa.

Esse enfoque metodológico, que tem como chave de leitura a realidade de Movimentos Populares de hoje, não poderia deixar de ir às raízes da sociedade atual, estruturada pelo modo de produção e consumo capitalista. Quase todos os textos mencionam o capitalismo e seus males, contrastando com a hierarquia católica, cujos textos oficiais nem sequer usam essa palavra e buscam sempre algum eufemismo para designar as bases sociais e econômicas da sociedade moderna. É verdade que o Autor por vezes vai muito diretamente às raízes e deixa na sombra as mediações entre o evento em pauta e o modo de produção e consumo capitalista, mas sendo este livro composto por textos curtos, essa simplificação é perfeitamente desculpável.

Enfim, chamou-me a atenção a perspectiva pluralista que permeia todo o livro. Deixando de lado o exclusivismo religioso católico, Frei Gilvander procura observar a realidade sob uma perspectiva ecumênica – ou mesmo macroecumênica – que favoreça o diálogo e o entendimento entre as religiões e a paz e a justiça entre os povos.

Concluo. Este livro é uma boa introdução à leitura bíblica a partir das lutas populares contra a injustiça e a opressão. Ajuda a entender o sentido das palavras da Bíblia, sem recorrer a uma linguagem hermética, que só pouca gente consegue compreender.

O importante é que o livro cumpre o seu objetivo: fundamentar na Bíblia a relação entre Fé cristã e Política, entendida como boa política que liberta os oprimidos e oprimidas de hoje, tal como foi anunciado pelos profetas e profetisas da Bíblia.

Pedro A. Ribeiro de Oliveira.

Juiz de Fora/MG, 18 de março de 2024.

INICIANDO A REFLEXÃO...

Os textos reunidos neste livro serviram - e servem - como subsídio para formação de lideranças nas Comunidades Cristãs, em Escolas de Fé e Cidadania, foram usados em muitos Encontros de Formação de Comunidades Eclesiais de Base (CEBs), da Comissão Pastoral da Terra (CPT), de Movimentos Sociais Populares, inclusive no 1º Módulo "Bíblia e Política" na Escola de Fé e Política da Diocese de Caetité, na Bahia, nos seus primeiros cinco anos de funcionamento. A presente obra pode subsidiar o estudo e a reflexão sobre vários assuntos relacionados à prática cristã e à luta pela construção de uma sociedade justa economicamente, democrática politicamente, solidária socialmente, sustentável ecologicamente, plural culturalmente, respeitosa religiosamente e com responsabilidade geracional. Assuntos tais como os fundamentos bíblicos da relação íntima entre Fé e Política, a dimensão social da fé cristã, a relação íntima entre Fé e Política, o compromisso cristão diante das injustiças sociais e violências que se abatem sobre o povo, a opção pelos pobres e a opção de classe, dentre outros aspectos inerentes às bases bíblicas da "Fé e Política", melhor dizendo, da Fé Política.

Fé e/ou Política ou Fé política? Qual a melhor conceituação? Os artigos a seguir refletem estas e muitas outras questões pertinentes às bases bíblicas, teológicas e sociológicas da Fé Política.

Como é meu jeito de ser e agir, uso neste livro linguagem direta, "papo reto", com afirmações contundentes, sem ficar tergiversando ou tentando adocicar a linguagem fazendo "política da boa vizinhança". Entre opressor e violentado não dá para amaciar e ficar "em cima do muro". Nossa experiência nos mostra que diante de brutais injustiças ficar contemporizando ou falando de forma cautelosa acaba por recair em cumplicidade, o que é intolerável, pois tolerar o intolerável pavimenta o caminho para o intolerante, que passa a dominar e a liquidar com todos(as) que não o aceitam de cabeça baixa.

Os textos que compõem este livro, parte deles já publicados em outros livros, revistas ou sites, foram atualizados, revistos e aprofundados.

CAPÍTULO 1

É PRECISO TER CORAGEM!

Por mais que lorotas dos capitalistas fascistas que, para desviar o foco e criar cortina de fumaça, acusam de ser "comunistas" quem luta por justiça socioambiental, por direitos humanos e direitos da natureza, o fato é que (sobre)vivemos em uma sociedade capitalista, que é uma máquina brutal de moer vidas humanas e de toda a natureza, no estágio atual colocando em risco a sobrevivência da humanidade e da maioria das espécies vivas, porque está devastando de forma brutal o ambiente e gerando a emergência climática com eventos extremos cada vez mais frequentes e letais. A opressão, a exploração ou a superexploração, violências de mil formas, campeiam na sociedade capitalista, seja na forma de superexploração da força de trabalho pela uberização do trabalho, remuneração por produção, terceirização ou quarteirização, seja pelo racismo, pela homofobia, pela discriminação, pelo feminicídio, pelo patriarcalismo, pelo fascismo etc., todas violências que têm como causa maior o sistema do capital idolatrado.

Viver, conviver e agir de forma humana em uma sociedade capitalista é um desafio gigante. A maioria das pessoas, quase todas das classes trabalhadora e camponesa, reduz a vida à luta pela sobrevivência, o que exige muitas vezes se omitir ou se tornar cúmplice de muitas injustiças e violências. Muitos sabem que se tomar partido e denunciar injustiças é perseguido, demitido, censurado ou excluído sumariamente. Em muitos cantos e recantos vigora o ditado popular: "Aqui quem tem olhos não vê, quem tem boca não fala e quem tem ouvidos não ouve nada, pois se falar, morre". Lamentavelmente, uma das estratégias da sociedade capitalista para reproduzir as relações sociais capitalistas, que são escravocratas, é a imposição do medo de muitas formas, pois quem teme fica calado, se omite e, muitas vezes, nem percebe que está sendo cúmplice. Às vezes, salva a própria pele por certo tempo, mas condena indiretamente muitos(as) ao sacrifício no altar do mercado idolatrado.

Neste contexto de injustiça institucionalizada e estrutural, é necessário recordarmos a beleza e a necessidade de sermos pessoas de coragem, destemidas, para andarmos na contramão, "atrapalhando o sábado". Afinal, peixe vivo é o que nada rio acima. Em centenas de vezes em que na Bíblia narra a aparição de um anjo, mensageiro divino, convidando alguém a abraçar uma missão dada pelo Deus, mistério de infinito amor, após propor a missão e constatar que a pessoa treme na base diante do desafio que lhe é proposto, a primeira fala e atitude do anjo é dizer: "Não tenha medo. Coragem! Deus está com você".

A história humana demonstra que quem faz história não tem medo, ou seja, tem coragem, "age pelo coração" que, fervilhando de indignação, em ira santa, não se omite e não se torna cúmplice diante de nenhuma injustiça, exploração ou violência perpetrada contra alguém ou qualquer ser vivo, de perto ou de longe. Segundo o livro bíblico do Êxodo, após amargar uns 500 anos de escravidão no Egito, debaixo do imperialismo dos faraós, os povos oprimidos e superexplorados de várias culturas, diante de um Decreto do Faraó que mandava matar os meninos ao nascer – fazer controle de natalidade –, os povos se uniram, se organizaram e partiram para conquistar terra e liberdade: um sonho bom e invencível. No entanto, no início da caminhada, os povos se viram encurralados pelo Mar Vermelho à frente, atrás a tropa de choque dos faraós e montanhas dos dois lados. Nesse apuro, as mulheres parteiras – Séfora e Fua –, Míriam e Moisés convidaram o povo a dar as mãos e de cabeça erguida bradaram: "Coragem! Um passo à frente!" O Mar Vermelho se abriu e os povos seguiram a caminhada para conquistar a terra prometida pelo Deus solidário e libertador, terra sem males. Foi com coragem que entraram para a história Séfora e Fua, duas parteiras escravizadas no Egito, Miriam, Moisés e muitas outras pessoas anônimas, que enfrentaram o imperialismo dos faraós, no Egito, por volta do ano 1200 antes da era cristã.

Foi assim que os profetas e as profetisas da Bíblia e de outros textos sagrados de várias religiões entraram para a história: por enfrentar os opressores, como "Davi enfrentou Golias" e por ter feito opção de classe, pelos injustiçados, consolando-os na luta pela superação das injustiças. Galileu Galilei, Giordano Bruno, muitas mulheres consideradas bruxas, Mahatma Gandhi, Martin Luther King, Che Guevara, Rosa Luxemburgo, "144 mil" mártires que viveram enfrentando os dragões de plantão, Margarida Alves, Marielle Franco, Mãe Bernadete, Chico Mendes, Irmã Dorothy Stang, Padre Josimo, Padre Ezequiel Ramin, Santo Dias, Cacique Merong..., todos(as), entre as várias qualidades que testemunhavam, demonstraram coragem inabalável diante de ameaças e perigos.

Recordei-me de tudo o que escrevi nas linhas anteriores ao contemplar o que foi, fez e lutou e continua sendo e fazendo – de outra forma –, Irmã Neusa Francisca do Nascimento, da Congregação das Irmãs da Divina Providência, que partiu para a vida plena dia 25 de agosto de 2023. Irmã Neusa dedicou a sua vida à luta dos oprimidos, das Comunidades Tradicionais do Norte de Minas Gerais e por anos ajudou a construir o Conselho Pastoral dos Pescadores (CPP), no estado de Minas Gerais, bem como o importante Movimento das Pescadoras e Pescadores Artesanais, o MPP, que tanta luta vem travando nas barrancas do rio São Francisco.

Dia 16 de agosto de 2017, Irmã Neusa Francisca do Nascimento participou de Audiência Pública na Assembleia Legislativa de Minas Gerais (ALMG), na Comissão de Direitos Humanos, ocasião em que revelou coragem inabalável para denunciar com contundência os violentos e violentadores das Comunidades Tradicionais e, especificamente, da Comunidade Tradicional Vazanteira de Canabrava, que estava sendo despejada de forma brutal em Buritizeiro, nas barrancas do rio São Francisco, no norte de Minas Gerais.

Faço questão de transcrever aqui algumas denúncias veementes que Irmã Neusa fez ao vivo pela TV Assembleia, da ALMG, para percebermos a beleza e a necessidade de sermos pessoas corajosas. De cabeça erguida, com voz firme, Irmã Neusa, no microfone da Assembleia Legislativa de Minas Gerais, bradou:

> Inicio dizendo NÃO a esse processo de retirada de direitos que está violentamente acontecendo no nosso país, o que torna a vida impossível. Manifesto todo apoio ao Movimento das Comunidades Tradicionais, que está em movimento de resistência. Garantir os Territórios das Comunidades Quilombolas e de todas as outras Comunidades Tradicionais e indígenas é necessário. Está em risco toda a tradicionalidade dos territórios das Comunidades Indígenas, Quilombolas e Pesqueiras. 'Com Deus na frente e paz na guia' – lema de Irmã Neusa –, queremos fazer deste mundo um lugar bom de viver para todos e todas os viventes da mãe Terra – sonho de Irmã Neusa. A violência que sofre a Comunidade Tradicional Pesqueira e Vazanteira de Canabrava, lá em Buritizeiro, no norte de Minas Gerais, não é um fato isolado, mas faz parte da estratégia do latifúndio, agora travestido

de agro e hidronegócio. As Comunidades Tradicionais Pesqueiras, ao longo do rio São Francisco, vêm sofrendo, violentamente, um processo de expulsão desde a década de 1960, mas, resistindo a esses mecanismos de expulsão, avançaram na consciência de seus direitos e estão fincando o pé nas Retomadas de seus Territórios, nos processos de permanente enfrentamento aos latifundiários e agronegociantes. A gente fica preocupada com a inércia do Estado, enquanto as Comunidades Tradicionais estão na mira da bala do latifúndio. A gente vê o fazendeiro, no caso da Comunidade de Canabrava, fazer o que fez nos últimos dias, enquanto a Comunidade estava esperando desde fevereiro uma visita do Governo no intuito de demarcar a área da Comunidade. A Comunidade está dentro da área de domínio da União. Isto já foi comprovado pela visita técnica da Secretaria do Patrimônio da União (SPU) na semana passada. Estão dentro da área da União comprovadamente todas as casas que foram derrubadas no dia 18 pela Polícia Militar com decisão judicial injusta e as que foram derrubadas no dia 20 pelos jagunços e pelos fazendeiros. É inadmissível que o Governo não tenha 120 mil reais para fechar um Convênio com a SPU e uma Universidade para garantir a permanência das Comunidades nos seus territórios ancestrais, mas teve 70 mil reais para despejar uma Comunidade Tradicional Pesqueira, que estava dentro da área da União. Ainda mais inadmissível é aceitar que o fazendeiro tenha investido mais 20 mil reais e tenha participado diretamente da expulsão da Comunidade e tenha colocado seus capangas ali vigiando e pondo a arma no pescoço e na cabeça dos moradores. É inadmissível que a Polícia Militar, chamada desde as 8 horas da manhã e alertada para socorrer a Comunidade de Canabrava tenha se omitido, quando o fazendeiro estava fazendo por conta própria o despejo de forma ilegal, violenta. A Polícia Militar só compareceu depois de muito empenho no final da tarde e dizendo que não estava indo ali para proteger a Comunidade, mas simplesmente para acompanhar um perito do Ministério Público Federal que estava na área aquele dia fazendo estudo antropológico da Comunidade. Durante todo esse tempo, a gente estava com a Comunidade cercada de jagunços com tiroteios ameaçando o tempo inteiro, mas a Polícia Militar só foi comparecer quatro dias depois, mesmo estando a Comunidade de Canabrava cercada pelos tiroteios dos capangas do fazendeiro. No que a Comunidade Tradicional decidir a gente está junto para apoiar a Comunidade na resistência, sofrendo toda tentativa de homicídio. A conivência do Estado com os latifundiários e empresários do agronegócio é brutal e nojenta. A gente está aqui para dizer que é preciso justiça urgente, pois o fazendeiro está se aliando a outros fazendeiros. Todas as margens do rio São Francisco, Territórios de Comunidades Tradicionais, estão sob violência de latifundiários, empresários do agro e hidronegócio, e do Estado. Pedimos urgência também ao Governo Federal, através da SPU, para que faça a demarcação de todos os Territórios ao longo do rio São Francisco, que estão tradicionalmente ocupados por Comunidades Tradicionais Vazanteiras

> na mira da bala do latifúndio, encurraladas, sofrendo todo esse tipo de pressão e violência. Se essas famílias vão com os filhos para as periferias, lá a polícia bate e mata; se resiste no seu Território Tradicional e luta para ficar lá, a polícia se alia aos latifundiários e as expulsa.[1]

Detalhe: a Irmã Neusa fez todas estas denúncias necessárias enquanto morava na cidade de Buritizeiro, no município onde as violências se perpetravam. Por encarnar as virtudes humanas do amor ao próximo, da humildade, da solidariedade, da justiça, da ética e, acima de tudo, por ser mulher corajosa, Irmã Neusa Francisca do Nascimento "combateu o bom combate, completou a carreira, guardou a fé. A coroa da justiça lhe está guardada, a qual o Senhor, justo juiz, lhe dará naquele dia; e não somente a ele, mas também a todos os que amam a sua vinda" (2 Timóteo 4,6-8).[2]

Guimarães Rosa compreendeu de forma magistral ao conviver com os Povos do Sertão mineiro que "a vida é assim: esquenta e esfria, aperta e daí afrouxa, sossega e depois desinquieta. O que ela quer da gente é coragem".[3]

Enfim, que tenhamos a grandeza de honrarmos o imenso legado espiritual, ético e profético que Irmã Neusa Francisca do Nascimento nos deixou, com coragem e compromisso de toda a vida ao lado dos empobrecidos na luta pelos seus direitos. É preciso ter coragem!

---

1 O discurso da Irmã Neusa Nascimento pode ser conferido acessando o link: https://www.youtube.com/watch?v=VVB_XqEnZ_8&t=185s. Acesso em 20 out. 2024.

2 Informamos que todas as referências bíblicas ao longo do texto, aqui e doravante, seguirão este mesmo formato.

3 ROSA, João Guimarães. *Grande Sertão*: veredas. Rio de Janeiro: Editora Nova Fronteira, 2001, p. 293.

CAPÍTULO 2

GRANDES PROJETOS NA BÍBLIA E A RESISTÊNCIA DO POVO[4]

Introdução: grandes projetos, um tormento na vida dos pobres

Vivemos um tempo perigoso. O capitalismo está funcionando a todo vapor, triturando vidas de bilhões de pessoas e de outros seres da biodiversidade. Estamos em tempos de fundamentalismos, de céus povoados de anjos e entidades, de demônios por todos os lados, de gritaria de deuses, de promessas, de busca insaciável de bênçãos, de procissões, de peregrinações, de necessidade de expiação, de moralismos, de religiões sem Deus, de salvações sem escatologia, de cristianismos light, de libertações que não vão muito além da autoestima. Enfim, tempos de autoajuda, de dar um jeitinho para ir empurrando a vida.

Clamores ensurdecedores brotam dos porões da humanidade. A mãe Terra clama para ser salva, pois está sendo crucificada impiedosamente pelos grandes projetos capitalistas. Medo, insegurança e instabilidade atingem a todos. Atualmente, impera uma insistente mística antievangélica do descompromisso com os pobres. Estes, além de empobrecidos, são marginalizados, injustiçados e acusados de serem os responsáveis primeiros pela sua situação de miséria. Inverte-se a

---

4 Artigo publicado na Revista Estudos Bíblicos: MOREIRA, Gilvander Luís. Grandes projetos na Bíblia e a resistência do povo. *Estudos Bíblicos*, v. 30, n. 120, Petrópolis: Vozes, p. 339-358, 2013.

realidade: os verdugos tentam parecer bons samaritanos; as vítimas são consideradas vagabundas, irresponsáveis e bagunceiras.

A estrutura de violência e de exclusão fragmenta multidões, deixando as pessoas em cacos. É hora de recompor os cacos em um grande e articulado mosaico. É hora de reintegrar as nossas forças e energias vitais.

No Brasil, e na maioria dos países do mundo, o povo vive sob as agruras e o tormento dos mega projetos da grande capital. Por aqui estes são executados em nome do PAC – Programa de Aceleração do Crescimento –, no Nordeste, apelidado de Programa de Ameaça às Comunidades. Dentre os grandes projetos do PAC, os de maior impacto são as grandes barragens e usinas hidrelétricas, como as de Jirau e Santo Antônio, no Rio Madeira, em Rondônia; a barragem e hidrelétrica de Belo Monte, no rio Xingu, em Altamira, no Pará; a Transposição das águas do rio São Francisco; a construção de vários portos e aeroportos e a ampliação e modernização de outros; a fusão de grandes empresas que concentram cada vez mais o capital e vão matando as pequenas empresas. Exemplos não faltam nas áreas de telecomunicações, de aviação, das construtoras, dos grandes supermercados, entre tantos outros. Muitos pensam que esses projetos beneficiam todo o povo, mas, na realidade, tratam-se de infraestrutura para viabilizar o crescimento do capital, atualmente primordialmente nas garras de empresas transnacionais. Quase sempre esses grandes projetos são realizados por grandes empresas, mas por meio de financiamento público, via BNDES.[5]

A chegada de um grande projeto em uma região é sempre envolvida por campanha publicitária espetacular que anuncia estar chegando à região uma alavanca de desenvolvimento social, geradora de emprego e que não irá causar grandes males à já tão sofrida natureza, à biodiversidade e às pessoas. Chefes da política, da economia e até da religião são cooptados e muita gente seduzida. Assim, a massa acolhe esses projetos como se fossem benfeitores que trarão emprego e melhorias sociais, mas, logo, descobre que geram poucos empregos e, muitas vezes, em condições de escravidão contemporânea. Acontece o que ensina a fábula do Escorpião e o Sapo, que diz: um escorpião pede a um sapo que o leve através de um rio. O sapo tem medo de ser picado durante a viagem, mas o escorpião argumenta que não há motivo para o sapo temer tal traição, pois se picar o sapo, esse afundaria e o

---

[5] Banco Nacional de Desenvolvimento Econômico e Social. Mas o "social" está esquecido, desenvolve-se o econômico à custa do social.

escorpião da mesma forma iria junto afogar. O sapo concorda e começa a carregar o escorpião, mas, no meio do caminho, o escorpião, de fato, aferroa o sapo, condenando ambos. Quando pergunta o porquê, o escorpião responde que esta é a sua natureza. Isso mesmo: a natureza do capitalismo é aferroar vidas o tempo todo e cada vez com mais veneno. O funcionamento do capitalismo exige expansão, crescimento sem limites. Isso é impossível, pois a natureza precisa de tempo para se recuperar das agressões. Base da acumulação do capital, a mercadoria destrói o ambiente e explora os trabalhadores. Portanto, não dá mais para acreditar que na nossa caminhada na vida o capitalismo seja a melhor companhia.

Por tudo isso, é um imenso desafio enfrentar o poder opressivo do capital diante desses megaprojetos. Voltando o nosso olhar atentamente para as narrativas bíblicas, percebemos que os povos da Bíblia também experimentaram na própria pele as agruras de grandes projetos. Resgatar um pouco do que foram esses grandes projetos e como os povos bíblicos resistiram diante deles, talvez possa inspirar em nós táticas e estratégias para enfrentamento dos grandes projetos do grande capital atualmente.

2.1 Grandes projetos na Bíblia

Na Bíblia encontramos muitas narrativas de grandes projetos, entre os quais destacamos seis: 1) A Construção da Torre de Babel (Gênesis 11,1-9); 2) A construção de um bezerro de ouro (Êxodo 32,1-35); 3) O gigante de pés de barro do livro do profeta Daniel (Daniel 2,1-49); 4) O mercado no entorno do templo de Jerusalém (Mateus 21,12-13); 5) O comércio ao redor da deusa Ártemis (Atos 19,23-40); 6) O dragão do Apocalipse (Apocalipse 12,1-12).

Olhemos um pouco para esses grandes projetos bíblicos na esperança de que eles possam nos inspirar a assumir posturas e compromissos na militância pela construção de uma sociedade justa e solidária diante dos atuais grandes projetos do capital.

2.1.1 Em uma cidade grande, uma Torre de Babel (Gênesis 11,1-9)

Óbvio que não podemos encarar a narrativa bíblica de Gênesis 11,1-9 como se fosse um relato histórico, uma crônica jornalística de algo acontecido tal e qual. Gênesis 11,1-9 é uma narrativa bíblica e, como tal, reflete a experiência bíblica de povos oprimidos, mas portadores de fé libertadora.

Contudo, prestemos atenção em alguns detalhes da narrativa de Gênesis 11,1-9. Diz-se no texto que "o mundo inteiro falava a mesma língua, com o mesmo vocabulário" (Gênesis 11,1). Era o pensamento único. Claro que isso nunca aconteceu em nenhum país do mundo e nem acontecerá. Sempre há uma enorme diversidade de línguas, culturas e formas de viver a vida. Não é preciso nem sair do Brasil para experimentar o esplendor das variantes linguísticas e culturais de cada região. Basta visitar regiões diferentes dentro do mesmo estado.

Mais à frente, diz a narrativa que construíram uma grande cidade e nesta almejavam construir uma torre que pudesse acessar os céus, uma espécie de templo que viabilizasse contato direto com o ser supremo. Queriam ser autossuficientes, independentes. Dominar, dominar... Mas o autor – ou autores e autoras – do livro de Gênesis faz(em) questão de dizer que Javé, Deus solidário e libertador, não ficou inerte. Desceu e veio ver o que estava acontecendo. Javé descobriu o tendão de Aquiles deles: "Era um só povo e todos falavam a mesma língua" (Gênesis 11,6). Diante do pensamento único, da mesma ideologia, foi fácil inocular sementes de resistência. O povo fez a experiência divina de que deviam diversificar as línguas e formar outros povos. Assim, com outras línguas, culturas e diferentes formas de viver e conviver foi bloqueado aquele projeto que visava à onipotência e à autossuficiência.

Se olharmos bem à nossa volta, há muitas outras línguas e culturas sendo gestadas. Basta não alimentarmos o pensamento único do capital, na era do capitalismo neoliberal e neocolonial. Ao longo da história e, ainda atualmente, os grandes projetos são torres de Babel, mas terão pernas curtas, não irão adiante, pois a luz e a força divina brilham nos povos que estão nas lutas coletivas por direitos, jogando areia na engrenagem desses projetos de morte.

2.1.2 Um bezerro de ouro como deus (Êxodo 32,1-6)

Após escapulir das garras do imperialismo dos faraós do Egito, no deserto, sentindo a falta do líder Moisés, o povo, que já tinha amargado uns 500 anos debaixo do megaprojeto dos faraós, escorregou e caiu feio. Resolveu manipular Javé, Deus solidário e libertador dos oprimidos. Pressionou outra liderança já cooptada, Aarão: "Faça para nós um deus que caminhe à nossa frente" (Êxodo 32,1). As primeiras comunidades cristãs, sentindo as agruras dos templos de Jerusalém e de outros templos do império romano, e também sob o tormento da sinagoga enrijecida, ao fazer retrospectiva histórica, recordam que o povo "voltou" ao Egito ao dizer a Aarão: "Faça para nós deuses que nos guiem, porque não sabemos o que aconteceu com esse Moisés que nos tirou do Egito" (Atos 7,40). Projeto estúpido, pois como pode a criatura criar o criador? Queriam reduzir Javé a um ídolo, deus manipulável. Mas com o que seria feito o ídolo? "Tirem os brincos de ouro de suas mulheres, filhos e filhas, e tragam aqui" (Êxodo 32,2), bradou Aarão, em uma postura populista. Triste. Com o luxo da minoria fizeram a estátua de um bezerro de ouro. Pior: saudaram o ídolo construído mentindo: "Israel, este é o seu deus, que tirou você do Egito" (Êxodo 32,4). Desencadeou-se uma cascata de idolatria. Construíram altar diante do bezerro de ouro (Êxodo 32,5). Pararam de marchar no deserto rumo à terra prometida. Ofereceram holocaustos e sacrifícios. Ao invés de levantar para caminhar, o povo sentou-se, não para assembleiar-se, nem para uma celebração libertadora; levantou-se, não para marchar, mas para se divertir, "para comer e beber" sobre o que apregoam os sistemas de morte. Era a recaída no sistema do imperialismo egípcio. Era a reintrojeção e assimilação dos ídolos que tanto os oprimiam. Atos dos Apóstolos diz: "Voltaram ao Egito" (Atos 7,39), ao fazer o bezerro de ouro e cultuá-lo em uma megaidolatria.

Há muitas narrativas bíblicas que versam sobre a rebeldia do povo durante a caminhada de libertação no deserto rumo à terra prometida. Inúmeras vezes o povo recai e resolve voltar ao *modus vivendi* do Egito opressor. Moisés intercede a Javé pedindo que perdoe o povo. Deus perdoa inúmeras vezes, mas a idolatria do bezerro de ouro é um divisor de águas na postura de Javé. Se antes da confecção do ídolo bezerro de ouro, Javé sempre perdoava, agora, após o bezerro de ouro, Javé não perdoará mais, porque o povo se tornou cabeça dura. Inicia-se a profecia de julgamento, da ira de Javé. Logo, buscar manipular o Deus da vida, mistério de infinito amor, é algo inadmissível. É fechamento no egocentrismo.

No discurso mais radical e revolucionário de Atos dos Apóstolos, o diácono Estevão, na iminência de ser linchado, discursa se defendendo: "...naqueles dias, construíram um bezerro, ofereceram um sacrifício ao **ídolo** e celebraram a obra de suas próprias mãos" (Atos 7,41). Estevão cita a idolatria no deserto para afirmar que, desde a origem, o povo de Deus tem sido rebelde e propenso a voltar-se para ídolos.

Parte do povo da Bíblia não somente adorou um bezerro de ouro, mas também "hostes do céu" (Cf.: 1 Reis 22,19; Jeremias 7,18; 19,13;

Neemias 9,6 (LXX), o que denota estrelas e outros corpos celestiais e alguns espíritos ou anjos que governam os seus movimentos (Atos 7,42). Sem lideranças autênticas a marcha libertária não prossegue. Moisés, possuído por uma ira santa, queima o bezerro de ouro e o transforma em pó. Com idolatria não se brinca. Militante que é apaixonado pela causa dos oprimidos e com eles comunga as lutas libertárias deve ter a grandeza de gritar quando a luta se desencaminha. "Quem estiver do lado de Javé, venha até mim" (Êxodo 32,26), bradou Moisés.

2.1.3 Estátua gigante de pés de barro e uma pedrinha que vem da montanha (Daniel 2,1-49)

Na Bíblia, o livro de Daniel é um escrito apocalíptico, profecia em outros moldes. Quando o maior inimigo se torna internacional e, por isso, invisível, a profecia muda de tática e de estratégia: prioriza a linguagem simbólica. O livro de Daniel foi escrito provavelmente no 2º século antes de Cristo, época em que o rei Antíoco IV estava empurrando goela abaixo do povo a cultura grega e, para isso, era preciso pisar na cultura popular, nos valores e costumes do povo semita hebraico. Daniel objetiva cultivar a esperança em tempos de grandes projetos transnacionais e visa sustentar a resistência contra os opressores. O Livro de Daniel, capítulos 1 a 6, mostra como ele e os seus companheiros resistiram aos poderosos do império e, assim, foram salvos. Daniel carrega uma profunda convicção de fé: o único poder é o de Deus, e só ele é o dono da história. Todos os outros poderes, por maiores que sejam, podem ser derrubados pelos que acreditam na força infinita do Deus da vida que age em nós e a partir de nós (Daniel 2,31-47).

Manter a identidade camponesa, os valores oriundos do deserto, tal como "ser vegetariano e não comer carne", é o caminho para a libertação/salvação. A resistência inicia-se pela comida. Não comer a comida do império, mas a comida de verdade, que é a dos nossos pais, avós, bisavós, nossos ancestrais (Cf.: Daniel 1).

Em Daniel 2, o rei Nabucodonosor treme na base por causa de um sonho enigmático. Assustado, ele exige que os sábios – magos, astrólogos, agoureiros e adivinhos – digam a ele qual foi o sonho que tivera e revelem a sua interpretação. "O rei nos exige algo sobre-humano", dizem. Diante da negativa dos "sábios", o rei ordena pena de morte para todos os sábios da Babilônia. Condenado à morte, Daniel pede um prazo para interpretar o sonho. Em uma visão, Deus revela o mistério do sonho a Daniel, que fica grato (Daniel 2,20-23). Levado diante do rei, Daniel desmascara o pretenso poder dos sábios, astrólogos, magos e adivinhos. Diz: "Não são capazes de desvendar o segredo que Vossa Majestade lhes propôs. Mas há no céu um Deus que revela os segredos" (Daniel 2,27-28). Trata-se de luta pela afirmação do Deus do povo oprimido e o desvencilhamento dos ídolos de todos os impérios. Daniel então conta ao rei o que acontecerá no futuro, nos últimos dias.

Eis o que foi visto na visão: era uma grande estátua, alta e muito brilhante. Ela estava bem à frente de Vossa Majestade e tinha aparência impressionante. Cabeça de ouro maciço, o peito e os braços de prata, a barriga e as coxas de bronze, as canelas de ferro e os pés, parte de barro e parte de ferro (Cf.: Daniel 2,31-33). Eis, que sem ninguém jogar, uma pedra caiu nos pés da estátua e os quebrou. Tudo virou palha, pó. A pedra se transformou em uma enorme montanha.

O profeta Daniel deu a seguinte interpretação:

> Vossa Majestade, rei dos reis, é a cabeça de ouro. Após Vossa Majestade, aparecerá outro reino, menor que o seu, depois, um terceiro, de bronze. O quarto reino será duro como ferro, mas esse reino terá pés de barro e ferro, forte por um lado, mas fraco, por outro; reino dividido. Por isso se desmoronará. Deus suscitará um reino que nunca será destruído. Esse reino é o da pedra que rolou da montanha sem ninguém tocá-la e esmigalhou o que era de barro, ferro, bronze, prata e ouro. (Daniel 2,37-45).

O capítulo 2 de Daniel termina dizendo que o rei se prostrou diante dele e reconheceu a sua profecia. Tentou cooptá-lo, propondo fazê-lo governador de todas as províncias da Babilônia, mas ele não aceitou. Sugeriu que o poder fosse exercido por outras lideranças da sua confiança (de Daniel). Assim, a profecia seguiu o seu caminho.

Em contextos políticos de poderosos exercendo o poder, pretendendo ser onipotentes, é tremendamente revolucionário afirmar, como o fez o profeta Daniel, que o único poder é o de Deus, e só ele é o dono da história. Assim, ele deslegitima os pretensos poderosos e afirma outro poder que não é o exercido por nenhum ser humano. Mas, segundo a Teologia da Libertação, o único poder que Deus tem é o poder do amor. Logo, o poder do Deus da vida está em nós, permeia e perpassa a trama das relações humanas e sociais. O divino está no humano. Sem a participação humana tecendo nossas relações e construindo instituições com o poder democratizado não é possível fazer desmoronar os podres poderes. Reconhecer a beleza espiritual da profecia de Daniel, a estátua gigante e a pedrinha é dizer: a última palavra será da vida, da liberdade e não dos podres poderes. Isso suscita esperança e faz a luta continuar.

O eixo da literatura apocalíptica de caráter histórico é o confronto Império-Povo, por isso a teologia apocalíptica é sempre teologia política. A literatura apocalíptica é também uma literatura de esperança. Sempre se anuncia o juízo de Deus, que põe fim à situação de opressão. O fim será a destruição da estátua gigante e a instauração do Reino de Deus.

No capítulo 2 do Livro de Daniel o reino de Deus, que é um reino de justiça, de paz e de solidariedade, é simbolizado por uma pedra que se desprende da montanha sem intervenção da mão humana e destrói a estátua gigantesca que representa os impérios e que, depois de destruí-la, se transforma em um grande monte que encheu toda a terra. A pedra que se desprende da montanha e destrói a estátua representa o povo dos mártires e nos lembra todas as conquistas libertárias já havidas na história.

2.1.4 Templo de Jerusalém, centro religioso-político-econômico e cultural da Palestina

Segundo as comunidades cristãs do quarto evangelho, levou 46 anos para que o templo de Jerusalém fosse reconstruído pelo governador Herodes O Grande (João 2,20), que mandou construir a fortaleza Antônia em um dos vértices do Templo de Jerusalém, o que foi considerado por muitos judeus como uma profanação ao modelo do templo construído pelo rei Salomão. A história indica que a reconstrução teve início no ano 18 a.C. e terminou em 65 d.C., com o rei Herodes Agripa. Herodes mandou colocar no templo várias esculturas pagãs do Império Romano, inclusive a Águia Imperial, que motivou a ira de jovens judeus que se amotinaram e foram, por isso, presos e queimados vivos, a mando do rei Herodes Agripa. Essa foi uma obra faraônica que exigiu o trabalho de cerca de 10 mil operários diariamente.

Na época de Jesus, Jerusalém tinha cerca de trinta mil pessoas. O templo era meio de vida para muita gente, pois gerava emprego para cerca de dezoito mil pessoas; era símbolo de identidade; lugar de comércio com lucro abusivo; lugar de carestia: de 3 a 6 vezes mais do que no interior da Palestina; lugar de cobrança de Impostos (de 25% a 50%); centro de peregrinação; "morada de Deus" no meio da comunidade, casa de oração/templo.

O templo de Jerusalém era centro de romarias e peregrinações. Foi destruído pelos romanos, sob o comando do general Tito Flávio, nos anos 70, e outra vez em 135 da Era Cristã. Era bastante suntuoso, composto de degraus, pórticos e tabernáculo com o Santo dos Santos, com arca da aliança e as tábuas da Lei. Muitos consideravam o templo como a morada de Deus no meio do povo. No Santo dos Santos só o sumo sacerdote penetrava uma vez por ano. Era o lugar mais sagrado do mundo. Para consertar o Santo dos Santos, os operários tinham que ser pendurados e baixados para não pisar no chão sagrado.

Os judeus rasgavam suas roupas ao verem o Templo pela primeira vez. Ainda hoje, na hora do casamento, o noivo precisa quebrar um prato para lembrar a todos da tristeza que sente pela perda do Templo. Os judeus de todo o mundo, ao orarem, se voltam para Jerusalém.

Na época de Jesus, estima-se que a população da Palestina era de 600 mil habitantes. Em Jerusalém, 30 mil. Na Páscoa, Jerusalém chegava a receber 180 mil pessoas. Além disso, havia mais de 7 mil sacerdotes na Palestina, a maioria em Jerusalém, divididos em 24 grupos que se revezaram nos trabalhos do templo.

A Aristocracia de sacerdotes e os saduceus administravam o tesouro do Templo. Historiador da época das primeiras comunidades cristãs, Flávio Josefo fala que, na época de Jesus, havia inflação, salários baixos, greves e revoltas populares. Josefo descreve assim o templo construído por Herodes:

> O exterior arrebatava os olhos e o espírito. Por estar recoberto de ouro, refletia desde o amanhecer a luz do Sol tão intensamente, que obrigava a afastar a vista aos que queriam observá-lo. Aos estrangeiros que chegavam parecia uma montanha de neve, pois onde não estava coberto de ouro brilhava mármore branquíssimo. O cimo estava eriçado de pontas de ouro afiadas para impedir que as aves pousassem e sujassem o teto. Algumas das pedras da construção tinham vinte metros de comprimento...[6]

A Revolta popular ocorrida no ano 66 da Era Cristã, liderada pelos zelotas, foi o estopim da Guerra Judaica e visava também destruir os arquivos do Templo onde estavam registradas as dívidas do povo e os impostos.

---

[6] Cf. artigo: "Partidos Político-Religiosos em Israel, no tempo de Jesus", p. 7. Disponível em: https://dehoniana.edu.br/wp-content/uploads/2019/05/Intr.-NT-bloco-2.pdf. Acesso em: 10 out. 2024. Cf. também: JOSEFO, Flávio. *Antiguidades Judaicas*. XIII, 5, 2. Trad. Vicente Pedroso. 8. Ed. Rio de Janeiro: Casa Publicadora das Assembleias de Deus, 2004.

Enfim, o templo de Jerusalém era o centro religioso-econômico e cultural da Palestina, era também centro político, pois aí se reunia o Sinédrio, sob a chefia do Sumo-sacerdote, nomeado pelo imperador, vitalício e quase sempre do grupo dos saduceus – grileiros das terras –, os maiores detentores do poder econômico da época. Tudo parecia inquestionável, mas...

Mais adiante analisaremos que "de forma clandestina, Jesus e seus discípulos(as) entram em Jerusalém" e refletiremos sobre Jesus chutando o "pau da barraca" do deus capital no Templo de Jerusalém.

2.1.5 A deusa Ártemis no templo de Artemision na cidade de Éfeso

Para entender bem a dimensão e o significado do culto à deusa Ártemis, na cidade de Éfeso, Ásia Menor, é bom considerar que a deusa Ártemis aparecia na sua estátua com a parte superior coberta por numerosos peitos que representavam sua fecundidade. Sobre a cabeça, havia uma meia-lua. A estátua de Ártemis estava no meio do Artemision, imenso templo de 120 metros por 70, rodeado por 128 colunas de 19 metros de altura. O Artemision era o centro fervoroso de toda a região da Ásia Menor. As peregrinações e romarias ao Artemision davam trabalho e riqueza a uma multidão de artesãos e comerciantes. Algo parecido com os grandes santuários religiosos da atualidade ou com os "santuários" da idolatria do mercado: os Shopping Centers, os grandes supermercados...

O Templo de Ártemis tinha muitas semelhanças com o Templo de Jerusalém. A cidade de Éfeso era famosa por sua deusa Ártemis, o que representava a base de um nacionalismo religioso local. A idolatria popular estava ligada à economia, ao templo e à cidade. Tudo girava em torno de uma estrutura econômica de produção de artesanato religioso, que proporcionava grande lucro aos seus produtores. Logo, estes recebem o Evangelho do apóstolo Paulo como um perigo mortal para os seus lucros, para o templo, para a deusa e para a cidade.

O projeto de Jesus Cristo consola os aflitos e aflige os consolados, porque tem implicações político-econômico-culturais. As comunidades cristãs procuram viver um espírito de partilha, que se concretiza na socialização dos bens econômicos (Cf.: Atos 2,44-45; 4,32-37). Como consequência, torna-se cada vez mais claro que os interesses econômicos baseados no lucro são idolatria e se contrapõem ao Evangelho (Cf.: 8,18-23; 16,16-24; 19,13-19). De fato, o lucro de uns custa o sangue de muitos.

2.1.5.1 O apóstolo Paulo enfrenta a idolatria da deusa Ártemis

O apóstolo Paulo está desempenhando sua missão e se vê no meio de um tumulto em Éfeso, um episódio das missões paulinas em um contexto diferente. "Assim, a Palavra do Senhor crescia e se firmava poderosamente" (Atos 19,20). Com este refrão a missão evangelizadora de Paulo se completa. Podemos perguntar: por que o evangelista Lucas insere o relato da revolta dos ourives entre a decisão de Paulo de partir de Éfeso (Atos 19,21) – subir a Jerusalém – e a sua partida de fato (Atos 20,1)? Lucas gosta de intercalar um relato em meio a uma narração diferente.[7] Lucas prefere colocar a revolta dos ourives dentro da subida de Paulo a Jerusalém, e não dentro das missões de Paulo, para reforçar a tese segundo a qual o caminho da legalidade é o mais favorável para a evangelização ir conquistando espaços dentro do monstro que é o império romano.

Segundo o autor de Atos dos Apóstolos, a evangelização de Éfeso termina em Atos 19,20. Logo, o tumulto ocorrido em Éfeso por causa do ensinamento de Paulo não pertence mais aos relatos missionários de Paulo, mas ao relato da sua "paixão"[8] no caminho para Jerusalém. Em Éfeso acontece um conflito entre a idolatria de um mercado com "capa religiosa" e o evangelho anunciado por Paulo.[9] Por outra perspectiva, podemos dizer que o conflito em Éfeso se dá entre a proposta cristã e o politeísmo tradicional que conserva grande força de atração sobre o povo.

Os últimos acontecimentos em Éfeso: Revolta dos artesãos (Atos 19,23-40). "Houve um grande tumulto por causa do Caminho"[10] (Atos 19,23). Provavelmente, os primeiros cristãos e cristãs eram encarados como o grupo do Caminho, porque eram caminheiros, missionários que estavam sempre viajando. O tumulto teria ocorrido porque o evangelho de Paulo provocava queda na venda dos objetos religiosos e colocava em risco a vida da cidade, do templo de Ártemis e do mercado em torno do sagrado. Uns tentam criar um tumulto para

---

[7] Por exemplo, Atos 12,1-24 é intercalado no relato diferente, que começa em 11,29-30 e continua em 12,25.

[8] A "paixão" de Paulo, propriamente dita, será relatada em Atos 21,16-28,31.

[9] Em 2 Coríntios 1,8, Paulo alude a perigos extremos que correu em Éfeso. Não parece que se trate destes incidentes a propósito dos ourives.

[10] A designação do Cristianismo como Caminho deve ter sido antiga (9,2; 19,9), pois se tratava de um modo de falar típico no judaísmo.

"linchar" o apóstolo Paulo e seus companheiros. Outros preferem seguir a rota da legalidade, denunciando Paulo diante das instâncias jurídicas da cidade e deixando correr um processo legal.

Saída pela ilegalidade ou pela legalidade? Lideranças de Éfeso tentam resolver o problema de dois modos: solução pela via ilegal e saída pela via legal. Pela via ilegal, Demétrio,[11] um fabricante de artesanato em ouro, tenta provocar um tumulto violento, confuso e ilegal, que postula o linchamento de Paulo e de seus companheiros. Os adeptos da idolatria do lucro percebem claramente que o evangelho anunciado por Paulo desmascara e desmistifica a áurea religiosa que envolvia o mercado em Éfeso. Demétrio lidera uma campanha em defesa do mercado religioso que rende dividendos para uma classe à custa do empobrecimento de muitos. Trombeteiam que não somente empregos estão em jogo, mas também o santuário do mercado "com fachada" religiosa. Uma propaganda enganosa e idolátrica se tornava cada vez mais ensurdecedora: "Grande é a deusa Ártemis dos efésios" (Atos 19,19-34). A repetição desta mentira mil vezes poderia torná-la palatável como verdade.

Este conflito recorda-nos que vivemos no meio de uma verdadeira idolatria do mercado e de um mercado religioso. Sabemos que quanto maiores são as angústias humanas, maior a necessidade de agarrar-se a "uma tábua de salvação". O terreno fica propício para a ação inescrupulosa dos mercadores do sagrado. Na religiosidade, seja ela popular ou com fachada de secularismo, a distância não é grande entre o Santo e a imagem do Santo. O artesão fabrica somente a imagem, mas sabe que há uma relação estreita entre o Santo e a imagem. A competição religiosa pode rebaixar todas as religiões e igrejas, porque elas se deixam orientar pelos desejos das massas. Desestabiliza algo estabilizado, gera crise e pode ser causa de conflitos sérios.

Pela via da legalidade, um magistrado da cidade, juntamente com os seus asiarcas (deputados do Conselho Regional da Ásia) propõe um processo legal, com audiências legais diante dos procônsules constituídos (Atos 19,35-40). Se existem queixas, existem também instâncias judiciárias. Que tudo seja feito dentro da ordem e do respeito às Instituições. "Além dos tribunais, existem as assembleias gerais do povo que são convocadas periodicamente e nas quais todos os homens

[11] Demétrio parece ter sido o presidente da Associação comercial dos artesãos da prata. Cf.: COMBLIN, José. *Atos dos Apóstolos*. Petrópolis: Vozes, 1988. v. II, p. 102.

adultos podem participar".[12] No final do discurso do magistrado está a advertência de que a assembleia é ilegal, porque não foi convocada por autoridades competentes. Logo, pode suscitar represálias do poder romano. Lucas continua usando a estratégia da infiltração diante do poder opressor, não o confronto.

Nos dois modos de resolver o problema podemos ver a diferença entre Massa e Povo. A Massa é a multidão sem fisionomia; age por emoção e impulsivamente por sugestão. Já o Povo é um grupo organizado e consciente que tem um projeto para a sociedade; age de modo consciente e planejado.

Por que o autor de Atos dos Apóstolos opta pela via legal? Como pano de fundo das comunidades cristãs sob influência de Paulo há um contraste: de um lado, os pobres, famintos, perseguidos, aflitos (Lucas 6,20-23) e, de outro, os ricos (Lucas 12,16-21), que se banqueteiam sem se preocupar com a miséria (Lucas 16,19-31). Para as comunidades lucanas, era importante "não dar murro em ponta de faca". Melhor infiltrar-se do que confrontar-se com uma força muitíssimo superior. Lucas é intransigente frente à opressão econômica realizada pelo escravocrata Império Romano e quanto à exigência ética do cristianismo, mas, para abrir brechas para o projeto de Jesus não se nega ao diálogo cultural e político, a fim de canalizar para o bem a força histórica do mal. Lucas é duro contra os ricos e a riqueza (Lucas 6,24), mas denuncia a idolatria do capital de modo a cativar os ricos para abraçarem a causa de Jesus e dos pobres. Lucas percebe, como Paulo Freire fez em nossos tempos, que a melhor forma de amar os opressores é tirar das mãos deles as armas de opressão. Este pano de fundo ajuda-nos a entender porque o relato lucano opta pela legalidade.

O relato de Lucas nos mostra a opção pela via legal, contra o tumulto (Atos 19,41), pois o tumulto não favorece o projeto do Movimento de Jesus; pelo contrário, segundo Lucas, a legalidade romana é que favorece.[13] Essa prioridade da legalidade romana sobre o tumulto é que justifica a colocação do relato do tumulto em Éfeso, depois que Paulo tomou a decisão de dirigir-se a Jerusalém. Esta narração deve

---

[12] COMBLIN, José. *Atos dos Apóstolos*. Petrópolis: Vozes, 1988. v. II, p. 104. Se somente homens adultos podem participar, as pretensas assembleias gerais do povo não eram, na prática, gerais, pois as mulheres, as crianças e os escravos eram excluídos.

[13] Por exemplo, é o tribuno romano quem salva Paulo da multidão que quer linchá-lo no Templo (21,27-40); é ainda o tribuno quem salva Paulo da conspiração de judeus que querem matá-lo (23,12-24); e, finalmente, Paulo apela a César para salvar a sua vida (25,1-12).

ser interpretada dentro do relato da paixão de Paulo (Atos 19,21-28,31). Lucas quer mostrar o baixíssimo nível das massas politeístas e caracterizar o culto de Ártemis como pura confusão. É claro que Lucas faz uma boa defesa do projeto de Jesus.

2.1.6 Dragão X Mulher em dores de parto (Apocalipse 12,1-12)

Em linguagem simbólica para animar a quem está na luta, para não desistir e para diblar os opressores, o livro do Apocalipse apresenta a visão de uma mulher e de um dragão (Apocalipse 12,1-12). No céu, uma mulher vestida de sol, com a lua sob seus pés e na cabeça uma coroa de doze estrelas, grávida e, em dores de parto, gritava. Apareceu um grande dragão, cuspindo fogo, com sete cabeças, sete diademas e dez chifres. Sua calda devastava 1/3 das estrelas do céu. Diante da mulher, o dragão esperava a criança nascer para devorá-la. Após nascer, a criança foi arrebatada para junto de Deus e de seu trono e a mulher fugiu para o deserto, onde seria alimentada por Deus por 1260 dias. Houve uma batalha no céu. O anjo Miguel e seus companheiros guerrearam contra o dragão e o venceram. Derrotado, o dragão foi expulso para a Terra. No céu foi celebrada a grande vitória: a expulsão do dragão. Na terra, o dragão pôs-se a perseguir a mulher que deu à luz a uma criança salvadora, e empreendeu perseguição ferrenha aos descendentes da mulher: os que observam os mandamentos de Deus e são testemunhas de Jesus.

Nas visões anteriores, o autor do Apocalipse parte do ano 33 da morte e ressurreição de Jesus, para falar da caminhada da comunidade. No capítulo 12 de Apocalipse, o autor se encontra nos anos 90 do 1º século da Era Cristã. O autor volta, simultaneamente, ao momento da criação e ao momento da vitória de Jesus sobre a morte. No momento da criação, Deus tinha pronunciado a sentença contra a serpente e anunciado a vitória à descendência da Mulher (Gênesis 3,1-19). Esta vitória acabou por se realizar no momento da morte e ressurreição de Jesus. A visão dos dois grandes sinais no céu – da mulher e do dragão – evoca a sentença de Deus contra a serpente depois da queda no paraíso terrestre, que não é saudade, mas esperança, segundo o biblista frei Carlos Mesters.[14] Em uma perspectiva alegórica, podemos

[14] Cf.: O livro de Carlos Mesters: MESTERS, Carlos. *Paraíso terrestre*: saudade ou esperança? Petrópolis: Vozes, 1985.

dizer que a mulher em dores de parto simboliza a vida, a humanidade, o povo de Deus, as comunidades perseguidas, a classe trabalhadora oprimida. Simboliza também Maria, a mãe de Jesus, e todas as mulheres que de alguma forma acreditam na força da vida. As dores de parto simbolizam o sofrimento que a humanidade suporta para defender a vida e fazer nascer vida nova. O dragão, na época em que o texto foi escrito, anos 90 do 1º século, simbolizava o império romano, que como um dragão cuspindo fogo escravizava 1/3 da população e mantinha em semiescravidão outro terço e empreendia guerras de conquista, por meio das quais ia anexando territórios e submetendo povos e mais povos a esse poder execrável e brutal que parecia invencível. O dragão recorda também a antiga serpente, aquela de Gênesis, capítulo 3. Ele cresceu durante a história e virou dragão, bicho imenso. O dragão simboliza o poder do mal, a morte e tudo aquilo que oprime e sufoca a vida. Tem um poder muito forte. O dragão está diante da mulher para lhe devorar o menino que está nascendo, luta desigual entre vida e morte. Porém, Deus toma posição em favor da vida. O texto de Gênesis (Gênesis 3,15) funda a esperança, pois a Mulher vai vencer. Deus intervém e defende a vida (o menino e a mulher). O menino nasce, vive, morre, ressuscita e sobe ao céu.

A mulher é levada para o deserto por Deus, onde é alimentada por Ele durante 1260 dias. Trata-se de um número simbólico que indica o tempo (*Kairos*) do fim. Deste tempo, só Deus sabe a hora e a duração exata. O tempo de 1260 dias é o mesmo que "um tempo, dois tempos, meio tempo" (Apocalipse 12,14), o mesmo que quarenta e dois meses, ou três dias e meio, ou ainda metade de sete, que é o número perfeito. Metade de sete é imperfeito, ou seja, limitado pelo poder de Deus. Como vimos, o dragão é expulso do mundo de cima e cai no mundo cá de baixo. Para o Apocalipse, a história humana é como um grande julgamento. Deus está sentado no alto de seu trono, é o juiz, mas de infinito amor. Ao lado dele estão o promotor (satã), e o advogado (*goel*). O satã, que é o promotor, antiga serpente, sedutor de toda humanidade, tinha acusado a humanidade diante de Deus, mas Jesus, o resgatador (*goel*), pela sua morte e ressurreição anulou a acusação que pesava sobre nós. Por isso Satanás perdeu a sua função de acusador. Com a vitória no mundo de cima, um cântico proclama a vitória e explica o sentido do que tinha acontecido: "Foi expulso o delator que acusava dia e noite nossos irmãos diante de Deus" (Apocalipse 12,10). Eles venceram o dragão pelo sangue do cordeiro, pois desprezaram suas vidas até a morte. Assim a morte não é vista como uma derrota, mas como uma participação na vitória de Jesus que realizou no mundo de cima. Essa vitória de Jesus no mundo lá de cima repercute no mundo cá de baixo. Devido a esta vitória, o dragão passa a perseguir os descendentes da mulher, as comunidades.

2.2 A resistência dos povos da Bíblia diante dos grandes projetos

Diante do projeto de construir uma grande cidade e uma enorme torre, a de Babel, o povo respondeu com o projeto popular de povoar todos os territórios com reforma agrária, com socialização da terra. É o que defende a experiência bíblica do jubileu bíblico, narrada no livro de Levítico (Levítico 25,8-17): "No 50º ano, cada um de vocês recuperará a sua propriedade. Vocês comerão o que o campo produzir" (Levítico 25,10-13).

Quando Jesus apresenta sua plataforma de ação na sinagoga de Nazaré (Lucas 4,16-21), ele proclama um Ano de Graça, ou seja, um Jubileu. No ano do Jubileu, toca-se o "berrante" (em hebraico "*sofar*"), que acontece no primeiro ano após sete vezes sete anos. Neste Jubileu, todas as dívidas devem ser perdoadas; todas as terras devem voltar ao primeiro dono (aos ancestrais); todas as pessoas escravizadas devem ser libertadas. Enfim, é tempo de se fazer uma reorganização geral na sociedade; tempo para recriar a vida e as relações humanas com fraternidade, solidariedade libertadora, reconciliação e novos sonhos.

Cinco experiências fundantes estão na base do Jubileu Bíblico:

1ª) Experiência do Deus misericordioso e libertador (Cf.: Êxodo 3,7-10). Quando o faraó no Egito era considerado um deus, o grupo hebreu de Moisés teve uma experiência de um Deus diferente, misericordioso e libertador. Isto está na base de uma nova convivência social igualitária;

2ª) Experiência dos camponeses na Terra Prometida (Cf.: Levítico 25,1-7). Os pequenos camponeses descobriram que não podiam explorar a terra impunemente e indefinidamente. Eles sentiram a necessidade do Ano Sabático, isto é, de um repouso revigorador para a terra de sete em sete anos. Os camponeses descobriram que a terra é mãe e não pode ser tratada como prostituta. Eis aqui uma visão profundamente ecológica de quem quer ser fraterno com tudo e com todos.

3ª) Experiência do Clã. Para a família ampliada do povo no Primeiro Testamento bíblico, entre tantas coisas, duas eram sagradas: o valor da pessoa humana e o valor da terra (Cf.: 1 Reis 21 e Levítico 19,19). Aqui entra em função o *goel*, o resgatador, o libertador, o redentor. O irmão ou parente mais próximo devia resgatar a pessoa escravizada. Na cidade, por motivo de dívidas, começou a ocorrer escravidão. O Império Romano escravizou meio mundo de pessoas devido às dívidas contraídas e não pagas.

4ª) Experiência da Monarquia. Dos muitos reis do povo da Bíblia somente três – Davi, Ezequias e Josias – escaparam das críticas ferrenhas dos profetas e das profetisas. A monarquia foi um desastre, porque se apropriou das pessoas e das terras (Cf.: 1 Samuel 8,10-17 onde são descritos os pretensos direitos do rei: criação de um Exército permanente e profissional, escravização do povo, latifundiarização das propriedades agrícolas em mãos de poucas pessoas). Essa experiência desastrosa fez nascer e crescer no povo o desejo de um rei justo (Cf.: Salmos 72), como Jesus de Nazaré.

5ª) Experiência do(s) Exílio(s): no exílio da Babilônia, quando não tinha mais parente próximo para ser o *goel* (= resgatador), o povo de Israel começou a crer que Deus mesmo iria resgatá-lo. Começaram a valorizar o sétimo dia, como um dia de descanso, de reunião, para celebrar a vida, para preservar a memória do passado, pois quem perde a noção do passado, complica o futuro. Resgataram a memória do Ano da Remissão (= perdão) das dívidas (Cf.: Deuteronômio 15,1-11) que visava possibilitar um recomeço de vida ao povo empobrecido e endividado, pois o sonho de Deus é que não existam pobres na sociedade (Deuteronômio 15,4), que não existam excluídos, mas que todos sejam incluídos como cidadãos e cidadãs. Assim, por exemplo: fazer memória do Ano do Jubileu e do Ano Sabático gera esperança, acorda potencialidades adormecidas; a palavra "quilombo" ou "aquilombar-se", ao ser pronunciada ou ouvida, tem o poder de nos recordar a capacidade de resistência do povo negro e de nos encher de novas energias.

Aos poucos, ficou difícil fazer o repouso da terra de sete em sete anos; mitigaram a proposta para o ano seguinte após sete anos vezes sete anos. Mas continua ecoando a profecia que está em Deuteronômio 24,6: "Não tome como penhor as duas mós do moinho, nem mesmo a mó de cima, porque seria o mesmo que penhorar uma vida". Este versículo, meio legislação, meio instrução, quer orientar a conduta e as relações humanas em situações conflitivas e coloca a vida acima das dívidas, pois a vida humana (e dos animais e plantas) não pode ser jamais penhorada.

Jesus reintegra os excluídos ao proclamar o Ano do Jubileu pelo seu ensinamento libertador respaldado por uma prática amorosa e libertadora. Por isso, Jesus foi condenado à morte, mas ele ressuscitou. Por isso, o ideal não morre. Com a ressurreição de Jesus as utopias jamais morrerão, os sonhos de libertação jamais serão pesadelos, a luta dos pequenos será sempre vitoriosa (ainda que custe muito suor e sangue) e as forças da Vida terão sempre a última palavra. Por mais cruéis que sejam, todas as tiranias passarão!

Os primeiros zelotas, liderados por Sadoc e Judas de Gamla, levavam o povo a não dar o nome no censo e a não pagar tributo. Era uma forma de resistir, por meio da desobediência civil.

Enfim, podemos dizer que o Jubileu proclamado por Jesus é tempo para: reviver a experiência de fraternidade das origens, do tempo do deserto; recomeçar tudo de novo; refazer a História; resgatar as identidades humanizadoras; reintegrar os excluídos não em uma sociedade máquina de exclusão, mas em outra sociedade justa e solidária; redistribuir as terras fazendo reforma agrária popular e massiva; perdoar as dívidas; redistribuir riquezas e rendas; restituir aos trabalhadores seus direitos roubados; voltar a conviver de modo fraterno com a nossa Mãe Terra, que é nossa única casa comum. Eis pistas para enfrentar os grandes projetos da atualidade.

2.3 Conclusão do início de uma reflexão

No livro de Eclesiastes, como fruto da sabedoria popular, a afirmação é a de haver tempo para tudo. "Há tempo para nascer, tempo para morrer..." Como conhecer o tempo oportuno para tudo? É possível criar tempo oportuno? Eis a questão central de Eclesiastes 3,1-15. O texto faz referência a um sentido teleológico, finalístico. Não se trata de tempo de X e tempo de Y. Trata-se de tempo para X e de tempo para Y. A sabedoria está em discernir qual é o tempo justo para tal ação e como agir. Não basta que a ação seja boa, é preciso que seja no momento oportuno, nem antes e nem depois. É para se ter a sabedoria de agarrar a oportunidade quando ela aparece na nossa frente. Ou mesmo construir o tempo propício, *kairós*. Faz história quem age no momento adequado e quem vivencia o sentido mais profundo de cada momento.

Nos dias de hoje, parodiando o autor do livro de Eclesiastes, podemos dizer que há tempo para resistir, tempo para confrontar, tempo para infiltrar, tempo para se rebelar, tempo para enfrentar, tempo para hibernar e açular forças, tempo para a formação de lideranças etc., mas, certamente, não há tempo para cruzar os braços, o que se revela em posturas de quem diz "não tenho nada a ver com isso", "isso não me compete", "está tudo dominado", "nada mudará".

O Papa Francisco, em visita à Comunidade de Varginha, Manguinhos, na periferia do Rio de Janeiro, em 25 de julho de 2013, alertou:

> Não se cansem de trabalhar por um mundo justo e solidário! Ninguém pode permanecer insensível ***às*** desigualdades que ainda existem no mundo!(...) A Igreja, "advogada da justiça e defensora dos pobres diante das intoleráveis desigualdades sociais e econômicas, que clamam ao céu" (Documento de Aparecida, 395), deseja oferecer a sua colaboração em todas as iniciativas que signifiquem um autêntico desenvolvimento do homem todo e de todo o homem.[15]

As cidades, a partir das metrópoles, estão se tornando cidades-empresas com muitos megaprojetos que são verdadeiras torres de Babel. A ganância especulativa das grandes empresas e dos seus acionistas parece não ter fim. A pressão para verticalizar a cidade é imensa. Os pobres estão sendo expulsos para as periferias das periferias. A história, a cultura e a dignidade humana vão sendo tratoradas para dar lugar a arranha-céus, outras torres de Babel. Faz bem recordar que Deus criou, nas ondas da evolução, tudo em seis dias e, no sétimo dia, descansou. Conta-se que alguém teria perguntado a Deus porque ele resolveu descansar após o sexto dia. Deus teria dito que já tinha criado tudo com muito amor e para o bem da humanidade e de toda a biodiversidade. Quando viu que faltava criar a cidade, concluiu que era melhor descansar.

---

[15] Cf. o discurso do Papa Francisco acessando o link: https://www.vatican.va/content/francesco/pt/speeches/2013/july/documents/papa-francesco_20130725_gmg-comunita-varginha.html. Acesso em 10 out. 2024.

CAPÍTULO 3

JOÃO BATISTA, PROFETA REFORMISTA OU REVOLUCIONÁRIO?

Antes do Natal, durante o Advento, passagens do Evangelho de Jesus Cristo referentes à ação e ao ensinamento de João Batista são lidas e apresentadas durante as celebrações religiosas em igrejas e comunidades cristãs. Quem foi, o que ensinou e o que fez João Batista que entrou para a história cristã como profeta precursor de Jesus Cristo (Lucas 3,3)?

Os evangelistas Lucas e Marcos fazem Jesus iniciar sua missão pública ao ouvir que João Batista tinha sido preso a mando do governador Herodes Antipas (Lucas 3,19s; Marcos 1,14; Atos 13,25). Um fato político – a prisão de um profeta – foi o acontecimento que desencadeou o início da missão de Jesus Cristo. Para Lucas, João é "o Batista" (Lucas 7,20), como era conhecido na tradição das primeiras comunidades cristãs.

João Batista, profeta de ética reformista? (Lucas 3,10-14). Diante da pergunta "Que devemos fazer?" levantada pela multidão, por agentes do fisco e por policiais, João Batista propõe à multidão partilha ("Quem tiver duas túnicas, dê uma a quem não tem" (Lucas 3,11)), aos cobradores de impostos exorta a serem éticos ("Não cobrem nada além da taxa estabelecida" (Lucas 3,12-13)), e aos policiais, não extorquir o povo ("Não maltratem ninguém; não façam acusações falsas e fiquem contentes com o salário de vocês") (Lucas 3,14).

Esses conselhos de João Batista não deixam de ser, em certo modo, um tanto ambíguos. Por um lado, manifestam um verdadeiro interesse pelo próximo nos variados aspectos; porém, por outro, não pretendem revolucionar as estruturas sociais do *status quo* opressor da época, nem sequer diante da "iminência da ira" que vem. João Batista defende a distribuição partilhada dos recursos fundamentais para a existência (Lucas 3,11), a fuga da extorsão (Lucas 3,12-13), a abolição da chantagem e de qualquer medida intimidatória (Lucas 3,14).

Porém, não diz aos arrecadadores de impostos que devem cortar suas relações com o poder opressor do império – o que fez Antônio Conselheiro em Canudos (1893-1897) –, nem aos soldados – ainda que talvez se trate de 'mercenários' – que abandonem sua profissão. Na realidade, o último conselho que dá aos soldados: "Conformai-vos com vosso salário" (Lucas 3,14), nem sequer contempla a possibilidade de que se trate de um salário injusto. Aqui João Batista é apresentado por Lucas como um "reformista" e não como um revolucionário.

Onde João Batista foi preso e martirizado? Precisamos recorrer à arqueologia cristã e ao historiador Flávio Josefo (anos 37 a 100 da Era Cristã). As descobertas arqueológicas da Fortaleza de Maquerontes na Palestina sustentam a credibilidade do que Flávio Josefo escreveu a respeito do profeta João Batista. Um dos grandes resultados da arqueologia da Palestina foi ter iluminado a época herodiana. Flávio Josefo fala de Herodes, o Grande, como um megalomaníaco e que se deleitava no luxo.

Segundo Flávio Josefo, o cinismo e a suspeita política ensanguentaram muitas vezes a família de Herodes. Esse mandou assassinar três filhos, a mulher que "amava", cunhados e amigos de confiança e realizou o massacre das crianças quando soube do nascimento de Jesus. Herodes, rei estrangeiro (imposto sobre o povo da Palestina), de origem idumeia, quis fazer de Jerusalém a capital político-religiosa do reino. Ao lado do complexo do Templo mandou construir a Fortaleza Antônia, do lado norte, o ponto mais vulnerável da cidade, e sobre a colina ocidental, o palácio real com três torres de defesa. Construiu também em Jerusalém um teatro, um hipódromo, um anfiteatro e, fora da cidade, mandou levantar os monumentos sepulcrais em honra aos reis Davi e Salomão e o mausoléu da família de Herodes. Fora de Jerusalém, a cidade de Samaria foi reconstruída, a costa palestinense foi provida de um porto artificial em Cesareia marítima. Herodes construiu palácios em Jericó, Asquelon e em diversas outras localidades do reino. Um pouco por toda parte foram erguidos templos que fomentavam a divinização do imperador de Roma.

Para a "segurança nacional (?)", mas sempre na esteira da grandiosidade, foi reconstruída ou potencializada a rede de fortalezas que o rei Herodes tinha herdado dos Asmoneus no deserto de Judá, na Palestina. A Fortaleza de Kypros protegia a estrada que subia de

Jericó para Jerusalém. Próximo a Belém estava a Fortaleza de Herodion, escolhida como mausoléu real. E perto da foz do Mar Morto estava a Fortaleza de Massada. Nos confins meridionais da Província da Pereia, do outro lado do Rio Jordão, Herodes reconstruiu a Fortaleza de Maquerontes. Flávio Josefo conclui: "Depois de ter terminado todas essas construções grandiosas, fez exibição da sua grandeza também em muitas cidades fora do seu reino".

Em 1963, em Jerusalém, o arqueólogo Virgílio Corbo iniciou pesquisa arqueológica da Fortaleza de Herodion. Contemporaneamente, o arqueólogo Yadin dirigia as escavações da Fortaleza de Massada. As escavações realizadas confirmam substancialmente as páginas entusiasmadas dedicadas por Flávio Josefo ao rei Herodes, o Grande. Este tinha desenvolvido uma política contrária a Flávio Josefo e ao povo judeu, política de subserviência ao imperialismo romano.

Em 1978, depois de quatro campanhas de escavações arqueológicas, os arqueólogos conseguiram dar um rosto à Fortaleza de Maquerontes, considerada por Flávio Josefo como um dos quartéis generais do sistema repressivo de Herodes. Diz o historiador Flávio Josefo: "Herodes considerou Maquerontes um lugar digno da máxima atenção para construir a mais potente fortaleza". Maquerontes foi construída no tardio período helenístico e reconstruída sobre as precedentes ruínas de forma luxuosa, na época herodiana. Dentro da Fortaleza de Maquerontes estava um palácio real com todas as comodidades de uma cidade fortificada, com termas etc. Era dividida em três blocos. Do lado de fora estava uma cidade baixa.

Segundo Flávio Josefo,[16] João Batista foi encarcerado na Fortaleza de Maquerontes e depois Herodes Antipas, herdeiro da megalomania e do caráter opressor e repressor do pai, Herodes o Grande, o mandou assassinar degolando-o. Nenhum evangelho recorda o nome do lugar onde Herodes manteve João Batista preso.

Os arqueólogos italianos Stanislao Loffreda e Virgílio Corbo afirmam:

> Antes de mais nada, a escolha da Fortaleza de Maquerontes para encarcerar João Batista nos parece natural e verídica. Pois Maquerontes era perto de onde João Batista, possivelmente, desenvolvia sua atividade e também fornecia a máxima segurança para o confim meridional da Pereia.

---

16 JOSEFO, Flávio. *Antiguidades Judaicas*. XIII, 5-12. Trad. Vicente Pedroso. 8. Ed. Rio de Janeiro: Casa Publicadora das Assembleias de Deus, 2004.

Segundo o Evangelho de Marcos, João Batista era mantido sob estreita observação durante sua prisão e acorrentado (Marcos 6,16). É possível que o profeta tenha sido acorrentado em um subterrâneo escuro, isolado de tudo e de todos. Mas era visitado por discípulos (Mateus 11,2-3). Até a triste notícia do seu assassinato chega aos discípulos facilmente, pois eles vêm sepultar o seu corpo (Marcos 6,29).

Maquerontes não era uma simples fortaleza ou um quartel general, mas era uma prisão de segurança máxima que compreendia uma cidade. Considerando a grande popularidade que João Batista tinha no meio do povo (segundo Flávio Josefo e os evangelhos sinóticos: Mateus, Marcos e Lucas), é possível sugerir que na cidade baixa, descoberta por pesquisas arqueológicas, existiam discípulos de João Batista.

Na hipótese histórica de que o banquete oferecido por Herodes, durante o qual se decidiu degolar João Batista (Marcos 6,14-29), se deu na mesma fortaleza, a descoberta arqueológica do refeitório ao sul do cortil dá ao relato do Evangelho de Marcos uma trágica imediatez.[17] É óbvio que os evangelhos não são obras históricas, mas teologias da História. E Flávio Josefo também precisa ser lido com criticidade. Mas é importante recordar a possibilidade de as tradições orais e/ou escritas conservarem um bom grau de fidelidade aos fatos históricos.

Flávio Josefo também dedicou à figura de João Batista um parágrafo nas suas *Antiguidades Judaicas*:

> Alguns judeus pensaram que o exército de Herodes (Antipas) havia sido destruído por Deus e que o rei havia sido justamente castigado pela execução de João, chamado "o Batista". É que Herodes havia feito assassinar este homem bom, que exortava as pessoas a levarem uma vida honrada, tratando-se com justiça uns aos outros, [...]. Enquanto o povo que se aglomerava ao seu redor ia aumentando, porque as pessoas estavam entusiasmadas com suas palavras, Herodes se encheu de temor de que o êxito que João tinha com o povo poderia desembocar em uma insurreição; porque parecia que se o profeta dissesse uma só palavra, o povo estava disposto a abraçar luta por justiça. Por isso, antes de que João pudesse provocar uma insurreição, Herodes considerou prudente antecipar-se aos acontecimentos, encarcerando o profeta e eliminando-o antes que esperar que se produzisse um levante popular;

---

17 Cf.: CORBO, Virgilio. La fortezza di Macheronte. Rapporto preliminare. *In: LA (= Liber Annus)* XXVIII, 1978, p. 217-231; LA 1979, p. 315-326; LA 1980, p. 365-376; LA 1981, 257-286. S. Loffreda, Ceramica di Mishnaqa-Macheronte (I sec. a. C. – I sec. d. C.), Roma: Editora do Biblicum.

mas criou uma situação difícil para ele e depois teve que arrepender-se. Como resultado destas suspeitas de Herodes, João foi preso e colocado na Fortaleza de Maquerontes (uma prisão de segurança máxima) [...]. E lá foi assassinado. E por isso os judeus acreditaram que a derrota do exército de Herodes foi uma atuação de Deus, que castigou Herodes para vingar a morte daquele homem.[18]

O evangelista Lucas descreve João Batista sempre como inferior a Jesus, pois Jesus deve crescer e João, diminuir. Afinal, os evangelhos foram escritos por discípulos de Jesus Cristo. Se os discípulos de João Batista fossem escrever Evangelhos de João Batista, certamente colocariam Jesus como menor do que João Batista. Jesus seria o precursor de João Batista, que teria entrado para a história como o Messias, filho de Deus. Entretanto, se João Batista tivesse sido apenas reformista, não teria sido empurrado para prisão de segurança máxima e nem teria sido condenado à pena de morte, sob degolação.

Enfim, João Batista e Jesus Cristo fizeram opção pelos pobres (opção de classe), foram revolucionários e, por isso, foram martirizados, mas estão muito vivos em cada militante que se dedica à construção de uma sociedade justa, democrática, solidária, (macro)ecumênica e sustentável ecologicamente.

---

[18] JOSEFO, Flávio. *Antiguidades Judaicas*. XVIII, 5, 2. Trad. Vicente Pedroso. 8. ed. Rio de Janeiro: Casa Publicadora das Assembleias de Deus, 2004. p. 116-119.

CAPÍTULO 4

EZEQUIEL, QUE TIPO DE PROFETA E DE SACERDOTE ELE FOI? E NÓS?

4.1 Iniciando a conversa

Atendendo à orientação do Movimento Bíblico integrado por várias organizações bíblicas, em 2024, o livro de Ezequiel foi escolhido pela Conferência Nacional dos Bispos do Brasil (CNBB) para ser o texto bíblico do Mês da Bíblia, setembro. Ezequiel é considerado um dos doze grandes profetas da Bíblia, mas o livro de Ezequiel nos informa que ele era também sacerdote (Ezequiel 1,3), tendo exercido suas funções de sacerdote e de profeta entre os anos 591 e 571 antes da era cristã (a.E.C.).

É possível ser sacerdote e profeta ao mesmo tempo? Ezequiel foi mais sacerdote ou mais profeta? Ezequiel foi que tipo de sacerdote e de profeta? Ezequiel primeiro foi sacerdote em Jerusalém e, após ser exilado para a Babilônia, se tornou profeta? Com estas perguntas, com um olho, passemos em revista alguns textos do livro de Ezequiel e, com outro olho, fiquemos atentos aos conflitos e desafios que, atualmente, as igrejas e pessoas cristãs estão colocando para os destinos do povo brasileiro.

Estamos no meio de uma realidade com uma maioria de pastores e sacerdotes lamentavelmente traindo o projeto do Deus da vida, Javé, e afundando o povo em políticas de morte capitaneadas pela direita e extrema-direita, que usa e abusa do nome de Deus e de textos bíblicos para tentar justificar moralismos, preconceitos, discriminações, perseguições chegando a matar de muitas formas em nome de Deus. Estamos em contexto de idolatria brutal com capa de religiosidade encabrestada por quem promove um projeto de poder político e econômico que passa por "pequenas igrejas, grandes negócios" e desagua na eleição de pastores que, no Congresso Nacional, se unem às Bancadas do Boi e da Bala, bancadas com atuação antiprojeto do reino de Jesus.

Neste contexto de casamento do "sacerdócio" profissional com a classe dominante, tornou-se necessário resgatar a profecia mais radical que anima e inspira os povos injustiçados a se irmanarem, levantarem a cabeça e, com utopia nos olhos, pés firmes no chão da história, marcharem em lutas libertárias por "terra, teto e trabalho", conforme apregoa o papa Francisco, ou em lutas para construirmos uma sociedade do Bem-viver e conviver, uma sociedade socialista, para além do capitalismo.

A missão primordial de profeta/profetisa é ecoar a "voz do Deus libertador" na sociedade, o que implica criticar, denunciar e execrar todas as instituições que reproduzem a injustiça social, econômica e política, pois pela sua organização e lógica, tendem a defender o *status quo* opressor e explorador construído historicamente, o que geralmente abafa e cerceia a ação do espírito profético que incomoda os injustos e não coaduna com nenhuma injustiça.

Não podemos esquecer que no dólar do imperialismo estadunidense está escrito "Nós acreditamos em Deus". Na Guerra da Ucrânia, os dois lados invocam a Deus para tentar justificar a guerra, enquanto o Papa Francisco clama por paz, sem guerra e com justiça. Nas vestes dos soldados nazistas estava escrito "Deus está conosco". A história da humanidade demonstra que ter a aparência de pessoa religiosa pavimenta a estrada para projetos de poder e dominação.

Para Jesus e para o Deus da vida, o centro da nossa atenção deve estar na vida ameaçada, conforme nos ensina a teologia de Lucas na parábola do samaritano, que foi reconhecido por Jesus como exemplo paradigmático a ser seguido (Cf.: Lucas 10,25-37).

Ciente de que a Palavra de Javé, Deus solidário e libertador, consola os aflitos e aflige os consolados e de que ninguém pode tocar o corpo dos escritos proféticos sem sentir a batida do coração divino, vamos ler o livro de Ezequiel, especialmente os capítulos 12 a 14 (Ezequiel 12-14), buscando evidenciar até que ponto ele foi de fato profeta e não amordaçou a profecia. Leremos os textos na perspectiva dos injustiçados, dos mais empobrecidos, "das minorias abraâmicas", segundo Dom Hélder Câmara, a partir dos periféricos e não a partir de quem está no poder, seja ele econômico, político ou religioso.

4.2 Pressupostos para a leitura do livro de Ezequiel

No livro de Ezequiel há denúncias de muitos pecados. Trata-se do livro dos "sábios e entendidos" (Mateus 11,25), da elite religiosa que foi deportada, mas não escravizada na Babilônia. Por isso Ezequiel precisa ser lido nas linhas e principalmente nas entrelinhas. Tudo que está na Bíblia é "Palavra de Deus", mas nem tudo é vontade de Deus. Jesus é por excelência a Palavra de Deus. A Bíblia é história e histórica e, portanto, tem nela as contradições dos grupos de poder da sociedade. Na Bíblia temos que encontrar a voz e a posição dos pequenos, dos injustiçados e dos fiéis à aliança.

O livro de Ezequiel está recheado de oráculos proféticos que, normalmente, são introduzidos com uma fórmula característica que se repete muito: "Assim disse Javé...." ou "Oráculo de Javé" (Jeremias 9,22-23) ou "Palavra de Javé" (Ezequiel 1,3; 2,7; 6,3; 9,11; 12,25; 13,2-6; 16,35; 21,3; 25; 3; 33,30; 34,7-9; 36,1-4; 37,4). Deus cochicha (sussurra) em nossos ouvidos, sempre a partir da realidade e dos clamores dos povos injustiçados, enfraquecidos, oprimidos (Cf.: Êxodo 3,7-9), na trama complexa das relações humanas e sociais, na engrenagem das estruturas sociais, políticas, econômicas e religiosas. Quem compreende de forma sensata as causas das injustiças e violências se credencia a ser profeta/profetisa que denuncia as opressões e aponta caminhos libertadores. Entretanto, como "nem tudo que reluz é ouro", assim também faz bem desconfiar de quem usa a torto e a direito a linguagem religiosa, faz questão de se afirmar como pessoa religiosa, pois pode estar vendendo 'gato por lebre' e sendo lobo em pele de cordeiro. Desconfie de pastor ou padre que para construir discursos sedutores, mas moralistas e exploradores, fica pulando de versículo bíblico em versículo como macaco que pula de galho em galho.

Ao lermos os textos bíblicos temos que, com interpretação justa e sensata, encontrar instrumentos para enfrentarmos as opressões políticas, as explorações econômicas e também as idolatrias religiosas. Não podemos aliviar e nem amenizar a exploração perpetrada pelo poder religioso que em muitos casos oprime e mata mais do que os poderes políticos e econômicos.

Não podemos ler o livro de Ezequiel fora do contexto de disputa pela terra (Cf.: Êxodo 11). "Foi a nós que Deus deu a terra" (Êxodo 11,15), alegam o "resto do povo" que ficou na terra sem-terra e também os deportados para a Babilônia. Embora Ezequiel afirme que a "glória de Javé" está com os exilados na Babilônia – a "glória de Javé deixou o lugar" (Jerusalém) (Êxodo 3,12; 9,3) – temos que ter a perspicácia de perceber que a "glória de Javé" esteve, está e estará sempre com os deserdados da terra, com o "resto" que ficou abandonado na Palestina, sem-terra, sem templo, sem profetas, sem referências, sem lideranças, amargando as agruras de um brutal exílio na própria terra.

O livro de Lamentações, em cinco capítulos, narra em forma de súplica a brutal catástrofe a que o povo foi submetido após a cidade e o templo de Jerusalém terem sido destruídos, por volta do ano de 587 a.E.C.: fome, sede, matanças, incêndios, saques e exílio forçado (Cf.: 2 Reis 24-25) era a desolação que deixou a esperança viva por um fiapo. Mostram o povo em situação de quase desespero, que perdeu tudo, menos a fé que insiste em gritar que Javé *é* "Senhor da história", não abandona o povo e não tardará em manifestar sua glória. Miséria e aflição. "Até as crianças são escravizadas" (Lamentações 1,5) e mortas, como no caso do genocídio que o Estado de Israel está impondo, há 76 anos, ao povo palestino. "Javé, olhe o nosso sofrimento e o triunfo dos nossos opressores!" (Lamentações 1,9). "Gemendo, o povo clama por pão" (Lamentações 1,10). "Olha, Javé...!" (Lamentações 1,11). Não nos abandone. "Nossos olhos se derretem" (Lamentações 1,16) de tanto chorar. No fundo do poço, o povo esmagado refaz sua experiência de Deus, busca sua humanidade mais profunda e percebe que, acima de tudo, Deus *é* amor, misericórdia. "A compaixão de Javé não se esgota" (Lamentações 3,22). "Javé *é* bom para quem nele confia" (Lamentações 3,25). "Javé se compadece segundo sua grande bondade" (Lamentações 3,32). No fundo do poço, em sofrimento extremo, o "resto" do povo sem-terra, exilado na própria terra, reconhece a presença de Deus como companheiro de caminhada. Eis a "glória de Javé" com os povos violentados de forma brutal que, como "resto", ficou jogado *às* traças, exilado na própria terra.

O livro de Ezequiel é livro construído na diáspora, trazido do exílio pelo sacerdote Esdras, pelo menos os capítulos 40 a 48. Em Ezequiel, a teocracia se constitui com o sumo-sacerdote que representa Javé. Ao longo da história, as muitas versões de "teocracia" trouxeram vários tipos de idolatria para dentro das igrejas e para o seio da sociedade, causando estragos vexaminosos em nome de Deus. Basta recordarmos as contradições das Cruzadas, da Inquisição, da Cristandade, do Padroado e, nas últimas décadas, das igrejas eletrônicas (neo)pentecostais, católicas e não católicas, que sob o signo do fundamentalismo, esbaldando posturas moralistas, se aliou à classe dominante na sociedade e em vários países tem levado ao recrudescimento do fascismo e de políticas de morte neonazistas. É muito eloquente o Evangelho de Jesus Cristo narrar que com a condenação de Jesus à pena de morte "a cortina do templo se rasgou de alto a baixo, em duas partes" (Marcos 15,38, Mateus 27,51), ou seja, não dá mais para tolerar o uso abusivo do nome de Deus e de textos sagrados para se tentar justificar projetos políticos de poder.

Na base do conflito está posto que entre os poderosos da terra, proprietários até o exílio, mas mesmo exilados, não reconhecem de jeito nenhum que os sem-terra, que ficaram na terra, tenham direito à terra. A classe dominante exilada insiste que até a "glória de Deus" os acompanhou para a Babilônia, se entendem como "filhos de Israel". "... a Glória de Deus estava por cima, sobre eles. A Glória de *Yahweh* saiu do meio da cidade e pousou em cima do monte que ficava para o oriente" (Ezequiel 11,22-23). Não reconhecem que a "glória de Deus" está com "resto" de Israel, os sem-terra. Deus não ficou com Jeremias, com os pobres da terra, com os que reescreveram a história deuteronomista, os povos massacrados que estão na base do livro das Lamentações?

No livro de Ezequiel não há nenhuma denúncia direta aos sacerdotes por causa dos cultos a Javé e da falta de justiça, como é muito presente em Amós (Amós 7,10-17), Jeremias (Jeremias 20,7-13; 23,11; 26,7), Isaías (Isaías 1,10-20; 24,2; 28,7-13) e Miqueias (Miquéias 3,9-11). Em Ezequiel 44-45 está que a missão principal dos sacerdotes é ensinar o povo a distinguir entre o puro e o impuro, entre o sagrado e o profano, mas não se questiona a atuação em si dos sacerdotes. Em Ezequiel, nas denúncias contra as nações não há nem um ai contra a Babilônia. Poucos da elite deportada vão querer voltar para Jerusalém. Este grupo não é o que cantava "que se quebrem os dentes dos filhos da Babilônia" (Salmos 58,6), ou "ao lado dos rios da Babilônia nos sentávamos e chorávamos" (Salmos 137,1-5). Este povo não foi apenas deportado, mas foi brutalmente escravizado sob as agruras do escravocrata Império Babilônico.

Para o livro de Ezequiel, o verdadeiro Israel são os exilados deportados. Os que ficaram na terra são chamados de "povos da terra", não se reconhece que a glória de Deus esteja com eles.

4.3 Profetas *versus* sacerdotes

Importante ressaltar que há várias formas de compreender o que é sacerdote e o que é profeta. Sacerdote, no sentido mais profundo e etimológico do termo, significa aquele que revela o sagrado existente nas relações humanas, naturais e sociais. Mas também 'sacerdote' pode significar o funcionário de uma instituição religiosa, responsável pela realização do culto, com poder sobre a comunidade e que geralmente é encarado como "representante de Deus" nas questões sagradas. Neste sentido, em muitas passagens bíblicas, os profetas e profetisas denunciam sacerdotes como cúmplices de processos de opressão e de exploração. Por exemplo, em Juízes 19 a 21, são os sacerdotes que tocam a trombeta conclamando para guerra fratricida entre as comunidades que deveriam viver na fraternidade.

Em Amós 7,10-17, o profeta Amós é expulso do templo de Betel pelo sacerdote Amasias, que acumpliciado ao rei Jeroboão, opressor, fica incomodado com a profecia de Amós, que anuncia que Israel será exilado e Jeroboão será morto. Em Amós 7,14, Amós se recusa a ser considerado profeta segundo a ótica de um sacerdote vassalo do poder político. Amós denuncia e ridiculariza o sacerdote manietado pelo rei opressor. Os versos 10-17 do capítulo 7 de Amós quer legitimar o conteúdo da profecia de Amós e ajudar as comunidades a superarem todos os preconceitos que possam existir contra o profeta por causa da sua origem humilde.

O relato de Amós 7,10-17 quer nos dizer que a profecia vem da margem, da periferia, do meio dos marginalizados e excluídos. São estes, por excelência, os "intérpretes de Javé", profetas e profetisas. O rei (e a monarquia) e o Templo expulsam o profeta, silenciando-o. Sem profetas, o povo sofrerá muito mais. Ai de um povo que não escuta seus profetas e profetisas e, pior ainda, que os persegue, expulsa e os silencia.

Textos proféticos na Bíblia denunciam também os falsos profetas, os profetas "profissionais" ligados à corte do poder político, econômico e religioso.

Na Bíblia temos também a reação dos profetas diante das tentativas de privatização da profecia, deixando-as restritas às instituições religiosas. É o caso denunciado no livro de Números 11. Enquanto os povos escravizados enfrentavam a caminhada no deserto, após a libertação do imperialismo dos faraós no Egito, e enquanto lidavam com os desertos interiores, a Bíblia narra que os profetas Eldad e Medad estavam profetizando no Acampamento, fora da tenda (Números 11,27), na caminhada pelo deserto rumo à conquista da "terra que mana leite e mel" (Êxodo 33,3; Deuteronômio 6,3; 26,9). Apareceu gente querendo proibir a profecia de Eldad e Medad, porque "eles eram de fora" da tenda. Às pessoas que ficaram iradas com a profecia de Eldad e Medad, fora da instituição, Moisés bradou: "Oxalá todo o povo fosse profeta e recebesse o Espírito de Javé, Deus solidário e libertador" (Números 11,29).

Segundo a tradição deuteronômica, na Bíblia, quando o poder do rei de Judá, do Sul, se tornou tirânico sobre as tribos do norte, Deus inspirou profetas que incomodaram os que defendem a unidade. A divisão, ou seja, a separação (cisma) foi defendida como algo inspirado por Deus Javé. Quando o rei Roboão, de Judá, quis lutar para resgatar a unidade e trazer de volta ao seu reino as tribos/comunidades do norte, de acordo com o texto bíblico, a palavra de Deus foi dirigida ao profeta Semei nos seguintes termos: "Fala a Roboão: volta para casa e não tente resgatar a unidade com Israel. Essa divisão fui eu que fiz" (1 Reis 12,22-24). Muitas vezes, para superar injustiças, é preciso quebrar a aparente unidade que esconde desigualdade e reproduz injustiça. Eis o rumo: não trabalhar com a busca de consenso e de apaziguamento a qualquer preço, mas buscar sempre relações de ética e de justiça, mesmo que para isso precisam reconhecer a legitimidade do dissenso.

Na Bíblia, muitas vezes, os profetas se opuseram e denunciaram com veemência os sacerdotes do templo que se colocavam como se fossem proprietários de Deus, "representantes de Deus" na Terra, o que na prática busca privatizar Deus domesticando-o. Ao denunciar a religião ritual e formalista como sendo mera busca de autoajuda e de segurança humana individual, os profetas tiveram que se posicionar contra muitos aspectos da cultura popular e do senso comum contaminado pela ideologia dominante, que gosta da religião e contra o consenso da unidade formada a partir do poder sacerdotal.

Certa vez um arcebispo questionou o pessoal do Centro Ecumênico de Estudos Bíblicos (CEBI) por não estarem atuando em "unidade com a Igreja da Arquidiocese". Disse ele: "Vocês estão fazendo círculos bíblicos e escolas bíblicas por aí sem minha autorização". Neste tipo de afirmação está a concepção de unidade como se fosse uniformidade, onde um hierarca está em cima e manda em quem está embaixo. Isto é lógica totalmente antiprofética. A unidade como relação de comunhão se constrói e se cultiva a partir e na base de relações humanas e sociais de justiça e ética, o que passa necessariamente por criticar e denunciar o que é injusto.

Na Bíblia há passagens que mostram vários profetas sendo ameaçados de morte por sacerdotes, como é o caso dos profetas Amós e Jeremias. Os profetas e profetisas proclamaram que a aliança que Deus fez com o povo hebreu no monte Sinai tinha como base que todo povo se tornasse sacerdotal, isso é, mediador do Amor Divino em relação à humanidade e ao universo: "Vós sereis para mim um reino de sacerdotes, uma nação toda santa" (Êxodo 19,6). Etimologicamente, sacerdote é quem tem a missão de revelar e explicitar a presença da luz e da força divina no mundo, ou seja, mostrar a sacralidade da vida e das relações humanas e ecológicas que devem se pautar por ética e justiça. Neste sentido etimológico, sacerdote e profeta/profetisa têm missão semelhantes. Entretanto, quando, historicamente, o sacerdote se torna um funcionário da instituição religiosa e organiza e estrutura as relações humanas com ele (o sacerdote) se colocando no topo de uma pirâmide e lhe autoatribui o poder de definir e determinar o que é pecado ou não, como se comportar, quais são os deveres do povo que está na base da pirâmide, isto significa privatizar o sacerdócio, concedendo poder e dominação, o que o torna antiprofético.

Ao comentar a cena da apresentação do menino Jesus ao templo, narrada em Lucas 2,22-40, o teólogo e biblista Marcelo Barros analisa:

> O primeiro anúncio é dirigido a um sacerdote, no templo, de forma solene e junto ao lugar mais santo, o altar. Conforme esse evangelho, mesmo da religião ritual ainda pode nascer a profecia. Zacarias é símbolo do que ainda há de bom na religião: o evangelho diz isso ao salientar: Zacarias e sua esposa Isabel eram justos diante de Deus. Mas eram velhos e não tinham filhos. Ela era estéril. Talvez, ao dizer isso deles, o evangelho queira aludir que a religião sacerdotal é assim: é boa se se coloca do lado da justiça (eles eram justos) e mesmo assim é velha e estéril se não se abrir à profecia. No entanto, qual sacerdote de religião ritual adere realmente ao anúncio do nascimento de um profeta? Desde os tempos antigos do primeiro testamento, sacerdote nunca gostou de profeta. No tempo de Amós, o sacerdote Amasias tramou com o rei a morte do profeta Amós. Agora, vem um mensageiro de Deus e ao lado do altar do templo anuncia ao sacerdote que ele vai gerar um profeta... Será que sacerdote pode mesmo gerar profeta? Zacarias não acredita e fica mudo.[19]

Em Jeremias 39,1-18 está a narrativa segundo a qual a capital Jerusalém foi cercada em 587 a.C. e caiu nas mãos do exército babilônico em 586 a.C. A palavra de Jeremias se cumpriu: a cidade foi incendiada,

---

[19] MISSIONÁRIOS DO VERBO DIVINO: PROVÍNCIA BRASIL CENTRO. *Verbo divino em foco*: reflexão da anunciação do Senhor (Ano B). 8 abr. 2024. Disponível em: https://verbodivinobrc.com/f/verbo-divino-em-foco---reflex%C3%A3o-da-anuncia%C3%A7%C3%A3o-do-senhor-ano-b. Acesso em: 1 set. 2024.

as fortalezas destruídas e a elite da população foi exilada. A profecia de Jeremias faz questão de dizer que "os mais pobres do povo, os que não possuíam nada, Nabuzardã, capitão da guarda, os deixou na terra de Judá e deu-lhes vinhas e terra para cultivar" (Jeremias 39,10). De forma semelhante também narrado no apêndice ao livro de Jeremias: "Só deixou ficar uma parte dos pobres da terra como trabalhadores das vinhas e pequenos lavradores" (Jeremias 52,16). Entretanto, a teologia deuteronomista e o cronista oficial dizem que não ficou ninguém na terra. Na realidade, ficou um "resto" na terra prometida.

4.4 E a "profecia" de Ezequiel?

Ezequiel 1-37 foi escrito provavelmente na época do Exílio na Babilônia, de 587 a 538 antes da era cristã. Portanto, em Ezequiel 12-14 constam profecias do Exílio. Ezequiel, como sacerdote, provavelmente pertencia à elite que foi deportada para a Babilônia: rei, funcionários da corte monárquica. Não foram levados como escravos, mas como prisioneiros de guerra, para trabalhar para o império babilônico. Com frequência, no exílio, Ezequiel era consultado. Ezequiel não pertence, pois, ao "resto de Israel", os sem-terra que ficaram na terra da Palestina.

Ezequiel busca refazer a aliança do povo com Javé, infundindo um espírito de vida e um "novo coração", "coração de carne", não mais de pedra. Coração novo não vem do templo e nem do culto e de nenhuma instituição, mas vem do "resto", os sem-terra e os que de forma radical questionam inclusive as propostas moderadas que "são mais do mesmo".

O profeta Ezequiel, como a maioria dos profetas de todos os tempos, não é chamado por Deus para cumprir sua missão no meio dos estranhos. "Tu não és enviado a um povo de idioma obscuro ou de língua estranha, mas à casa de Israel" (Ezequiel 3,5). Observando atentamente o texto, o contexto de exílio e o pretexto, concluímos que Ezequiel foi enviado com uma missão direcionada aos da "casa de Israel", "os seus", "os exilados" (Ezequiel 3,11-15), diríamos hoje, para pessoas que se dizem cristãs, mas que são idólatras, pois têm o "coração endurecido" (Ezequiel 2,4; 3,7; 36,26), um "coração de pedra", "povo que tem olhos para ver, mas não vê, tem ouvidos para ouvir, mas não ouve" (Ezequiel 12,2).

O processo de conversão do profeta Ezequiel foi dolorido e conturbado. Ele ficou "desolado por sete dias no meio dos exilados" (Ezequiel 3,15), antes de compreender sua missão. Ezequiel fez a experiência de vida/Deus que na vida não pode haver espaço para a neutralidade e muito menos para a omissão, pois em uma sociedade estruturalmente desigual e forjada para reproduzir a injustiça, quem se omite ou fica neutro diante das injustiças, cúmplice se torna delas. Por isso, "se tu não advertires o injusto de que ele está sendo injusto e por isso morrerá, eu pedirei contas de tua mão" (Ezequiel 3,18), mas "se tu advertires o injusto sobre a violência que ele está praticando, você se salvará e ele será o responsável pela sua morte" (Ezequiel 3,19).

A devastação não é castigo de Deus, mas consequência das ações opressoras e exploradoras. Lançando olhar panorâmico em Ezequiel 12,vemos que o profeta Ezequiel faz a experiência humano-divina de que Deus está lhe dirigindo a palavra, chamando-o de "Filho do homem" ou "Criatura humana" (Ezequiel 12,2-3-9-18-22-27), de forma enfática lhe dá a missão de profetizar, primeiro, por ação, atitude: jogar nas costas um saco com o que for possível levar e partir, "à vista do povo" – (isto é enfatizado se repetindo várias vezes!) – para o exílio por um buraco do muro da cidade sitiada, sinal de que o rei e seus funcionários também serão exilados. Deus lhe pede para cobrir o rosto para não ver a terra que será perdida (Ezequiel 12,6-12). De fato, para o camponês que ama a terra e a tem como mãe, como "herança de Deus" (Ezequiel 45,1; Deuteronômio 26,1-3; Gênesis 15,7-8; Salmos 135,12), deixa-la dói muito, logo, cobrir o rosto pode ser um jeito de esconder as lágrimas para estar sendo empurrado para o exílio, onde, sem-terra, será escravizado novamente como seus pais foram no Egito sob o imperialismo dos faraós.

Ezequiel faz um gesto profético dramático, mas não é compreendido pela parcela do povo que tinha o coração endurecido. Sob inspiração divina, Ezequiel tenta ajudar "o príncipe e os seus" a compreenderem que tal gesto profético significava que todo o povo seria exilado, mas não compreendem. O rei, sua guarda e suas tropas também sofrerão as consequências da deportação e do exílio, mas "um resto escapará à espada, à fome e à peste" (Ezequiel 12,16). Este "resto" será o pavio que não se apagará e terá a missão de contar a todos os povos todas as abominações, injustiças e violências que acometeram o povo (Ezequiel 12,16).

Olhando mais de perto, para além das linhas, nas entrelinhas e no contexto, percebemos que Ezequiel 12 aponta a profecia tendo missão árdua de atuar sempre na contramão da maioria e questionando quem está no poder. O predominante é que quem está no poder, como "o rei e os seus funcionários", rejeite a profecia e apenas "um pequeno resto", uma minoria abraâmica, terá a sabedoria de acolher os gritos proféticos e não deixará que o pavio se apague, pois serão a consciência libertária ao longo da história. Ezequiel 12 nos faz lembrar a fábula rabínica do galo e o morcego, que diz que o galo, mesmo na escuridão da noite, intui que virá uma nova aurora e canta para anunciá-la. Ou seja, o galo vê luz no meio da escuridão. Já o morcego, por outro lado, só consegue voar e circular na escuridão, pois a luz o cega. Assim também com a profecia, quem está agarrado a algum poder opressor fica como Ulisses, amarrado no mastro do navio e não consegue se libertar.

O processo de libertação da terra dos que foram jogados no cativeiro será sofrido, pois "comerão o pão com angústia e beberão água com pavor" (Ezequiel 12,19). Enquanto a elite dominante continuar desgovernando o povo, Javé não será reconhecido (Ezequiel 12,20).

Ezequiel repudia as visões e presságios mentirosos (Ezequiel 24), os que vão empurrando o povo com a barriga, de ilusão em ilusão. Ezequiel 12 enfatiza que a incompreensão de Deus está levando o povo ao exílio, à deportação. Os que estão no poder, ao serem alertados sobre as consequências de suas más ações, tentam se justificar alegando que não terão consequências imediatas e que, talvez, ocorram, mas em tempo muito distante. O profeta Ezequiel insiste que as consequências serão muito mais rápidas do que se pensa.

Em um olhar panorâmico para Ezequiel 13, vemos que Ezequiel se volta contra os "profetas de Israel" que profetizam segundo "o seu próprio coração/espírito e são cegos" (Ezequiel 13,3). "Ai dos profetas insensatos, que são como raposas no meio de ruínas" (Ezequiel 13,3-4), porque não vigiaram e nem construíram resistência (Ezequiel 13,5). São mentirosos ao dizerem "Oráculo de Javé", pois têm visões vãs e promessas mentirosas. Javé não tolera os falsos profetas com falsas visões. Eles devem ser excluídos do Conselho do Povo e não terão direito de retornar do exílio (Ezequiel 13,9). Os falsos profetas desencaminham o povo com falsas propostas de paz com apaziguamento que não passam por relações de ética e de justiça (Ezequiel 13,10). Não é com simples reboco que se conquistará paz como fruto da justiça. É preciso reconstruir as relações sociais e não apenas remendar (Ezequiel 13,10). A profecia profunda de Ezequiel diz que um reboco não terá força para resistir a chuva torrencial (Ezequiel 13,13) e que "o muro está demolido e os alicerces ficarão à vista e vós perecereis debaixo dos escombros" (Ezequiel 13,14).

Profecia de reboco é idolatria, é falsidade, é mais do mesmo, porque esconde as rachaduras do sistema capitalista e do mercado idolatrado e também das idolatrias religiosas. Esperança alienante é ilusão, é farsa.

As falsas profetisas também são denunciadas com veemência pela profecia de Ezequiel, pois elas seduzem o povo pela aparência e são venais, "se vendem por um punhado de cevada, por uns pedaços de pão" (Ezequiel 13,19a) e "condenam à morte quem não deve morrer e poupam a vida de quem deve morrer" (Ezequiel 13,19b). Ezequiel tolera mais "o povo que ouve as mentiras" (Ezequiel 13,19) do que as falsas profetisas, pois estas têm mais poder de violentar o povo do que o povo quase sem poder. De forma enfática, a profecia de Ezequiel sobre as falsas profetisas diz: "Libertarei o meu povo das vossas mãos e sabereis que eu sou Javé" (Ezequiel 13,23).

Olhando mais de perto, aqueles e aquelas que são lideranças religiosas estão oprimindo e explorando o povo tanto quanto ou mais que o rei e seus comparsas. Contexto de teocracia. Ezequiel 13 é um dos muitos textos bíblicos que mostram o perigo de lideranças religiosas que se apresentam como mensageiras de Deus, mas na prática tosquiam o povo.

Em uma visão panorâmica, Ezequiel 14 denuncia com veemência a idolatria praticada por "alguns anciãos de Israel" (Ezequiel 14,10), o que deixa Deus irado (Ezequiel 4). Quem está enleado em idolatria não tem moral para se dirigir a Deus. Convertam-se de sua idolatria!

Em Ezequiel 14,13-23, o profeta sintetiza os efeitos da profecia apresentada em Ezequiel 12,1-14,12, ao ponderar que, mesmo com o exílio de quase todo o povo e sua deportação, mesmo que fique a terra arrasada, a esperança continuará de pé, porque "um resto" sobreviverá e resistirá, assim como Noé, Daniel e Jó, heróis populares que ficaram no imaginário do povo como fiéis e justos, alguns manterão acesa a chama da profecia.

Refletindo a partir da profecia de Ezequiel 12-14, é necessário reconhecer que por trás dos textos proféticos de endurecimento há o mistério da liberdade humana e da soberania divina, que é o amor infinito de Deus. Em relação a Deus, há uma consciência profética que as obras e a Palavra de Deus não podem permanecer sem efeito (Cf.: Isaías 55,11), são sempre eficazes (diferente de eficiente). Se não produzem imediatamente a conversão, devem amadurecer a pessoa (ou o povo) para um novo encontro com a verdade, o que, em última análise, não exclui a possibilidade de conversão.

Ezequiel enfatiza que a profecia se cumprirá para que os destinatários da profecia fiquem "sabendo que há um profeta aqui contra eles" (Ezequiel 2,5; 33,33), para que "saibam que Javé falou" (Ezequiel 5,13), "que foi Javé que tirou de diante das nações" (Ezequiel 21,10) e para que "fiquem sabendo que eu sou Javé".[20] A propósito, no livro de Ezequiel, por 53 vezes esta frase se repete: "para que fiquem sabendo que eu sou Javé". Por que e para que tanta repetição? Esta repetição é um refrão repetido à exaustão ao longo dos 48 capítulos de Ezequiel. Indica várias coisas. Primeiro, que a profecia de Ezequiel acontece no meio de uma brutal idolatria, seja apego a outros deuses ou, pior, manipulação do Deus Javé. Neste contexto de idolatria a toda vapor, torna necessário afirmar e reafirmar a identidade do Deus da Aliança, que não é qualquer Deus, mas Javé, Deus solidário e libertador, o que ouviu o grito dos povos escravizados, desceu para libertá-los e se tornou companheiro de caminhada na luta por terra, pão e liberdade (Cf.: Ezequiel 3,7-9); segundo, indica que Javé jamais abandona seus povos, marca presença constante e permanente no meio do povo, mesmo sendo muitas vezes ignorado e rejeitado; e, terceiro, Javé jamais se omite diante das injustiças e nem se faz cúmplice dos esquemas de exploração e opressão que levam os povos à morte.

Em relação ao "castigado", há consciência de que a exortação à conversão, quando não ouvida, se torna uma condenação. Isto é, nada mais, nada menos, que a dinâmica das relações interpessoais. Quando duas pessoas se encontram, se atraem e começam a se conhecer, a relação amorosa pode evoluir, parar ou eventualmente morrer. Mas enquanto existe, cada ação e reação levam ao aprimoramento ou à diminuição daquela relação. Todo ato (ou omissão) nas relações interpessoais e sociais soma e cultiva a relação ou a empobrece descultivando-a. Nenhum ato fica neutro. "Ação e reação" não é apenas a terceira lei da Física de Isaac Newton, que rege a relação entre corpos, mas permeia e perpassa as relações humanas, sociais e ecológicas. O apóstolo Paulo não se esqueceu da lei/princípio da "ação e reação". Ele diz: "Tudo o que a pessoa semear, isso também ceifará" (Gálatas 6-7).

De modo semelhante, na relação do ser humano com Deus, cada ação que não melhora a relação, a piora, mas jamais a deixa igual. Se não se aceita um convite à conversão, como uma oferta de amizade, recusa-lhe. E esta recusa tornará mais difícil que aconteça um novo convite. "Gato escaldado com água quente tem medo até de água

---

[20] Cf.: Ezequiel 6,7-10-13-14; 7,4-9-27; 11,10-12; 12,15-16; 13,9-21; 14,8; 15,7; 16,62; 20,38-42-44; 22,16-22; 23, 49; 24,24-27; 25,5-7-11; 26,6; 28,22-23-24-26; 29,6-9-16-21; 30,8-19-25-26; 32,15; 33,29; 34,27-30; 35,4-9-12-15; 36,11-23-36-38; 37,6-13-14-28; 38,23; 39,6-7-22-23-28.

fria", diz a sabedoria popular. Além disso, aceitar uma nova oferta de amizade implicaria em reconhecer o erro precedente, o que pode exigir um grau maior de humildade.

Em relação aos profetas e profetisas, este processo se explica na medida em que os(as) "intérpretes de Javé" sabem do paradoxo da missão deles. Os profetas e profetisas sabem que a palavra profética conduz às vezes à conversão de alguns poucos, mas, na maioria das vezes, leva ao endurecimento de muitos. Os oráculos de condenação no futuro, pronunciados com absoluta segurança, refletem a consciência dos profetas de que a advertência seria inútil.

Na parábola narrada em Ezequiel 37,1-14, o povo no fundo do poço do exílio babilônico é comparado com um vale de ossos ressequidos, onde, à primeira vista, só existem morte e esterilidade. Mas, na perspectiva de Deus, com comunicação afetiva e efetiva no vale – território que pode gerar condições de vida – com articulações, pouco a pouco, o povo se desperta e desencadeia um processo de "soerguimento".

O profeta se movendo em meio ao povo, como ossos ressequidos, convivendo, ouvindo seus clamores, identificando suas forças e sabedoria, pouco a pouco se torna instrumento de um espírito de vida que vai surgindo no meio das relações humanas que vão se travando. Ao acordar no povo a utopia da libertação e da presença do Deus da vida em seu meio, como ossos ressequidos, começa a se aproximar, a se unir, a se organizar e empreende um processo pedagógico de libertação do fundo do poço. O profeta "sopra" sobre o povo exilado da mesma forma que Deus soprou o barro com o qual criou Adão e Eva (Cf.: Gênesis 2,4-7). Ou seja, com a experiência do exílio, o povo "re-escravizado" está sendo recriado e refazendo sua história de libertação.

4.5 Enfim...

É inegável que Ezequiel conquistou, pelo seu jeito de ser e agir, o reconhecimento histórico como profeta e sacerdote, mas somando tudo, lendo nas linhas e nas entrelinhas, Ezequiel parece ter sido mais sacerdote que profeta. Ele deve ter sofrido de algumas formas o fato de ter sido arrancado de Jerusalém e da terra prometida, porém, fez parte do grupo da elite que não foi escravizado na Babilônia, mas apenas deportado.

Não devemos também impor uma oposição radical entre sacerdócio e profecia, como se nenhum sacerdote pudesse ser também profeta ou, ao contrário, que nenhum profeta pudesse, de alguma forma, desempenhar funções de sacerdote. Se considerarmos o sentido original e etimológico de sacerdote, que é aquele que revela o sagrado existente nas pessoas e em toda a criação, o profeta tem também esta dimensão na sua missão. A oposição principal acontece nas formas históricas do sacerdócio e da profecia, quando o sacerdote se alia aos opressores e exploradores e quando o profeta também se torna falso profeta por ter se associado à elite dominante da política, da religião e da economia.

O poder religioso está assentado sobre quatro pilares: o templo, o sacerdote, as leis eclesiásticas e o culto. Leonardo Boff não foi silenciado pelo cardeal Ratzinger e pelo papa João Paulo II por ter escrito sobre o Jesus Libertador, sobre o rosto materno de Deus, mas porque escreveu questionando o poder da Igreja, no livro "Igreja: carisma e poder". Seguir o Evangelho de Jesus exige que não evangelizemos apenas na Galileia, mas que marchemos para Jerusalém para enfrentar os opressores e exploradores.

Quantos mais precisarão morrer para se perceber que o sistema capitalista é máquina de moer vidas? A profecia é anti-instituição. "Jerusalém, Jerusalém, que mata os profetas e apedreja os que foram enviados a você" (Mateus 23,37; Lucas 13,34).

CAPÍTULO 5

A BÍBLIA RESPIRA PROFECIA: "SE CALAREM A VOZ DOS PROFETAS..."[21]

Palavra de Javé: Consolai os aflitos e afligi os consolados! Ninguém pode tocar o corpo dos escritos proféticos sem sentir a batida do coração divino.

5.1 Para começo de conversa

Se interpretada com sensatez e a partir dos pobres e injustiçados, a Bíblia nos educa para a vivência profética, o que passa necessariamente por construir uma convivência humana e ecológica onde o bem comum seja um princípio básico a ser seguido.

Os grandes desafios da realidade social, eclesial e eclesiástica para as pessoas cristãs que se engajam nas lutas sociais e na construção de uma sociedade justa, solidária, ecumênica e sustentável, – também na construção de uma igreja Povo de Deus –, me fazem recordar também os desafios de muitos profetas e profetisas da Bíblia e de suas profecias.

Quando o Movimento dos Trabalhadores Rurais Sem Terra (MST) realiza ações radicais – não extremistas, mas aquelas que, de fato, vão à raiz dos problemas e, por isso, ferem o coração da idolatria do capital/mercado – o ódio dos poderosos despeja-se sobre os militantes desse que é o maior movimento popular da América Afrolatíndia. Isso faz acordar em mim profecias bíblicas, como a das parteiras do Egito, a

---

[21] Esse artigo está publicado na Revista Estudos Bíblicos: MOREIRA, Frei Gilvander. A Bíblia respira profecia: "se calarem a voz dos profetas... *Revista Estudos Bíblicos*, v. 29, n. 113, Petrópolis, Ed. Vozes, p. 37-56, jan./mar. 2012.

dos profetas Elias, Amós, Miqueias e a do camponês revolucionário de Nazaré na Palestina.

Antes de passar a palavra às profetisas e aos profetas da Bíblia, pergunto: Você já se dispôs a fazer a experiência de viver sob lonas pretas e gravetos – em condições similares aos animais no meio do mato, ou em condições piores do que nas favelas? Você já viveu à beira de estradas, em lugares ermos e remotos, sujeitos aos ataques noturnos repentinos? Você já permaneceu em um acampamento do MST, ou em uma Ocupação Urbana ou em uma Retomada Indígena por mais de um dia, observando o que comem (e, sobretudo, o que deixam de comer), o que lhes falta, como são suas condições de vida? Você já viu o desespero das mães procurando, aos gritos, pelos filhos, enquanto o acampamento arde em fogo às 3 da madrugada, atacado por jagunços? Ou quando a tropa de choque da Polícia Militar chega com brutal truculência para fazer o despejo e demolir não apenas barracos/moradias, mas sonhos, histórias...

Sentindo-me na pele dos Sem Terra, dos Sem Teto, dos parentes indígenas e dos Povos Tradicionais, convido você a visitar algumas profecias bíblicas, tais quis a das parteiras, a de Elias, Amós, Miqueias e a de Jesus de Nazaré, na esperança de que possam iluminar nossas consciências e aquecer nossos corações, a fim de discernirmos o que é preciso fazer, ensinar-nos como fazer e a impelir-nos a nos comprometer de fato com a causa dos pobres que, com fé libertadora, lutam por direitos humanos, por uma terra sem males.

5.1.1 Uma premissa básica: nosso Deus é transdescendente

Muitos perguntam: se Deus existe e é todo poderoso, por que permite tanta dor, tanta violência, guerras e sofrimento no mundo? Deus é sádico? Está sentado na arquibancada, de braços cruzados, vendo o sangue das pessoas inocentes verter na arena da vida? Deus não faz nada? Um sábio, ao ouvir essas interpelações, respondeu: "Deus fez e faz todos nós para sermos no mundo expressão do Deus que é infinito amor. A única força que Deus tem é o amor, que aparenta ser a realidade mais frágil, mas é a mais poderosa do mundo. Só o amor constrói".

Jesus se tornou tão humano que acabou se divinizando. Pelo seu relacionamento íntimo com o Pai, ao qual chamava de papai (*abbáh*, em hebraico), Ele nos revela uma característica fundamental que perpassa toda a experiência dos povos de Deus da Bíblia: o Deus comprometido com os empobrecidos é um Deus *transdescendente*, não apenas transcendente – sua transcendência se esconde na imanência, o divino no humano. A partir do Êxodo, constatamos como Javé é um Deus que *ouve* os clamores das pessoas escravizadas e *desce* para libertá-las (Êxodo 3,7-9). No início do livro do Gênesis, está escrito que o Espírito está nas águas, permeia e perpassa tudo (Gênesis 1,2). Em Jesus de Nazaré, tendo "nascido de mulher" (Gálatas 4,4), Deus se encarna, *descendo e assumindo* a condição humana. No Apocalipse, Deus *larga o céu, desce, ergue sua tenda entre nós e vem morar conosco definitivamente* (Apocalipse 21,1-3). Logo, um movimento de *transdescendência* perpassa toda a Bíblia. Esta característica se reflete em Jesus.

5.1.2 Profecia é sussurro/cochicho de Deus

Os oráculos proféticos, normalmente, são introduzidos com uma fórmula característica: "Assim disse Javé...." ou "Oráculo de Javé" (Jeremias 9,22-23). A expressão "*ne'm YAHWEH*", em hebraico, geralmente traduzida por "oráculo de Javé" ou "Palavra de Javé", significa sussurro, cochicho de Deus no ouvido do profeta ou da profetisa. Para entender um cochicho, um sussurro, é preciso fazer silêncio, prestar muita atenção, estar em sintonia, ter proximidade, ser amiga(o). Logo, Deus não falava claramente aos profetas, como nós muitas vezes pensamos. Deus fala hoje para – e em – nós do mesmo modo que falava aos profetas e às profetisas dos tempos bíblicos.

Precisamos colocar nossos ouvidos e nosso coração pertinho do coração dos violentados, para que nossas palavras possam refletir algo da vontade do Deus da vida. Mais que fazer cursos de oratória, precisamos de cursos de "escutatória". Para ouvir os clamores mais profundos dos injustiçados, é necessário conviver com eles.

5.1.3 A força e a fraqueza da palavra profética

Intervenções proféticas que, no tempo do profeta (ou da profetisa) devem ter provocado calafrios e soado quase como blasfêmia, hoje podem parecer insossas a muitos leitores. Assim, palavras de grande profundidade humana podem passar despercebidas para muitas pessoas cristãs. Se os profetas bíblicos ressuscitassem no nosso meio hoje e atualizassem suas profecias, provavelmente, suscitariam mal-estar ou escândalo. Eis um exemplo: O profeta Amós, em pleno século VIII Antes da Era Cristã (a.C.), fez a seguinte profecia:

Ide-vos a Betel pecar, em Guilgal pecai firme;
oferecei pela manhã os vossos sacrifícios
e no terceiro dia os vossos dízimos;
oferecei pães fermentados, pronunciai a ação de graças,
anunciai dons voluntários,
pois *é* disso que gostais, israelitas!
Oráculo de Javé. (Amós 4,4-5).

Este texto é quase incompreensível para as pessoas que não sabem o que é Betel nem Guilgal, desconhecem a expressão "oferecer sacrifícios" (só ouviram falar de "sacrificar-se", "mortificar-se"), desconhecem o que são os ázimos e os dons voluntários. Isso nos revela a fraqueza da palavra profética. Mas, atualizando a profecia, podemos, talvez, apresentá-la assim:

Ide pecar em Aparecida no Norte,
em Juazeiro do Padre Cícero pecai firme.
Assisti à missa todos os dias,
Oferecei vossas velas e oferendas.
Queimai o incenso da bajulação,
Ardam os incensórios,
Anunciai novenas,
Pois é disso que gostais, católicos.
Oráculo do Senhor.

Aqui notamos a força da mensagem, sua clareza, brevidade e concisão. Também é patente a dureza e ironia com a qual se expressa. Em Amós 4,4-5 o profeta usa o gênero "instrução", típico dos sacerdotes. Assim Amós, usando o estilo de linguagem dos sacerdotes, critica-os com uma ironia fina e os ridiculariza.

O exemplo apresentado nos mostra a força e a fraqueza da palavra profética. Fraca, porque ficou aprisionada por uma linguagem, uma história, uma cultura, que não é a nossa. Forte, porque resplandece com todo vigor quando lhe arrancamos as "sujeiras" do tempo e encontramos o seu sentido "em si" e a sua mensagem "para nós".

Para entendermos bem o sentido "em si" de Amós 4,4-5, devemos estudar exegeticamente o texto. Para percebermos a veemência da crítica do profeta Amós ao culto, explicitando assim sua relação com Israel, devemos considerar o seguinte: os versículos 4 e 5 do capítulo 4 de Amós são uma irônica exortação (seis verbos no imperativo) a caminhar para os santuários de Betel e Galgala para multiplicar as transgressões, mais do que para adorar a Deus. O caráter irônico dos versículos é sublinhado pela exortação para oferecer um sacrifício *cada manhã,* e pior ainda, o dízimo (= a décima parte) a *cada três dias*. Deuteronômio 14,28 e Deuteronômio 26,12 são dois textos que regulam esta obrigação, estabelecem que a décima parte deve ser paga a *cada três anos*. Portanto, pedir para pagar a cada três dias o que deve ser pago a cada três anos é, no mínimo, uma ironia sarcástica.

Também a ação de graças com a oferta do *pão fermentado* (v. 5) contradiz formalmente o que é indicado em Êxodo 12,15.39; 13,7; Deuteronômio 16,3. Da celebração da Páscoa (Êxodo 13,3; 23,18; 34,25) até as pequenas "ofertas vegetais" (Levítico 2,4-5-11), tudo deve ser feito sempre com *pães ázimos*, e não com pão fermentado. Se comparar esta ironia com Oséias 8,13, segundo a interpretação proposta por alguns biblistas,[22] a ironia não se refere, portanto, a uma falsa celebração da Páscoa somente. A expressão "cada manhã" (v. 4) não deve ser traduzida por "na manhã", como crítica de uma celebração pascal que deveria acontecer à tarde.

Com relação às ofertas voluntárias, pode-se encontrar um tratamento irônico no incitamento a proclamar e fazer conhecê-las. Essas ofertas, justamente porque voluntárias, não eram provavelmente reguladas por específicas disposições.[23] As ofertas voluntárias podiam ser imperfeitas, o que não era permitido para outros sacrifícios (Levítico 22,23), nas regras mais amplas sobre o tempo para consumir a oferta (Levítico 7,16; 22,21), assim como a menção delas no último lugar no resumo de Levítico 23,37-38, depois dos "sacrifícios para o fogo", holocaustos, oblações, vítimas, libações, dons e votos. Tudo isto sublinha o caráter privado desses sacrifícios. *Proclamar* essas ofertas destrói o seu caráter e finalidade. Não parece que nem o anúncio (retórico) do salmista dos sacrifícios que fará nem a proclamação das graças recebidas por Deus (Salmos 66,15-16) pode ser interpretado como justificação ou explicação do relacionamento indicado em Amós 4,5.

---

[22] SIMIAN-YOFRE, H. El desierto de los Dioses. *Teologia e Historia en el libro de Oseas*, Córdoba: ED. El Almendro de Córdoba, 1992. p. 86.

[23] Cf.: As referências bastante gerais em 2 Crônicas 31,14; Salmos 68,10; 119,108 – no singular e no sentido "profano", ofertas voluntárias para a construção do templo, Cf.: Êxodo 35,29; 36,3.

Vamos compreender como agiram profetisas e profetas da Bíblia. Isso poderá ser, na atualidade, uma bússola na nossa missão.

5.2 "Se calarem a voz dos profetas, ..."

5.2.1 No meio de muita opressão e no início da libertação, mulheres lutadoras

As mulheres parteiras do Egito – a Bíblia registra os nomes de duas: Séfora e Fuá (Êxodo 1,8-22) –, diante de um Ato ditatorial (Medida Provisória = "Decreto Lei") que mandava fazer controle de população matando no momento do nascimento as crianças do sexo masculino, se organizaram e fizeram greve geral e desobediência civil-religiosa-política. "Não vamos respeitar uma lei autoritária do império dos faraós. O Deus da vida quer respeito à dignidade humana e não concorda com a matança de crianças e com nenhuma opressão", devem ter dito em seus corações muitas Mulheres do "sistema de saúde" do Egito. Diz a Bíblia: "Deus estava com as parteiras. O povo se tornou numeroso e muito poderoso" (Êxodo 1,20), isto é, crescia em quantidade e em qualidade. O Movimento das Mulheres camponesas, a Marcha Mundial das Mulheres, as guerreiras de Dandara, o Movimento Feminista, todos estes são legítimos herdeiros do Movimento das parteiras do Egito. O mesmo Deus que impulsionou as parteiras estava com as mil Mulheres da Via Campesina que expuseram a farsa da Aracruz Celulose em 08 de março de 2006.[24] Lá no Egito, lutavam contra o império dos faraós; aqui no Brasil, lutam contra o império das empresas transnacionais.

5.2.2 Profeta Elias, intransigente defensor dos camponeses, os pequenos

Em meados do século IX a.E.C., *o profeta Elias* ferveu o sangue de indignação quando ouviu e viu que o rei Acab, a primeira dama Jezabel e latifundiários estavam reforçando a latifundiarização da terra prometida pelo Deus da vida ao povo Sem Terra, filhos(as) de

---

[24] Cf.: o videodocumentário *Rompendo o Silêncio. As mudas passaram a falar.* (Luta das mulheres da Via Campesina destruindo um viveiro de Mudas da Aracruz Celulose e povos indígenas do Espírito Santo lutando para resgatar suas terras invadidas pela Aracruz).

Abraão e Sara. A terra para o povo da Bíblia é herança de Deus, deve ser passada de pai para filho para usufruto; jamais ser considerada uma mercadoria. "Javé me livre de vender a herança de meus pais" (I Reis 21,3), respondeu Nabot, um pequeno agricultor/posseiro, ao receber uma proposta indecorosa do rei que desejava comprar seu sítio para anexá-lo ao grande latifúndio que já tinha acumulado.

O rei Acab se irritou com a resistência de Nabot. Jezabel, rainha adepta do ídolo Baal, manipulou a religião e a justiça para roubar a terra do sitiante Nabot. Caluniou, criminalizou e demonizou Nabot que, com o beneplácito do poder judiciário, foi condenado à pena de morte na forma de apedrejamento. Morte que mata aos poucos. Hoje, o "apedrejamento" aos empobrecidos acontece por meio de calúnias, humilhações e, muitas vezes, com o veredicto da justiça. Mais de 6 milhões de indígenas e outros 6 milhões de negros já foram os Nabots do Brasil. Com a cumplicidade da classe dominante e a omissão de muitos, cerca de 30 mil jovens estão sendo exterminados no Brasil anualmente, na guerra química, não declarada, do crack e de outras drogas.

Mas, a opressão dos pobres e o sangue dos mártires suscitam profetas. O profeta Elias, ao ouvir que o rei Acab estava invadindo o pequeno sítio de Nabot, após o ter matado, em alto e bom som, profetizou: "Você matou, e ainda por cima está roubando? Por isso, assim diz Javé (Deus solidário e libertador): No mesmo lugar em que os cães lamberam o sangue de Nabot, lamberão também o seu. Farei cair sobre você a desgraça" (I Reis 21,19-21). Acab desencadeou uma grande perseguição ao profeta Elias, que fugiu, mas refez sua opção pelo Deus da vida e continuou lutando ao descobrir que não estava sozinho na luta. Outros 7 mil profetas conspiravam com ele e ao lado dele. O profeta Elias inspirou o profeta Eliseu, que inspirou Jesus de Nazaré, que inspira milhões de pessoas cristãs e não cristãs pelo mundo afora. O idólatra e opressor rei Acab teve morte sofrida, parecida com a do ditador Garrastazu Médici no Brasil.

5.2.3 Profeta Miqueias, um camponês que clama por justiça

Camponês de origem, o *profeta Miqueias* captou os sussurros do Deus da vida no final do século VIII a.E.C., quando o território de seu povo estava sendo devastado pelos assírios imperialistas. Para Miqueias, a cobiça e as injustiças sociais deixam Deus possuído por uma ira santa.

> São vocês os inimigos do meu povo: de quem está sem o manto (como os Sem Terra e sem-casa, de hoje), vocês exigem a veste; vocês expulsam da felicidade de seus lares as mulheres do meu povo (como milhares de meninas que são empurradas para a prostituição infanto-juvenil), e tiram dos filhos a liberdade que eu lhes tinha dado para sempre (como 30 mil trabalhadores submetidos ainda à situação de escravidão contemporânea, conforme denuncia a CPT, ou com os jovens que são assassinados no Brasil anualmente na pouco combatida guerra do tráfico) (Miquéias 2,8-9).

Após se libertar das garras dos faraós no Egito e marchar 40 anos pelo deserto, os povos escravizados da Bíblia conquistaram a terra prometida que estava em mãos de grileiros cananeus. Os territórios foram sorteados fraternalmente, para que cada família tivesse o seu lote. Fizeram reforma agrária. Mas após alguns séculos, os enriquecidos, pouco a pouco, foram invadindo cada vez mais campos e territórios. Assim, multidões de sem-terra foram jogadas na miséria e impossibilitados de ter a sua parte na terra do povo de Deus.

Vindo da roça do interior da Palestina, Miqueias, ao chegar à capital Jerusalém, se defronta com os enriquecidos – políticos profissionais e religiosos funcionários do sagrado – e os acusa de roubar casas e campos para se tornarem latifundiários. "Ai daqueles que, deitados em seus leitos de marfim, ficam planejando a injustiça e tramando o mal! É só o dia amanhecer, já o executam, porque têm o poder em suas mãos. Cobiçam campos, e os roubam" (Miquéias 2,1-2).

Miqueias mostra que a riqueza deles se baseia na miséria de muitos e tem como alicerce a carne e o sangue do povo.

> Essa gente tem mãos habilidosas para praticar o mal: o príncipe exige, o juiz se deixa comprar, o grande mostra a sua ambição. E assim distorcem tudo. O melhor deles é como espinheiro, o mais correto deles parece uma cerca de espinhos! O dia anunciado pela sentinela, o dia do castigo chegou: agora é a ruína deles (Miquéias 7,3-4).

5.2.4 O Profeta Amós luta pela superação da injustiça social

Provavelmente, as composições mais antigas do livro do profeta Amós (Amós 1-6; 7-9) datam de meados do século VIII a.E.C., e surgiram como literatura de protesto e resistência. "O acento principal da mensagem de Amós está na crítica social e no anúncio de um juízo iminente de Deus na história, bem como na tênue, mas clara exigência do restabelecimento da justiça como alicerce das relações sociais".[25]

Amós é um profeta precursor, radical, exemplar e paradigmático. A profecia de Amós é, em certo modo, um divisor de águas na história da profecia, no sentido de que instaura um novo jeito de ser profeta.

O livro de Amós está organizado em duas grandes unidades literárias: I) Amós 1-6: Palavras e II) Amós 7-9: Visões.

5.2.4.1 A profecia gera endurecimento ou perdão?

Em Amós 4,4-13,[26] Amós reflete sobre culto, história, endurecimento e perdão e nos ajuda a refletir sobre três aspectos intimamente entrelaçados, fundamentais na ética profética sobre a concepção de pecado em relação ao culto, à história e aos limites de uma possível reconciliação com Deus. Diante do "pecou, pecou... endureceu, endureceu...", haverá castigo ou perdão? A conclusão que se coloca na base e no fim do estudo de Amós 4,4-13 é "Prepare-se, Israel, para encontrar-se com seu Deus!" Trata-se de um anúncio de punição *in extremis* diante da incapacidade de Israel de reagir, ou de uma velada promessa de perdão? Ou existe outra interpretação possível?

A declaração final de Javé ao ser humano, que fecha a unidade Amós 4,4-13, constitui-se quase como uma nova revelação do deserto do Sinai, que deve pôr fim ao conflito entre o ser humano e a divindade, em favor do ser humano. As punições pedagógicas de Javé dão lugar a um esclarecimento que abre o coração do ser humano para que veja o conjunto da sua história e reconheça o processo de endurecimento de seu coração.

Amós 4,4-13 evoca, portanto, uma situação que há certa semelhança com aquela do relato das pragas do Egito, mas não é obviamente, a recordação daqueles fatos. O discurso de Amós menciona, talvez, um passado histórico não identificável nem pela forma e nem pelo conteúdo do texto. As pragas do tempo do Êxodo feriam o Egito, não Israel, e de uma maneira diferente da relatada em Amós 4. Além do mais, as tais "pragas" eram no mundo antigo o resultado de situações

---

[25] REIMER, Haroldo. Amós – profeta de juízo e justiça. *In*: Os livros proféticos: a voz dos profetas e suas releituras. *RIBLA 35-36*, Ed. Vozes, Petrópolis e Ed. Sinodal, São Leopoldo, 2000. p. 171.

[26] Sugiro que antes de você continuar a leitura do texto, leia na Bíblia Amós 4,4-13. Assim você entenderá melhor a reflexão que se segue.

críticas naturais ou políticas: a fome era o resultado de toda estiagem prolongada, peste nas plantações ou expulsão da terra, assim como a morte dos jovens (Amós 4,10) é o efeito de toda ação militarista, no mundo antigo e moderno.

Às pragas ou punições descritas se reúnem ainda a menção de Sodoma e Gomorra. O discurso de Amós 4 quer, portanto, dar conta de toda a antiga história de Israel/Palestina, também de Israel patriarcal, para aplicá-la a uma nova situação.

Um ponto particular de relação com o Êxodo é a presença do refrão, "mas não retornastes a mim", que estrutura o texto de Amós 4,4-13. Assim como no relato das pragas o endurecimento do coração do Faraó é o motivo estruturante que faz aumentar as pragas.

No relato do Êxodo, um primeiro grupo de textos, atribuídos tradicionalmente à fonte Javista (J), apresenta de fato o faraó como responsável pelo seu próprio endurecimento, como havia predito Deus.[27] O outro grupo de textos (os chamados "heloístas") atribui a obstinação ora ao faraó (Êxodo 9,35) ora a Deus mesmo (Êxodo 10,20-27). O relato da tradição sacerdotal (P) o atribui habitualmente a Javé.

Esta diversidade de concepção no atribuir a responsabilidade pelo pecado aparece também em outros textos fora do livro do Êxodo, com diferente vocabulário e problemática. Em 2 Samuel 24,1, Javé é o responsável direto pelo pecado de Davi devido ao recenseamento; De acordo com 1 Crônicas 21,1, a responsabilidade é, ao invés, de Satanás. O verbo hebraico usado é o mesmo: *swt* (= incitar, seduzir).

Tanto em Êxodo quanto em Amós 4,4-13 está posto um grande problema exegético e teológico: é possível e legítimo que Deus continue a aplicar punições que levam a um endurecimento sempre crescente? Não se comporta Javé assim como o pai que exagera na punição aplicada a seu filho, forçando-o a se rebelar (Cf.: Efésios 6,4)?

É necessário reconhecer que por trás dos textos de endurecimento há o mistério da liberdade humana e "onipotência" divina: amor infinito de Deus. Em relação a Deus, há uma consciência profética que as obras e a Palavra de Deus não podem permanecer sem efeito (Cf.: Isaías 55,11), mas é sempre eficaz (diferente de eficiente). Se não produzem imediatamente a conversão, devem amadurecer o sujeito para um novo castigo, o que, em última análise, não exclui a possibilidade de conversão.

---

[27] Cf. Êxodo 7,14.22; 8,11.15.28; 9,7.34.

A consciência que os profetas e as profetisas têm das três realidades descritas anteriormente se apresenta, de modo muito claro, em Isaías 6,9-11:

> Então disse ele: Vai, e dize a este povo: Ouvis, de fato, e não entendeis, e vedes, em verdade, mas não percebeis. Engorda o coração deste povo, e faze-lhe pesados os ouvidos, e fecha-lhe os olhos; para que ele não veja com os seus olhos, e não ouça com os seus ouvidos, nem entenda com o seu coração, nem se converta e seja sarado. Então disse eu: Até quando Senhor? E respondeu: Até que sejam desoladas as cidades e fiquem sem habitantes, e as casas sem moradores, e a terra seja de todo assolada.

5.2.4.2 Profeta Amós, conspirador e subversivo?

Em Amós 7,14, Amós se recusa a ser considerado profeta segundo a ótica de um sacerdote vassalo do poder político opressor. Amós se define como "vaqueiro" e cultivador de sicômoros. No capítulo 7, verso 15 de seu livro, Amós parece ser um pastor que cuida do rebanho miúdo (ovelhas e cabras), mas não um vaqueiro. Em Amós 7,10-17 não há a intenção primeira de descrever pessoalmente a profissão do profeta, mas é enfatizado que Amós foi retirado da sua vida precedente, do seu mundo, das preocupações domésticas para proclamar a Palavra de Deus.

Amós 7,10-17 quer legitimar o conteúdo da profecia de Amós e ajudar a comunidade a superar todos os preconceitos que possam existir contra o profeta por causa da sua origem humilde, como se fosse um "nordestino", um sem-terra, uma criança de rua, um portador do vírus HIV etc. O relato de Amós 7,10-17 quer nos dizer que a profecia vem da margem, da periferia, do meio dos marginalizados e excluídos. São estes, por excelência, os "intérpretes de Javé".

Na Bíblia, esse "gênero literário" é utilizado para descrever de maneira diferente as vocações de Moisés, Gedeão, Eliseu, Saul. Mas uma estreita relação se encontra em 2 Samuel 7,8. Natã transmite a Davi a mensagem de Javé: "Eu te tirei das pastagens, pastoreavas as ovelhas". O elemento que caracteriza estas situações não é o fato de o convocado pertencer a um grupo, mas, ao contrário, o fato de ele ser um "de fora", um excluído. Assim, Amós 7,14 quer exprimir sua distância das formas institucionais da profecia e dos profetas "da corte".

O relato do confronto entre o sacerdote Amasias e Amós (com a implicada presença do rei) oferece a justificação da decisão de Javé.

O povo não somente não ouviu as diversas palavras transmitidas por Amós, mas decidiu silenciá-lo, expulsando-o para sua terra. Já não há nada mais a esperar senão o fim definitivo, e diante disso resta somente a lamentação. O profeta anuncia a necessidade de conversão; pede perdão a Deus pelo povo; pede para parar a punição. O rei (e a monarquia) e o Templo expulsam o profeta, silenciando-o. O povo sofrerá muito mais. Ai de um povo que não escuta seus profetas e profetisas, e pior ainda, que os persegue, expulsa e os silencia.

Amós 7,10-17 revela a interpretação que setores da classe dirigente tinham do conteúdo da profecia de Amós. Aos olhos da elite, o profeta é um "conspirador", interessado em "golpe de estado". Para Javé e para o povo empobrecido, Amós é um profeta. Para a elite, ele é um "subversivo", um agitador.

5.2.4.3 'Vacas de Basã' são mulheres ou homens opressores?

Em Amós 4,1-3 temos a seguinte profecia:

> OUVI esta palavra, *vacas de Basã*, que estais sobre o monte de Samaria, que oprimis os fracos, que esmagais os excluídos, que dizeis aos vossos senhores: "Trazei-nos o que beber!". O Senhor Javé jurou, pela sua santidade: sim, dias virão sobre vós, em que vos carregarão com ganchos e a vossos descendentes com arpões (de pesca). E saireis pelas brechas que cada uma tem diante de si, e sereis empurradas em direção ao Hermon, oráculo de Javé.

Segundo uma interpretação mais tradicional, Amós 4,1-3 retrataria uma investida do profeta Amós contra as mulheres ricas de Samaria, designadas como "vacas de Basã", mulheres de sujeitos importantes, que ocupam o tempo em luxuosos banquetes e, ao mesmo tempo, são responsáveis pela opressão e exploração dos empobrecidos. A imagem de um banquete só de madames é, no mínimo, algo curioso em uma sociedade reconhecidamente machista e patriarcal, assim como atribuir às mulheres a responsabilidade pela opressão e pela injustiça.

A região de Basã, como o Líbano e o Carmelo, é famosa pela fertilidade do solo. A tristeza causada pela punição divina se manifesta na debilidade do Líbano, do Basã, do Carmelo e do Saron (Isaías 33,9). Ao contrário, a generosidade divina se expressa no nutrimento do povo com a "manteiga das ovelhas e dos touros de Basã" (Deuteronômio 32,14). O anúncio messiânico, com o qual se conclui o livro de Miquéias, inclui a promessa de um pasto abundante "em Basã e em Galaad, como nos dias antigos" (Miquéias 7,14). No ambiente de louvor do Salmos 68, "Basã" são os montes (v. 16) que testemunham, com o Sinai e a natureza, a grandeza das obras de Javé. Logo, integrar "Basã" em uma imagem depreciativa é algo estranho ao uso corrente de "Basã" na Bíblia.

De "vaca de Basã" não se fala em nenhum outro lugar no Primeiro Testamento da Bíblia. As montanhas de Basã são famosas pelos seus touros, cabritos e carneiros (mas não vacas; cf.: Deuteronômio 32,14). Por isso os touros de Basã podem ser imagens dos inimigos poderosos (Cf.: Salmos 22,13 e, sobretudo, o que está em Ezequiel 39,18).

A expressão "vacas de Basã" adquire um sentido mais verdadeiro dentro da cultura bíblica se o termo "vacas" não for utilizado em relação a mulheres, mas a homens, aqueles que quiseram ser como os touros de Basã, pela força deles, autoridade e dignidade se tornaram "vacas", com as conotações depreciativas que as formas femininas podem ter no Primeiro Testamento.

Neste contexto, os "seus senhores" (Amós 4,1b, com sufixo masculino) se referem provavelmente não aos "maridos", como propõem algumas traduções, um uso pelo qual não se tem nenhuma outra ocorrência, mas refere-se a uma pessoa de mais autoridade (política). "Senhor", além do frequente uso como título divino, se refere a Acab (2 Reis 10,2-3-6), ao Faraó (Gênesis 40,1), ao Rei da Babilônia (Jeremias 27,4) e, em casos isolados, a várias pessoas: "outros senhores..." (Isaías 26,13).

A interpretação que propomos de "vacas de Basã" está em sintonia com a hipótese de que "vacas de Basã" seja também uma alusão às estátuas cultuadas. Logo, em Amós 4,1-3 está uma forte denúncia do poder opressor de um "senhor" com poder político de dominação respaldado por uma legitimação religiosa.

5.2.4.4 Profeta Amós: "Restabeleçam a justiça!"

A profecia de Amós é "uma crítica veemente e contundente aos agentes e mecanismos de exploração e opressão dos camponeses empobrecidos sob o governo expansionista de Jeroboão II e sob as condições de um incremento de relações de empréstimos e dívidas entre pessoas do próprio povo no século VIII a.C.".[28] Em outros termos,

[28] REIMER, Haroldo. Amós – profeta de juízo e justiça. *In*: Os livros proféticos: a voz dos profetas e suas releituras. *RIBLA 35-36*, Ed. Vozes, Petrópolis e Ed. Sinodal, São Leopoldo, 2000. p. 188.

o profeta Amós não apenas critica *pessoas corruptas*, mas questiona também de modo muito forte o *sistema* gerador de pessoas corruptas. Não somente as mazelas pessoais estão na mira do "camponês" que entrou para a história como um grande profeta. Amós tem consciência de que o problema fundamental da injustiça reinante na sociedade não é fruto somente de fraquezas pessoais, mas tem como causa matriz estruturas sócio-econômico-político-culturais e religiosas que engrenam uma máquina de moer pessoas. Na mira de Amós também estão relações comerciais que causam endividamento, aprisionam pessoas e as escravizam, retirando a liberdade de ser pessoa humana.

Além das denúncias sociais, a profecia de Amós destaca-se com o anúncio de um juízo iminente de Javé na história do seu povo. Amós inverte as expectativas quanto a um tão sonhado "dia de Javé" (Amós 5,18-20). Este não será mais uma "ideologia de segurança político-religiosa" pelos fortes de Israel. A perversão da justiça para os pobres, a opressão dos empobrecidos e a exploração das pessoas mais enfraquecidas clamam pelo juízo divino. O "dia de Javé" será um "dia mau" sobre os fortes de Israel, sobre o estado tributário, suas instituições e seus agentes.[29]

Amós critica com coragem a "corrida armamentista" de Israel. Ele anuncia que serão desmanteladas as forças militares dos estados vizinhos (Amós 1,5.8b.14b; 2,2b) e, sobretudo, de Israel (Amós 2,13-16; 3,11b; 5,2-3; 6,13-14).

O profeta Amós denuncia duramente também as instituições religiosas que estão justificando o processo de extorsão de tributos da população camponesa (Amós 4,4-5; 5,21- 23). Pelo conluio com a opressão econômica, a religião oficial também será dizimada (templos) e seus agentes (Amós 5,27; 7,9; 9,1). "Odeiem o mal e amem o bem: restabeleçam no portão a justiça!" (Amós 5,15). "Aqui está a exigência positiva por excelência na profecia de Amós. Os israelitas são conclamados a reconstruir as relações sociais baseadas na justiça e no direito (*mishpat/sedaqah*). Só assim será possível escapar do juízo vindouro anunciado. O futuro de um "resto" passa pela prática de Justiça".[30] O juízo abre caminho para a justiça. A presença dos

---

29 A fé em um Deus que é infinito amor não coaduna com a existência de inferno como um lugar de punição. No entanto, se não há algum tipo de inferno, os opressores ficarão sem nenhuma punição?

30 REIMER, Haroldo. Amós – profeta de juízo e justiça. *In*: Os livros proféticos: a voz dos profetas e suas releituras. *RIBLA 35-36*, Ed. Vozes, Petrópolis e Ed. Sinodal, São Leopoldo, 2000. p. 189.

profetas e profetisas no meio do povo deixa Javé livre de qualquer responsabilidade diante da punição que o povo merece.

5.2.5 Profeta Oséias, o profeta das relações de amor e da anti-idolatria religiosa

5.2.5.1 Chão histórico do livro de Oséias

O período provável da profecia de Oséias está compreendido entre os anos 755 a 721 a.E.C. Trata-se do final do reino do Norte, últimos anos do reinado de Jeroboão II até o reinado de Oséias, filho de Ela. No primeiro capítulo de Oséias há uma forte crítica contra a dinastia de Jeú. Os capítulos 2 e 3 refletem certa prosperidade de produção e tranquilidade política, marcas do reinado de Jeroboão II. Do capítulo 5 de Oséias em diante, estão reflexos da crise que se instaura em Israel/ Palestina, devido a pressões externas vindas do Império Assírio. Com a chamada guerra siro-efraimita e a subjugação de parte do território por Teglat-Falasar III (rei da Assíria), por volta de 733 a.E.C., aumentam significativamente na Palestina o clima de violência e insegurança interna. Os capítulos finais de Oséias testemunham os acontecimentos em torno do ano 724 a.E.C., data do cerco à cidade de Samaria e da destruição do reino do Norte, com o consequente exílio do povo para a Assíria, potência imperialista da época.

5.2.5.2 Chaves que destrancam as profecias de Oseias

A profecia atribuída a Oséias é composta de catorze capítulos, organizados em duas grandes unidades em seu livro: 1ª) Oseias 1-4; 2ª) Oseias 5-14. O capítulo 4 parece ser o grande elo das duas partes, pois faz uma ligação entre o conteúdo de Oseias 1-3 e o de Oseias 5-14.

Para entendermos bem a profecia de Oséias, precisamos levar em consideração as implicações dos gêneros literários presentes no texto. Precisamos também não cair na armadilha da interpretação simplesmente alegórica, com base em polarizações como Javé-Israel, marido-mulher e fidelidade-infidelidade. Isso reduz tremendamente a realidade gritante que lateja por trás do texto. Por isso, para compreender bem as profecias de Oséias, é preciso levar no coração as angústias das pessoas marginalizadas e excluídas e, particularmente, o clamor das mulheres, que resistem, apesar de tudo, frente à violência patriarcal e outras agressões dos mais diversos matizes.

Os primeiros quatro capítulos focalizam o âmbito da casa e suas relações peculiares. Oséias, nos capítulos de 5 a 14, amplia o foco, detendo-se no mo(vi)mento promovido em várias instâncias do Estado monárquico (a corte do rei, seu exército, sacerdotes e funcionários). Isso nos mostra que a profecia de Oséias vai do miúdo da vida para o macro, do cotidiano para as questões globais, mas revelando a interdependência e o entrelaçamento das várias dimensões da vida humana e social. Oséias denuncia o poder opressor localizado nas grandes instituições, mas também desvenda a microfísica do poder: todas as relações interpessoais (sociais etc.) são permeadas de relações de poder. O poder não está localizado somente nas grandes instituições, mas está presente nas microrrelações, como demonstrou o filósofo Michel Foucault no livro "Microfísica do poder". Estão permeadas de poder as relações homem-mulher, adulto-criança, professor-estudante, governante-governados, branco-negro, sadio-doente...

O quarto capítulo do livro de Oséias versa sobre o cotidiano da colheita, com uma veemente crítica aos sacerdotes, já que eles representavam o Estado monárquico. A idolatria justificava religiosamente as estruturas e relações de opressão e exploração. A isso Oséias chamava de prostituição e de adultério. Eram frequentes em Israel e afetavam as relações entre mulheres e homens dentro de casa. Em Oséias 4,1-19 temos uma profecia que denuncia a macro-opressão realizada pelos sacerdotes, e outra que põe o dedo na ferida da micro-opressão que acontece nas relações interpessoais, particularmente entre homem e mulher, entre adultos e crianças. O miúdo da vida (o cotidiano) e o macro da vida são as duas pernas presentes na profecia de Oséias. Elas se entrecruzam no texto.

Em particular, a profecia de Oséias revela para as pessoas o que significa viver sob as guerras e alianças de Israel com o Império Assírio (Cf.: Oséias 5,13; 7,11; 8,9), em um ir e vir sem rumo que foi corroendo as forças da nação até chegar ao seu final (Cf.: Oséias 5,12; 7,9; 8,8). Isso sem falar da violência que rasgou ventres de mulheres grávidas (Cf.: Oséias 14,1) e tirou a vida de crianças de peito (Cf.: Oséias 9,11-14).

Com fina sensibilidade e intuição feminista, a biblista Tânia Mara diz que em Oséias "movimentos de corpos prostituídos abrem a profecia... movimentos de corpos em resistência atravessam a profecia... movimentos de corpos transgressores desafiam a leitura da profecia e proclamam novidades!".[31]

---

[31] Cf.: SAMPAIO, Tânia Mara Vieira. Oséias: uma outra profecia. *RIBLA 35/36*, Ed. Vozes, Petrópolis, Ed. Sinodal, São Leopoldo, 2000. p. 157.

Prostituição, em Oséias, não é uma questão sexual-moral, mas uma questão de idolatria. Oséias não faz censura moral e muito menos é moralista. Não se refere a pessoas individualmente prostituídas, mas ao "país que foi prostituído".

O livro de Oséias não qualifica Gomer como prostituta. Afirma, ao contrário, que a "nação se prostituiu" (Oséias 1,2). Assim, a ênfase recai sobre a nação, e não sobre Gomer. Muitas outras mulheres se encontravam em situação parecida. Oséias 4,14 menciona que as filhas se prostituíam e as noras praticavam adultério nos tempos da colheita. Mas faz bem precisar que a prostituição em Oséias é "um dado de realidade que atinge o corpo de homens, mulheres, crianças e lhes expropria a vida. Mais do que isto, é fundamental identificar que as crescentes críticas ao longo da profecia dirigem-se não às mulheres, mas aos sacerdotes, aos reis e aos príncipes (Cf.: Oséias 5,1-2-4...)".[32]

Segundo a profecia de Oséias, os sacerdotes são os grandes culpados pela violência reinante. O povo percebe que os sacerdotes haviam se transformado em assassinos e se comportavam como bandidos em emboscada (Oséias 5,9). O povo percebe a ilusão que é acreditar no Império Assírio como caminho de salvação (Oséias 14,4). O povo cai na real e consegue ver que os reis e príncipes são insensatos, mentirosos e se matam por disputas internas (Cf.: Oséias 7,1-7) e por disputas políticas externas (Cf.: Oséias 5,1-15; 7,8-16; 8,8-14; 10,6-15). Diante dessa dramática máfia religiosa e política, o povo, passando por um processo sofrido de conversão, conclui, voltando-se para o Deus Javé: "É em Ti que o órfão encontra misericórdia" (Oséias 14,4). A hipocrisia e o cinismo dos sacerdotes na condução do culto fazem o povo descobrir que o caminho para a libertação não passa pelos sacrifícios, mas pela misericórdia. A conclusão é: "Misericórdia, sim; sacrifício, não!" (Oséias 6,6).

A profecia de Oséias não tolera os pecados que estão desfigurando o povo injustiçado. Quando ouvimos a palavra "pecado", quase automaticamente somos levados para o episódio bíblico da queda de Adão e Eva. Assim, fazemos uma separação entre pecado e história das sociedades. Pecado não é ofensa a Deus, sem ter nenhuma relação com as relações humanas e históricas. Oséias ajuda-nos a perceber o "pecado" como vindo das entranhas das relações sociais históricas e, muitas vezes, apoiado por funcionários das instituições religiosas.

---

32 SAMPAIO, Tânia Mara Vieira. Oséias: uma outra profecia. *RIBLA 35/36*, Ed. Vozes, Petrópolis, Ed. Sinodal, São Leopoldo, 2000. p. 158.

Em Oséias transparece um Deus que é só Misericórdia. Oséias é radicalmente contra não somente os sacrifícios, mas contra todo e qualquer sacrificialismo. O desfecho da profecia de Oséias reconhece Deus como sendo só misericórdia. "Misericórdia quero; sacrifício, não." (Oséias 6,6). Oséias ouviu os sussurros de Javé que dizia: "Eu vou, eu mesmo, persuadir o povo, conduzi-lo ao deserto e convencê-lo" (Oséias 2,16).

Hoje, de forma disfarçada, a indústria do sacrificialismo e da idolatria, denunciada com ira profética por Oséias, está funcionando a todo vapor em realidades tais como o agronegócio, a mineração devastadora socioambientalmente, o neoliberalismo político e o fundamentalismo religioso que se alia ao fascismo e à extrema-direita política. Enfim, na idolatria do mercado e do capital.

5.2.6 Jesus de Nazaré, um profeta que se tornou Cristo

Jesus, o galileu de Nazaré, tornou-se Cristo, filho de Deus. Como camponês, deve ter feito muitos calos nas mãos, na enxada e na carpintaria, ao lado de seu pai José, o operário de Nazaré. Os evangelhos fazem questão de dizer que Jesus nasceu em Belém, (em hebraico, "casa do pão" para todos), cidade pequena do interior. "És tu, Belém, a menor entre todas as cidades, mas é de ti que virá o salvador", diz o evangelho de Mateus (Mateus 2,6), resgatando a profecia de Miquéias (Miquéias 5,1).

5.2.6.1 De forma radical, Jesus mostra como superar a injustiça que é a fome: a pedagogia libertadora de Jesus

A fome era um problema tão sério na vida dos primeiros cristãos e cristãs, que os quatro evangelhos da Bíblia relatam seis vezes Jesus partilhando pães e saciando a fome do povo.[33] É óbvio que não devemos historicizar os relatos de partilha de pães como se tivessem acontecido tal como descrito. Os evangelhos foram escritos de quarenta a setenta anos depois. Logo, são interpretações teológicas que querem ajudar as primeiras comunidades a resgatar o ensinamento e a práxis original de Jesus. Não podemos também restringir o sentido espiritual da partilha

[33] Cf.: Mateus 14,13-21; Marcos 6,32-44; Lucas 9,10-17 e João 6,1-13.

dos pães a uma interpretação eucarística, como se a fome de pão se saciasse pelo pão partilhado na eucaristia. Isso seria espiritualização do texto. Celebrada em profunda sintonia com as agruras da vida, a Eucaristia é uma das fontes que sacia a fome de Deus, mas as narrativas das partilhas de pães têm como finalidade inspirar solução radical para um problema real e concreto: a fome de pão, causada pelas injustiças agrária, social e urbana.

A beleza espiritual das narrativas de partilha de pães está no processo seguido. Em uma série de passos articulados e entrelaçados que constituem um processo libertador. O milagre não está aqui ou ali, mas no processo todo. Ei-lo: Mateus mostra que o povo faminto "vem das cidades" (Mateus 14,13), ou seja, as cidades, ao invés de serem locais de exercício da cidadania, tornaram-se espaços de exclusão e de violência sobre os corpos humanos.

"Jesus atravessa para a outra margem do mar da Galileia" (João 6,1), entra no mundo dos gentios, dos pagãos, dos impuros, enfim, dos excluídos. Jesus não fica no mundo dos incluídos, mas estabelece comunicação efetiva e afetiva entre os dois mundos, o dos incluídos e o dos excluídos. Assim, tabus e preconceitos desmoronam-se.

Profundamente comovido, porque "os pobres estão como ovelhas sem pastor" (Marcos 6,34), Jesus percebe que os governantes e líderes da sociedade não estavam sendo libertadores, mas estavam colocando grandes fardos pesados nas costas do povo. Com olhar altivo e penetrante, Jesus vê uma grande multidão de famintos que vem ao seu encontro. Só no Brasil são milhões de pessoas que têm os corpos implodidos pela bomba silenciosa da fome ou da má alimentação.

Jesus não sentiu medo dos pobres, encarou-os e procurou superar a fome que os golpeava e humilhava. Apareceram dois projetos para resgatar a cidadania do povo faminto. O primeiro foi apresentado por Filipe: "Onde vamos comprar pão para alimentar tanta gente?" (João 6,5). No mesmo tom, outros discípulos tentavam lavar as mãos: "Despede as multidões para que possam ir aos povoados comprar alimento para si" (Mateus 14,15). Filipe está dentro do mercado idolatrado e pensa a partir do mercado. Está pensando que o mercado é um deus capaz de salvar as pessoas. Cheio de boas intenções, Filipe não percebe que está enjaulado na idolatria do mercado.

O segundo projeto é posto à baila por André, outro discípulo de Jesus, que, mesmo se sentindo fraco, acaba revelando: "Eis um menino com cinco pães e dois peixes" (João 6,9). Jesus desperta nos discípulos e nas discípulas a responsabilidade social, ao dizer: "Vocês mesmos devem alimentar os famintos" (Mateus 14,16). Jesus quer mãos à obra. Nada de desculpas esfarrapadas e racionalizações que tranquilizam consciências. Jesus pulou de alegria e, abraçando o projeto que vem de André (em grego, andros = humano), convida o povo a se "sentar na grama" (João 6,10). Aqui aparecem duas características fundamentais do processo protagonizado por Jesus para levar o povo da marginalização à cidadania. Jesus convida o povo para se sentar. Por quê? Na sociedade escravocrata do império romano, somente as pessoas livres, cidadãs, podiam comer sentadas. Os escravos deviam comer de pé, pois não podiam perder tempo de trabalho. Era só engolir e retomar o serviço árduo. Um terço da população era escrava e outro terço, semiescrava. Logo, quando Jesus inspira o povo a se sentar, ele está, em outros termos, defendendo que os escravos têm direitos e devem ser tratados como cidadãos.

Por que sentar na grama? A referência à existência de "grama" no local indica que o povo está no campo, na zona rural, e é a partir de uma reorganização da vida no campo que poderá advir uma solução radical para a fome que aflige o povo nas cidades. Em outras palavras, o combate que liberta da fome passa necessariamente pela realização de uma autêntica Reforma Agrária. Não dá para continuar a iníqua estrutura fundiária no Brasil[34] que é o que sustenta e garante a reprodução da brutal injustiça social e uma das maiores desigualdades socioeconômicas do mundo.

Jesus estimula a organização dos famintos: "Sentem-se, em grupos de cem, de cinquenta, ..." (Marcos 6,40). Assim, Jesus e os primeiros cristãos sugerem que o problema da fome só será resolvido, de forma justa, quando o povo marginalizado e injustiçado se organizar e lutar pelos seus direitos em lutas coletivas populares.

"Jesus agradeceu a Deus..." (João 6,11). A dimensão da mística foi valorizada. A luz e a força divinas permeiam os processos de luta pela superação da fome. Faz bem reconhecer isso.

[34] Dados e informações comparativas do Movimento dos Pequenos Agricultores – MPA – revelam a síntese da estrutura fundiária Brasileira em 2003: como agricultura familiar, abaixo de 200 hectares, há 3.895.968 imóveis rurais (91,9% dos imóveis) compreendendo uma área de 122.948.252 hectares (29,2% do território), enquanto apenas 32.264 propriedades rurais (0,8% dos imóveis rurais) têm acima de 2 mil hectares, constituindo um território de 132.631.509 hectares. Essas grandes propriedades têm em média 4.110,8 hectares, correspondendo a 31,6% do território. (Cf.: LAUREANO, Delze dos Santos. *O MST e a Constituição, um sujeito histórico na luta pela reforma agrária no Brasil*. São Paulo: Ed. Expressão Popular, 2007. p. 60).

Quem reparte o pão não é Jesus, mas os discípulos. Jesus provoca a solidariedade conclamando para a organização dos marginalizados como meio para se chegar à cidadania de/e para todos.

"Recolham os pedaços que sobraram, para não se desperdiçar nada" (João 6,12). Economia que evita o desperdício. Quase 1/3 da alimentação produzida no mundo é jogada no lixo, enquanto tantos passam fome.

As pessoas perceberam a profecia realizada por Jesus nas entranhas dos fatos humanos. Jesus não quis ser bajulado e retirou-se, de novo, para uma montanha. Exercer a solidariedade de forma gratuita e libertadora. Não estabelecer vínculos que geram dependência em quem é ajudado e consciência tranquila em quem dá coisas.

5.2.6.2 De forma clandestina, Jesus e os seus discípulos entram marchando em Jerusalém

Após uma longa marcha da Galileia até Jerusalém (Lucas 9,51-19,27), Jesus e seu movimento chegam às portas de Jerusalém. De forma clandestina, não confessando os verdadeiros motivos, Jesus e o seu grupo entram em Jerusalém, conforme narra o Evangelho de Lucas (Lucas 19,29-40). De alguma forma deve ter acontecido essa entrada de Jesus em Jerusalém, provavelmente não tal como narrado pelo evangelho, que tem também um tom midráxico, ou seja, quer tornar presente e viva uma profecia do passado.

Dois discípulos recebem a tarefa de viabilizar a entrada na capital, de forma humilde, mas firme e corajosa. Deviam arrumar um jumentinho – meio de transporte dos pobres –, mas deviam fazer isso disfarçadamente, de forma "clandestina". O texto repete o seguinte: "Se alguém lhes perguntar: "Por que vocês estão desamarrando o jumentinho?", digam somente: 'Porque o Senhor precisa dele'" (Lucas 19,31-34). A repetição indica a necessidade de se fazer a preparação da entrada na capital de forma clandestina, sutil, sem alarde. Se dissessem a verdade, a entrada em Jerusalém seria proibida pelas forças de repressão do governador vassalo do Império Romano e do Sinédrio controlado pelos saduceus, os grileiros de terras da época e, por isso, com o maior poder econômico.

Com os "próprios mantos" prepararam o jumentinho para Jesus montar. Foi com o pouco de cada um(a) que a entrada de Jesus Cristo em Jerusalém foi realizada. A alegria era grande no coração dos discípulos e discípulas. "Bendito o que vem como rei..." (Lucas 19,38). Viam em

Jesus outro modelo de exercer o poder, não mais como dominação, mas como gerenciamento do bem comum.

Ao ouvir o anúncio dos discípulos – um novo jeito de exercício do poder – certo tipo de fariseu se incomoda e tenta sufocar aquele evangelho. Hipocritamente chamam Jesus de mestre, mas querem domesticá-lo, domá-lo. "Manda que teus discípulos se calem" (Lucas 19,39), se impunham sobre os que se julgavam salvos e os mais religiosos. "Manda...!" Dentro do paradigma "mandar-obedecer", eles são os que mandam. Não sabem dialogar, mas só impor. "Que se calem!" (Lucas 19,39), gritam. Quem anuncia a paz como fruto da justiça testemunha fraternidade e luta por justiça, o que incomoda o *status quo* opressor. Mas Jesus, em alto e bom som, com a autoridade de quem vive o que ensina, profetisa: "Se meus discípulos (profetas) se calarem, as pedras gritarão" (Lucas 19,40). Esse alerta do camponês galileu virou refrão de música das Comunidades Eclesiais de Base: "Se calarem a voz dos profetas, as pedras falarão. Se fecharem uns poucos caminhos, mil trilhas nascerão... O poder tem raízes na areia, o tempo faz cair. União é a rocha que o povo usou pra construir...!"

5.2.6.3 Jesus chuta o 'pau da barraca' do deus capital

Os quatro evangelhos da Bíblia[35] relatam que Jesus, próximo da maior festa judaico-cristã, a Páscoa, impulsionado por ira santa, ocupou o templo de Jerusalém, lugar mais sagrado do que os templos da idolatria do capital, que muitas vezes tem a cruz de Cristo pendurada em um ponto de destaque. Furioso como todo profeta, ao descobrir que a instituição tinha transformado o templo em uma espécie de Banco Central do país + sistema bancário + bolsa de valores, Jesus "fez um chicote de cordas e expulsou todos do templo, bem como as ovelhas e bois destinados aos sacrifícios. Derramou pelo chão as moedas dos cambistas e virou suas mesas. Aos que vendiam pombas (eram os que diretamente negociavam com os mais pobres, porque os pobres só conseguiam comprar pombas e não bois), Jesus ordenou: 'Tirem estas coisas daqui e não façam da casa do meu Pai uma casa de negócio" (João 2,13-17). Essa ação de Jesus foi o estopim para sua condenação à pena de morte pelos podres poderes da política do Império Romano, da economia capitaneada pelos saduceus e da religião chefiada pelo

[35] Mateus 21,12-13; Marcos 11,15-19; Lucas 19,45-46 e João 2,13-17.

Sinédrio do Judaísmo, mas Jesus ressuscitou e vive também em milhões de pessoas que não aceitam nenhuma opressão e nem escravidão.

5.3 "E agora, José?" E agora, Maria?

Enfim, os tempos são outros, mas uma engrenagem de moer vidas está em pleno funcionamento. O capitalismo, como um castelo de areia, está podre. A idolatria do mercado e do capital está levando a humanidade e todas as criaturas da biodiversidade ao abismo. A maior devastação ambiental da história da humanidade cresce em progressão geométrica. As mudanças climáticas estão cada vez mais afetando a vida humana, vegetal e animal. "O tempo está doido", dizem muitos. Doidos mesmos são os egocêntricos que mandam e desmandam acrisolados no próprio umbigo.

Percebo que as profecias das parteiras, de Elias, Miquéias, Amós, Oseias e de Jesus de Nazaré estão vivas, hoje, no ensinamento e na prática do MST, de Dandara – muitas ocupações que se tornaram comunidades com o nome da companheira de Zumbi dos Palmares –, do Movimento dos Atingidos por Barragens (MAB), da Via Campesina, de muitos sindicatos que ainda continuam combativos, de milhares de Comunidades Eclesiais de Base, que mesmo silenciadas e perseguidas, continuam testemunhando um jeito rebelde de encarnar o evangelho do Galileu de Nazaré. Em tantos movimentos populares urbanos, tais como o Movimento de Luta nos Bairros, Vilas e Favelas (MLB) e o Movimento dos Trabalhadores Sem Teto (MTST), vejo a profecia viva. No Movimento dos Negros, dos indígenas, dos deficientes, das mulheres, das pessoas LGBTQIA+... Por isso vejo que a Bíblia respira profecia. Quem tem ouvidos para ouvir, ouça!

CAPÍTULO 6

GOVERNO SÁBIO E JUSTO É O QUE PROMOVE O BEM COMUM (SABEDORIA 1,1-7.14)

"Amem a Justiça, vocês que governam a terra!"
(Sabedoria 1,1a).

Na Bíblia, entre o livro de Cântico dos Cânticos e Eclesiástico estão os 19 capítulos do *Livro da Sabedoria*. Escrito originalmente em grego, o Livro da Sabedoria é um dos livros deuterocanônicos, o último do Primeiro Testamento a ser escrito, por volta do ano 50 antes da Era Comum. O Livro da Sabedoria poderia ser chamado Livro da Justiça...[36] O(a) autor(a) escreve o termo Sabedoria, mas está pensando no termo Justiça. Atento à ênfase que se dá à sabedoria enquanto prática da justiça, como bem comum para todos sem discriminar ninguém, o biblista Ivo Storniolo coloca como subtítulo do livro *Como ler o Livro da Sabedoria*, o seguinte: A Sabedoria de Israel é o Senso da Justiça.[37]

Nos cinco primeiros capítulos, o Livro da Sabedoria tece comparação entre a vida das pessoas justas e das injustas durante a vida terrena e após a morte. Nos capítulos 6 a 9 há uma reflexão sobre a

[36] Cf.: BRETÓN, S. Libro de la Sabiduria, o libro de la justicia? – citado por VILCHEZ LINDEZ, José. *Sabedoria*. p. 83, nota de rodapé nº 57.

[37] STORNIOLO, Ivo. *Como ler o Livro da Sabedoria*: a sabedoria de Israel é o senso da justiça. 4. ed. São Paulo: Paulus, 2008. (Subtítulo – V. capa do livro).

origem e a natureza da sabedoria e o caminho para adquiri-la. A autoria do Livro da Sabedoria atribuída a Salomão (Cf.: Sabedoria 9,7-8,12) é um artifício literário que busca dar credibilidade ao livro. Na verdade, o(a) autor(a) deve ter sido uma pessoa judaica com fé no "Deus dos Pais" (Cf.: Sabedoria 9,1), que, com consciência histórica, enfatizava a beleza de se cultivar a memória da libertação do Egito, das garras do imperialismo dos faraós, mas profundamente influenciado pela cultura helenista. Sem ser filósofo ou teólogo, mas sábio, é possível que o(a) autor(a) tenha vivido na grande cidade de Alexandria, no Egito. Essa cidade se tornou a "capital do helenismo" sob o governo dos Ptolomeus, mas, com cerca de 200 mil judeus, a cidade acolheu milhares de pessoas judaicas em diáspora forçada.

Para um bom entendimento da reflexão que propomos seguir, sugerimos a leitura do Livro de Sabedoria – pelo menos os capítulos de 1 a 9 – texto de grande beleza literária, além de ser espiritual e profético.

Na primeira perícope de abertura do Livro da Sabedoria, em Sabedoria 1,1-15, são tecidas reflexões no sentido de demonstrar que o cume da sabedoria é a vivência da justiça; não é apenas solidariedade ou amor ingênuo ao próximo. Afirma também que só pode ser sabedoria uma justiça que gera bem comum para todos(as). Segundo o biblista Luis Afonso Schokel, o livro da Sabedoria é um tratado de teologia política. Tal conclusão deriva, entre vários motivos, do fato de iniciar-se o livro com uma exortação a quem tem a missão de governar, diríamos hoje, os chefes do Estado – poderes Judiciário, Executivo e Legislativo: "Amem a justiça, vocês que governam a terra..." (Sabedoria 1,1a). De saída, critica os legalistas e os que friamente aplicam as leis como se pudessem ser neutros. "Se você é neutro em situações de injustiça, você escolhe o lado do opressor", profetiza o bispo Desmond Tutu. Sem amor aos injustiçados e oprimidos, o exercício do poder de julgar se torna fonte de opressão e de exploração.

"O espírito santo, que educa, foge da fraude, afasta-se dos pensamentos insensatos, e é expulso quando sobrevém a injustiça" (Sabedoria 1,5). Onde acontece fraude, portanto, afugenta-se um espírito vivificador, pois um espírito diabólico, que desune e cria intriga, se instaura. Onde domina a injustiça, um espírito destrutivo domina e escorraça um espírito construtivo.

"Haverá investigação sobre os projetos do injusto, e o rumor das palavras dele chegará até o Senhor, e seus crimes ficarão comprovados" (Sabedoria 1,9). Sábio, o autor do Livro da *Sabedoria* aguça a esperança do povo injustiçado ao afirmar que os injustos não ficarão impunes; os crimes dos injustos serão investigados e comprovados. Nenhuma luta por justiça é em vão. Essa esperança se constrói na luta comunitária, ao tornar presentes as lutas libertárias do passado, cultivando a fé e os feitos "*dos nossos pais*" (Sabedoria 9,1).

"Deus não fez a morte, nem se alegra com a perdição dos seres vivos. Ele criou tudo para a existência, e as criaturas do mundo são sadias" (Sabedoria 1,13-14a). O sábio autor não apenas alimenta a fé em Deus, como se houvesse um único Deus abstrato, mas anima a fé em um Deus que quer "vida em abundância" (João 10,10), não apenas para os seres humanos, mas para todos os seres vivos. Esse Deus pula de alegria com a vida de todos os seres vivos, não quer a morte de nenhum deles. "As criaturas do mundo são sadias" – diz o sábio autor (Sabedoria 1,14a). Ou ainda: "Deus criou o ser humano para ser incorruptível e o fez à imagem da sua própria natureza" (Sabedoria 1,23). Eis os sinais de que Sabedoria faz reminiscência – e reafirma – o que está em Gênesis 1: a constatação, em forma poética, de um refrão seis vezes repetido: que todas as criaturas são boas, lindas, uma beleza! "E Deus viu que era bom" (Gênesis 1,4,10,18,21,25). No final, ao concluir a obra: "Deus viu tudo (...) e tudo era *muito bom*!" (Gênesis 1,31). Todos os seres vivos são puros, são sagrados. Essa mística criacional, o *Livro da Sabedoria* acolhe do Gênesis, reafirma e dissemina. O mesmo é reafirmado na linguagem do livro de *Atos dos Apóstolos*; podemos dizer: não há nada impuro no que Deus criou (Cf.: Atos 10,15).

A maior sabedoria é praticar a justiça que só pode ser justiça verdadeira, se gerar bem comum para todos(as). Todo saber que maquina exploração não é sabedoria, é injustiça. O livro da Sabedoria é um libelo contra os injustos e exploradores que vivem no luxo, com vida cômoda, esnobando riqueza e privilégios e, na prática, cuspindo no rosto dos empobrecidos.

Em Sabedoria 1,16-2,20, em gênero literário poético, o sábio desnuda o estilo de vida dos injustos e exploradores que são, de fato, *mortais*, pois serão varridos da história por nada acrescentarem de bom à história da humanidade. Com ironia fina, demonstra a estupidez das ações e crenças dos injustos e opressores, que "serão como se nunca tivessem existido e terão vida efêmera" (Sabedoria 2,2,5). Eles vivem no hedonismo e gozando a vida à custa do sangue de muitos (Cf.: Sabedoria 2,6), em festas luxuosas e orgias (Cf.: Sabedoria 2,7,9). Vivem rindo à toa, como já denunciava Raul Seixas na música *Ouro de tolo*: "... você aí parado com a boca aberta cheia de dentes, esperando a morte chegar..."

Essa crítica do livro da Sabedoria cabe perfeitamente para quem vive integrado dentro do sistema do capital, sendo capitalista ao reproduzir a lógica e os falsos valores do capitalismo. Referimo-nos a quem vive e age pensando que o sentido da vida está em ficar rico, acumular riqueza, ser egocêntrico, cuidar só de si e, no máximo, de sua família nuclear, bem como encarando os outros como estranhos e potenciais inimigos a serem abatidos na desenfreada lógica de competição onde apenas uma minoria permanece como classe dominante, sempre superexplorando a classe trabalhadora e a classe camponesa.

Não acreditando em vida após a morte, muitos injustos alardeiam: "Vamos oprimir o pobre inocente e não vamos poupar as viúvas, nem respeitar os cabelos brancos do ancião. A nossa força será regra da justiça, porque o fraco é claramente coisa inútil" (Sabedoria 2,10-11). Os injustos e exploradores "armam ciladas para o justo" (Sabedoria 2,12a), porque os incomodam e se opõem às suas práticas opressoras (Cf.: Sabedoria 2,12a). Fiel guardião da sabedoria dos "nossos pais e mães", "o justo reprova as transgressões que cometemos contra a Lei, e nos acusa de faltas contra a educação que recebemos" (Sabedoria 2,12b). Faltas contra a Lei são repudiadas pela pessoa justa, mas que Lei? Não as centenas de leis do judaísmo enrijecido e ritualista e nem as 5 mil leis do Estado Brasileiro que mais dá segurança jurídica para quem detém propriedade privada capitalista e incrimina de mil formas pessoas empobrecidas. O que vale é a fina flor da Lei, que é o Decálogo – Dez Palavras – que se tornou a Constituição dos povos de Deus na Bíblia e tem como núcleo a 5ª palavra que prescreve: "Não matarás!" ou, dito de forma positiva: *Faça viver*! Nessa esteira, o *Livro da Sabedoria* busca animar os povos para resgatarem a Lei fundamental: os princípios que geram vida e liberdade para todos(as) e para tudo.

Se estivesse vivo em nosso meio, em uma sociedade capitalista de superexploração como a nossa, certamente o Sábio do Livro da Sabedoria excomungaria e execraria todas as leis e lógicas capitalistas. Essas, ao aprisionar a terra em propriedade privada capitalista e ao expropriar o ser humano de toda e qualquer propriedade, exceto sua força de trabalho, o sacrifica no altar do ídolo capital, acumulando mais-valia em progressão geométrica e gerando exploração também em progressão geométrica. Por outro lado, o(a) mesmo(a) autor(a), se estivesse em nosso meio hoje, confirmaria todas as lutas por direitos sociais e contra todas as discriminações e opressões.

"O justo declara ter o conhecimento de Deus" (Sabedoria 2,13). Essa profecia em forma de sabedoria é importantíssima, pois mostra que na comunidade/sociedade há oprimidos que não têm cabeça de opressor, que não acreditam na ideologia dominante veiculada pelos opressores. O que a classe opressora entende como conhecimento não passa de ideologia dominante que justifica seus privilégios e a lógica do capitalismo para reproduzir cotidianamente as relações sociais de exploração. Ao compreender que tem o conhecimento de Deus, conhecimento emancipador, o justo está se reconhecendo como oprimido e negando a ideologia dominante, o que é, segundo Paulo Freire, o primeiro passo para que os oprimidos em comunhão e na luta coletiva por direitos empreendam processos emancipatórios.

Em contexto sócio-histórico de idolatria, de exploração da dignidade humana, de discriminação e criminalização das culturas diferentes, o(a) autor(a) do Livro da Sabedoria desmantela a crença dos injustos de que após a morte será o fim de todos e afirma que os justos são felizes porque têm Deus por pai e viverão para sempre. Assim, "proclama feliz o destino dos justos que se alegram de ter Deus como pai" (Sabedoria 2,15b).

"A maldade dos injustos os deixa cegos" (Sabedoria 2,21). Isso mesmo. A grande maioria dos exploradores pode não ter consciência de que são opressores e injustos, pois estão enleados nas teias da ideologia dominante – ideias da classe dominante – trombeteando aos quatro ventos que a riqueza e os privilégios deles são frutos de trabalho honesto. Mentira, pois na realidade, em uma sociedade capitalista só existem duas formas de se tornar muito rico: por herança ou roubando de forma disfarçada e sutil, pisoteando a ética e a dignidade humana, além de devastar todo o ambiente. A pessoa capitalista também se torna opressora, como Ulisses amarrado no mastro do navio, conforme o canto XII da Odisseia de Homero: saboreia a sedução do canto das sereias, mas, amarrado no mastro, não pode paralisar a engrenagem que o sustenta. Quanto mais o capitalista acumula riquezas, tanto mais é impelido a acumular, gerando necessariamente miséria crescente para a classe trabalhadora e para o campesinato.

Pela primeira vez na Bíblia, em Sabedoria 3,1-12, surge a ideia de imortalidade de forma assertiva e categórica e não apenas expressando um *desejo* de que o justo fosse salvo para sempre – como nos outros livros sapienciais. Mas o pensamento judaico, desde séculos, buscava caminhos de transformar esse *desejo* em uma *certeza de fé*. A filosofia grega forneceu ao(à) autor(a) do Livro da *Sabedoria* conceitos que expressassem de forma mais exata o desejo do justo: os conceitos de imortalidade e incorruptibilidade (*athanasia* e *aphtarsía*), que não existiam na língua hebraica. Escrevendo em grego, esse(a) autor(a) usou os termos da filosofia helênica para se expressar mais exatamente.

Certamente houve influência da filosofia grega, disseminada pela cultura helenista durante o período de glória do Império grego que, através de guerras e invasões, anexou muitos territórios de outros povos. Mais do que apenas defender a vida pós-morte, o(a) sábio(a) autor(a) do *Livro da Sabedoria* enfatiza um tipo de fé revolucionária que carrega a seguinte convicção: os justos viverão para sempre e os injustos serão aniquilados. Em consonância com a defesa do estilo de vida das pessoas justas, em Sabedoria 3,8 se afirma outra utopia revolucionária: "Os justos governarão as nações, [...] e Deus reinará para sempre sobre eles". Esse tipo de fé é imprescindível para sustentar a caminhada e a luta de quem se dedica a viver na contramão do sistema opressor, pois mostra que vale a pena ser pessoa justa e dedicar-se à construção de uma sociedade justa, solidária, (macro)ecumênica e sustentável ecologicamente.

Isso é verdadeiro, libertador e, certamente, não exclui a fé e a esperança na imortalidade pessoal de cada justo, que se expressa em muitos Salmos e no próprio Livro de Jó: "Eu sei que o meu Redentor está vivo e que no fim se levantará acima do pó. [...] Eu mesmo o verei e não outro; eu o verei com meus próprios olhos" (Jó 19,25,27). A fé em Deus, que nos ama e nos quer dar a imortalidade, é uma aposta que vale a pena ser feita! Apoia-se na convicção de que Deus é justo, e "criou a pessoa humana para ser incorruptível e a fez à imagem da sua própria natureza" (Sabedoria 2,23).

Em Sabedoria 3,13-4,6, o(a) autor(a) da Sabedoria dessacraliza a concepção judaica segundo a qual a reprodução da família judaica se dava através da produção de filhos, através dos quais continuaria a herança dos pais. Em ambiente de intensa idolatria, o sábio alerta que é melhor ser estéril do que gerar filhos opressores, adeptos da ideologia dominante. Casar com filho de família opressora pode corroer a fina flor da experiência de fraternidade do povo. É o que atesta Sabedoria 3,13. Em Sabedoria 4,1 o(a) sábio(a) autor(a) aponta a alternativa sensata de não ter filhos: "É melhor não ter filhos e possuir a virtude, porque a memória da virtude é imortal..." (Sabedoria 4,1). Aqui, o livro da Sabedoria faz uma "revolução copernicana": não mais o simples reproduzir a prole para se ter futuro, mas cultivar virtude, ou seja, ser pessoa justa segundo um conhecimento que liberta, o que não é, logicamente, a ideologia dominante, mas são saberes que geram o bem comum sem discriminar nada nem ninguém.

"As pessoas injustas se tornarão para sempre cadáveres desonrados e objetos de zombaria entre os mortos (...) e a memória delas desaparecerá" (Sabedoria 4,19). Ao contrário, mesmo que tenham vida curta, as pessoas justas, "quando morrem, condenam os injustos que continuam a viver" (Sabedoria 4,16). Assim acontece com todos(as) os(as) oprimidos(as) da história: fazem história e permanecem na história os que são justos e militam na defesa da justiça, no sentido da construção do bem comum para todos(as) sem nenhuma discriminação ou privilégio. "Os justos vivem para sempre" (Sabedoria 5,15), assevera o(a) sábio(a) autor(a) do Livro da Sabedoria. Possuído pela ira divina, o sábio antevê que nas contradições assumidas pelos injustos e opressores "eles serão devastados e a própria maldade deles derrubará o trono deles" (Sabedoria 5,23), pois o projeto dos opressores é um projeto de morte, assassino e suicida.

Em Sabedoria 6,1-11 o(a) sábio(a) autor(a) aponta que os governantes devem governar com justiça, que é: defender os empobrecidos e injustiçados diante daqueles que os exploram. A responsabilidade das autoridades é muito grande, pois das decisões delas depende a vida do povo. Todos serão julgados proporcionalmente, de acordo com a repercussão social das suas ações. As autoridades terão julgamento divino implacável (Sabedoria 6,5), pois das decisões delas dependem a vida e a liberdade do povo. O Deus de Sabedoria não é neutro, pelo contrário, coloca-se explicitamente ao lado dos injustiçados(as): "Os pequenos serão perdoados com misericórdia, mas os poderosos serão examinados com rigor" (Sabedoria 6,6.8).

O(a) autor(a) do Livro da Sabedoria demonstra que a Sabedoria não é acessível apenas aos ricos e estudados, mas ela é democratizável e acessível a todos, pois nascemos e nos despedimos desse mundo de forma semelhante: nus, sem trazer e sem levar nada (Cf.: Sabedoria 7,6). O sábio é aquele que prefere a sabedoria e não cetros e tronos; é aquele que considera a acumulação capitalista como palha que o vento leva e o fogo devora (Sabedoria 7,8-9). Por essa perspectiva, em uma linguagem atualizada, podemos afirmar que a pessoa sábia não se deixa conduzir pelas seduções da sociedade capitalista, não dedica a vida a acumular riqueza e gozar poder, mas vive e convive de forma simples e austera, sendo assim coerente com o projeto do Deus da vida que quer vida e liberdade em abundância para tudo e todos(as).

O(a) autor(a) do *Livro da Sabedoria* compreende que o "senso comum" disseminado pelos injustos domina a consciência da maioria das pessoas. Pode-se dizer, em uma linguagem atual, que a ideologia dominante e hegemônica tem muito poder, conforme nos ensina o pensador István Mészáros, falecido em 02 de outubro de 2017: "A ideologia dominante tem uma capacidade muito maior de estipular aquilo que pode ser considerado como critério legítimo de avaliação do conflito, na medida em que controla efetivamente as instituições culturais e políticas da sociedade".[38]

[38] MÉSZÁROS, István. *O poder da ideologia*. São Paulo: Ensaio, 1996. p. 15.

CAPÍTULO 7

JUSTIÇA ANTICAPITALISTA, PARÁBOLA DOS TRABALHADORES DA VINHA (MATEUS 20,1-16)

Enquanto tomava café da manhã em uma lanchonete na beira de uma estrada, voltando de um curso bíblico do CEBI na cidade de Coluna/MG, – o assunto tinha sido "As Primeiras Comunidades Cristãs e nossa prática cristã" –, vi e ouvi em uma TV um integrante da alta hierarquia da igreja católica tecer comentários sobre o Evangelho lido em 24 de setembro de 2017, segundo o calendário litúrgico, salvo exceções, em todas as celebrações da Igreja Católica pelo mundo afora. Trata-se do Evangelho de Mateus 20,1-16: a parábola dos trabalhadores da vinha. Achei horrorosa a interpretação feita: fundamentalista, espiritualizante e retirando toda eloquência do contexto histórico abordado pela parábola. Senti-me impelido a socializar outra interpretação de Mateus 20,1-16 na perspectiva das Comunidades Eclesiais de Base (CEBs) e das Pastorais Sociais. Ei-la, a seguir.

A parábola narrada no Evangelho de Mateus 20,1-16 é a dos trabalhadores na vinha. Diz que "um pai de família saiu cedo para contratar trabalhadores para sua vinha" (Mateus 20,1). Tornou-se dono de uma vinha, mas continuava sendo acima de tudo pai. Começou a contratar trabalhadores por volta das 6 horas da manhã. Contratou outros às 9 horas, outros às 12, às 15 horas etc. Combinou que pagaria um denário para cada um. À tarde, à busca de mais trabalhadores, observou que muitos ainda continuavam na praça, porque ninguém os tinha contratado (Mateus 20,7). Os últimos contratados trabalharam apenas uma hora. Como prescreve a Bíblia, ao final do dia de trabalho, o salário deve ser pago (Tiago 5,4). O pai/dono da vinha disse ao seu administrador para pagar um denário para cada um, conforme o combinado, começando pelos últimos. Os contaminados pelo espírito da meritocracia da sociedade escravocrata do Império Romano reclamaram: "Não é justo os que trabalharam apenas uma hora receber valor igual a nós que trabalhamos mais" (Mateus 20,12). Eis, em síntese, o relato da parábola.

Por que o pai/dono da vinha agiu de forma justa? O dono da vinha disse àqueles que foram contratados para o trabalho às nove horas da manhã: "Vão para minha vinha, e eu lhes pagarei o que for justo" (Mateus 20,4). Assim como Noé e José, o pai/dono da vinha da parábola primava por ser justo, mas não a justiça legalista do *status quo*. Segundo a parábola, todos recebem igualmente. Os que trabalharam o dia inteiro e os que trabalharam uma hora apenas. Que justiça é essa, que incomoda quem tem o espírito/ideologia do capitalismo na cabeça? Para se entender a parábola, contudo, é necessário prestar atenção ao diálogo de Mateus 20,6-7. O dono da vinha pergunta aos trabalhadores que se encontram na praça às cinco horas da tarde: "Por que vocês estão aí o tempo todo sem fazer nada?" E a resposta vem na hora: "Porque ninguém nos contratou". Desemprego já existia naquela época... Assim como nas cidades, há sempre o local onde se pode contratar trabalhadores: um ponto de encontro entre desempregados e quem precisa de trabalhadores, na praça estava quem procurava emprego. Se fossem irresponsáveis e preguiçosos, estariam em casa dormindo. Mas se estão na praça, significa que estão procurando emprego. Podemos imaginar quem teria sido deixado lá na praça, sem ser contratado: as pessoas enfraquecidas, quem sabe alguns doentes, quem sabe deficientes ou idosos... (Hoje, diríamos, jovens inexperientes, adultos com idade avançada já sem a força da juventude, homossexuais, negros, analfabetos, os "despreparados para o mercado" etc.)

Como praticar uma justiça que não reproduza os esquemas de discriminação e marginalização? O pagamento igual justamente vem nessa direção: quem trabalhou menos tem as mesmas necessidades que as demais pessoas! Todos têm família e despesas semelhantes. No Brasil devemos lutar para que todos recebam um salário – renda mínima –, independentemente se estão ou não trabalhando. A radicalidade desta parábola faz pensar em tantas práticas que se apresentam como justas. Em uma sociedade forjada em cima de desigualdades para se conquistar igualdade é preciso tratar de forma desigual os desiguais. Exige-se equidade e não apenas igualdade para se superar a desigualdade reinante.

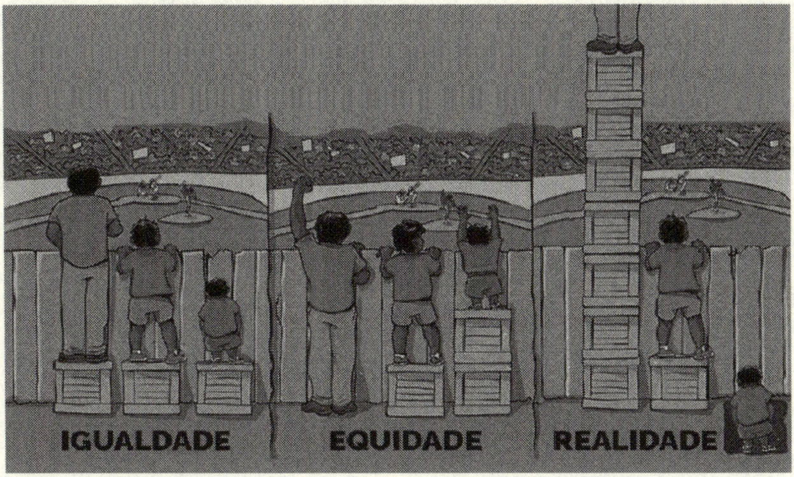

Fonte: Google Imagens.

Para as comunidades do Evangelho de Mateus, o desafio era praticar uma justiça maior: a partir da misericórdia e das necessidades de cada pessoa. É o que se define no julgamento decisivo: veja Mateus 25,31-46: "Eu estava com fome, nu, preso..."! Será justo quem se comprometer com a causa dos famintos, dos encarcerados, dos injustiçados.

Os ensinamentos de Jesus se distinguem dos ensinamentos dos fariseus ritualistas, dos escribas e saduceus. A justiça do reino de Deus – Deus da vida para todos(as) e tudo – pretende superar aquela dos fariseus, escribas e saduceus, e acolher quem estava sendo injustiçado. Para isso foi necessário romper com esquemas já estabelecidos, formas comuns de se viver e interpretar a Lei. Isso para ser fiel àqueles que as comunidades tinham certeza que estavam presentes nos pequeninos.

Segundo cálculos de alguns estudiosos, um trabalhador como aquele da parábola de Mateus 20,1-16, que recebeu um denário por um dia de trabalho, levaria mais de quinze anos para conseguir juntar um único talento! As parábolas devem ser interpretadas como parábolas, mas não podemos esquecer que são construídas com tijolos da realidade histórica. Por isso as parábolas falam da realidade do desemprego (veja Mateus 20,1-16) e do trabalho duro (Mateus 13,1-9,24-33,47-50).

Enfim, a parábola narrada em Mateus 20,1-16 é mais um dos textos em que as primeiras comunidades cristãs expressam sua compreensão e experiência de justiça, que não mede as pessoas pelo o que elas produzem – não se mede por meritocracia –, mas por aquilo de que precisam. Se todas têm necessidades iguais, logo o salário deve ser igual para todos(as), independentemente se foi contratado antes ou depois, se produziu mais ou menos. Quem está contaminado pelo espírito do capitalismo – sistema satânico e máquina brutal de moer vidas – não consegue entender a parábola dos trabalhadores da vinha: parábola anticapitalista que aponta para a construção de uma sociedade verdadeiramente justa a partir das necessidades das pessoas e não a partir do mérito que muitas vezes é construído à custa do sangue de outros. Quando alguém estufar o peito e alegar que se tornou rico, porque trabalhou, pergunte a esta pessoa: "Quem trabalhou para você ficar rico?".

CAPÍTULO 8

GÁLATAS, "NÃO ESQUEÇAM OS POBRES!" E "SEJAM LIVRES!"

8.1 Rumo da prosa

"Não esqueçam os pobres!" (Gálatas 2,10) e "sejam livres!" (Gálatas 5,13) – eis duas colunas mestras imprescindíveis na Carta do apóstolo Paulo aos cristãos e às cristãs da região da Galácia: os Gálatas. A utopia é construir uma sociedade de pessoas livres e libertadas e a condição é cuidar bem dos pobres e defendê-los de toda e qualquer relação social que cause empobrecimento.

8.2 Com Paulo a partir de Gálatas

Assim como Jesus não nasceu Cristo, mas tornou-se Cristo, o apóstolo Paulo não nasceu discípulo de Jesus Cristo e do seu Evangelho. Aliás, Paulo nasceu Saulo, judeu, e depois, fariseu; tornou-se perseguidor de cristãos antes de ter a revelação do Evangelho de Jesus Cristo. Após estudar muito e se tornar um intelectual orgânico, na convivência com o povo escravizado, fora da Palestina, Paulo passou por grandes vicissitudes, que duraram muito tempo. Enfrentou 'noites escuras' e caminhou por desertos, "foi para a Arábia" (Gálatas 1,17). Suportou muita incompreensão, perseguição e, por fim, foi martirizado – segundo a Tradição da Igreja, identificando-se radicalmente com Jesus Cristo – "Não sou eu que vivo, mas Cristo que vive em mim" (Gálatas 2,20).

E assim, Paulo foi condenado à pena de morte pelos podres poderes da religião institucional, da política imperial e de um modelo econômico escravocrata. Ao longo da vida, segundo o Livro de Atos dos Apóstolos, Paulo se transfigura: de judeu perseguidor contumaz das comunidades cristãs, a um apaixonado missionário de Jesus Cristo e do seu Evangelho.

Paulo se descobriu chamado por Deus, "nosso Pai", desde o ventre materno (Cf.: Gálatas 1,15), assim como o profeta Jeremias e outros profetas e profetisas, ele descobriu a vocação de ser 'apóstolo dos gentios', considerados pagãos e deserdados (Cf.: Gálatas 1,16). Paulo aprendeu a amar radicalmente as pessoas das comunidades fundadas ou animadas por ele, como a mãe que, por amor, enfrenta as dores de parto, pois sabe que gerará um(a) filho(a) muito amado(a): "Meus filhos, sofro novamente como que dores de parto, até que Cristo esteja formado em vocês" (Gálatas 4,19).

Inserida no Segundo Testamento após as três primeiras Cartas: a escrita aos Romanos e as duas endereçadas aos Coríntios, a Carta aos Gálatas, composta por seis capítulos, não é menos importante e nem menos eloquente que nenhuma outra carta paulina. Dirigida não apenas a uma comunidade, mas a várias, da mesma região, essa Carta foi escrita por um Paulo profundamente indignado e irado diante das calúnias e ataques que "falsos irmãos" lhe desferiram pelas costas. Eles espalharam, no ambiente eclesial da região da Galácia, que ele não era Apóstolo. E acrescentaram que todos os fiéis, inclusive os *não judeus* deveriam se circuncidar e cumprir a Lei judaica, como condição para participar das comunidades cristãs. Essas acusações e questionamentos ao Evangelho por ele anunciado não atingiam apenas Paulo, mas, caso não fossem desmentidos, poderiam implodir as comunidades cristãs que se inspiravam em seu ensinamento e testemunho.

Em contexto de diversas tendências e posições na evangelização, que vinham desde o desentendimento entre Paulo e Pedro em Antioquia (Cf.: Gálatas 2,14) e por causa do conflito com "falsos irmãos" (Cf.: Gálatas 2,4), Gálatas é uma Carta de resistência e de luta contra os ataques sofridos por Paulo. Tudo isso afetava as bases da vida em comunidade, a luta pela superação de relações sociais escravizantes e a criação de condições objetivas que viabilizassem relações diferentes: de liberdade, de equidade e de respeito à dignidade da pessoa humana.

A Carta aos Gálatas nos convida à superação de uma vida cristã fundamentalista, presa ao ritualismo, ao espiritualismo moralista, religião do consolo e da autoajuda – e conclama-nos ao compromisso radical com o Evangelho de Jesus. Esta é a Boa Nova que defende a causa de todos(as) os(as) escravizados(as) da história e exige que abracemos, pelo nosso modo de vida, um estilo simples e austero, uma opção de classe. Exige ainda que batalhemos, ao lado dos empobrecidos, na luta pela conquista de seus direitos: à terra, ao teto, ao trabalho com salário justo, ao meio ambiental sustentável e à superação de todos os preconceitos e discriminações.

8.3 Que tipo de fé Paulo assimilou?

Paulo se sentia Apóstolo, não conforme a instituição religiosa hegemônica, (como seria a Comunidade de Jerusalém, os Doze Apóstolos e os familiares de Jesus), mas autorizado *diretamente* por Jesus Cristo e por Deus, que ele compreendia como "nosso Pai" (Cf.: Gálatas 1,3) e como quem ressuscitou Jesus Cristo (Cf.: Gálatas 1,1), o qual é o "Senhor" de nossas vidas.

Afirmar Jesus Cristo como Senhor (*Kyrios*, em grego) é algo tremendamente subversivo e revolucionário, pois "Senhor", no Império Romano, era o imperador divinizado. Sustentar que o 'Senhor de nossas vidas' é Jesus Cristo, aquele *fora da lei, transgressor e subversivo* condenado à morte pela pena mais execrável, a crucifixão, era 'cutucar com vara curta' o divinizado imperador romano e assumir o risco de sofrer a mesma condenação do galileu Jesus de Nazaré.

Paulo é elo vivo de um movimento comunitário de resistência: "Eu e todos os irmãos que estão comigo" (Gálatas 1,2) e que são os autores da Carta aos Gálatas. Segundo Paulo, Jesus não quis nos tirar do mundo, mas "do mundo mau" (Gálatas 1,4), ou seja, de um mundo com relações sociais escravistas e alienadoras. Paulo abomina a ideia de "vários evangelhos" (Cf.: Gálatas 1,6-7), como se fosse possível *moldar* o Evangelho de Jesus Cristo segundo interesses de classe e *domesticá-lo* para justificar posturas hipócritas e cúmplices das relações de opressão.

As comunidades cristãs não podem se reduzir a um grande guarda-chuva que abriga "gregos e troianos", opressores e oprimidos, cada um(a) com o tipo de religiosidade que lhe agrada. Esse relativismo é fulminado por Paulo. De forma enfática, ele afirma: "Não existe outro Evangelho" (Gálatas 1,7), além do de Jesus Cristo, revelado a ele nas entranhas das relações humanas conflituosas (Cf.: Gálatas 1,12). "Maldito quem anunciar a vocês um evangelho diferente do que anunciamos" (Gálatas 1,8-9). Paulo faz perguntas inquietantes: "Busco aprovação dos homens ou de Deus? Procuro agradar aos homens?"

(Gálatas 1,10). É claro que aqui Paulo não se refere a todo e qualquer homem, toda e qualquer pessoa humana, mas certamente não busca a aprovação dos homens de poder, dos que sustentam e reproduzem relações sociais escravocratas. Paulo também não aceita adocicar o Evangelho de Jesus Cristo para "agradar aos homens", seja os que estão no poder, seja o povão alienado e escravizado.

Paulo não abre mão da verdade, mesmo sabendo que a verdade liberta, mas dói. "Será que me tornei inimigo, só porque lhes disse a verdade?" (Gálatas 4,16). "Quem foi que colocou obstáculo para que vocês não obedeçam mais à verdade?" (Gálatas 5,7). Lamentavelmente, muitas pessoas, para manter as amizades aparentes, preferem não dizer a verdade que precisa ser dita, fazem 'política da boa vizinhança', se omitem e se tornam cúmplices ao não refutar mentiras/*fake news*, se precavendo para não melindrar relações de amizade hipócritas.

Paulo não se pauta pelo caminho cômodo, mas estúpido e reprodutor de mentiras que corrói as relações sociais deixando imperar mentiras. Paulo é autêntico e exige autenticidade nas relações humanas como condição *sine qua non* para se colocar em prática o Evangelho de Jesus Cristo.

Paulo se entende como "servo de Cristo" (Gálatas 1,10), que é servo de Deus. Mas como Jesus Cristo se tornou servo de Deus? Diz certo tipo de senso comum que Jesus Cristo é servo de Deus, porque 'morreu por nossos pecados para nos salvar'. Há pessoas ingênuas que exclamam: "Que bom que Jesus morreu para nos salvar!" Como compreender esta afirmação? Temos que fazer alguns questionamentos interpelantes: Como é possível que Deus aceite uma vítima no lugar de outro transgressor? É justo um transgredir e outro ser punido? Como é possível que Deus possa aceitar os sacrifícios enquanto tais e justificar relações humanas que ferem a aliança com Deus? Admitir que, em um rito está o poder de substituir uma relação humana real por outra comercial, contribui para quê? Admitir isso não seria 'dar um jeitinho' para driblar a eventual ira de Deus? Não seria tentar barganhar com Deus para se salvar? O Deus no qual acreditamos, Deus solidário e libertador, Deus da Vida e da Liberdade de todos(as), não é sádico e nem masoquista.

Jesus ter doado sua vida por nós não substitui a necessidade de doarmos nossa vida, como fez o mestre galileu. Pelo fato de ter morrido na cruz, Jesus não tira automaticamente nossos pecados. Jesus se faz solidário aos(às) sofredores(as) e injustiçados(as) para nos indicar o caminho a ser trilhado rumo à humanização, vocação de todos(as).

Quanto mais nos humanizarmos, mais estaremos caminhando rumo à libertação/salvação.

Paulo percebe que a questão de impor a circuncisão aos não judeus e o respeito à Lei judaica não se reduz apenas à questão de observância da tradição, mas que o atrelamento às questões da tradição judaica era meio de continuar garantindo a escravização do povo, roubando-lhe as condições que viabilizam a liberdade.

Em Gálatas, Paulo está em sintonia com a fina flor da experiência bíblica segundo a qual "Deus não faz acepção de pessoas" (Gálatas 2,6; Atos 10,34), não discrimina ninguém, ama a todos(as), independentemente de classe, etnia, gênero ou orientação sexual. Todas as pessoas são imagem e semelhança de Deus (Gênesis 1,26-27) e todas as criaturas – seres vivos – são "muito boas" (Gênesis 1,31), ou seja, são sagradas, a luz e a força divina permeiam e perpassam toda a realidade.

O autor de Atos dos Apóstolos diz: "Deus não faz distinção entre as pessoas. Deus aceita quem pratica a justiça, independentemente do povo a que pertence" (Atos 10,34-35). Segundo Atos dos Apóstolos, Pedro, passando fome no meio dos impuros – Simão, em missão fora de Jerusalém, estava na casa de outro Simão, um curtidor de couro (Atos 10,43), profissão considerada a mais impura de todas – faz a experiência, por meio de uma visão, de que para Deus não há nada impuro. "Não chame de impuro o que Deus purificou" (Atos 10,15), isto é, tudo é sagrado.

Em algum momento da sua vida, o apóstolo Pedro deve ter vivido esta experiência que o fez se libertar das amarras do judaísmo enrijecido, tanto é que terminou martirizado, segundo a tradição da igreja, assim como Jesus e Paulo. Entretanto, historicamente, é mais provável que o apóstolo Paulo, na década de 50 do século I da era cristã, tenha vivenciado esta experiência antes de Pedro.

8.4 Paulo e Pedro em Atos dos Apóstolos e nas Cartas Paulinas

Escrevendo uns 30 anos após a Carta aos Gálatas, o autor de Atos dos Apóstolos, sob o impacto dramático da expulsão de cristãos e cristãs das sinagogas, nos anos 80 do século I da era cristã, busca promover e favorecer a unidade entre cristãos e judeus e, acima de tudo, provar que os cristãos não eram sectários e nem separatistas. Nesta intenção, em Atos dos Apóstolos, Pedro é paulinizado e Paulo é petrinizado, ou seja, o autor de Atos dos Apóstolos credita a Pedro fatos que, historicamente, devem ter acontecido primeiro com Paulo, como os Atos de Pedro narrados no capítulo 10 de Atos dos Apóstolos.

Pedro defende as propostas de Paulo no 'Concílio de Jerusalém' e advoga, em consonância com Paulo e Barnabé, superar a circuncisão, a maior barreira e fardo pesadíssimo que os "falsos irmãos" insistiam em impor sobre as comunidades da Galácia, de Antioquia, em suma: do mundo helenista. O autor de Atos dos Apóstolos mostra Pedro como um grande missionário "percorrendo todos os lugares" (Atos 9,32): Lida, Jope, Cesareia e outros locais. Chega a caracterizar Pedro como "apóstolos das nações" (Atos 15,7).

Porém, historicamente, bem antes de Pedro, Paulo é quem deve ter sido chamado o "apóstolo dos gentios", dos de fora, dos considerados bárbaros. Para dirimirmos contradições aparentes existentes entre Atos dos Apóstolos e as Cartas Paulinas é sensato seguir o princípio de Knox, segundo o qual as Cartas Paulinas têm mais consistência histórica do que Atos dos Apóstolos, primeiro, porque foram escritas cerca de 30 anos antes do Livro de Atos dos Apóstolos e, depois, por serem cartas. Atos dos Apóstolos são, acima de tudo, *Teologia da História* e jamais *História das Primeiras Comunidades Cristãs*.

Podemos atribuir algum valor histórico a informações que estão em Atos dos Apóstolos apenas em casos sobre os quais não há qualquer informação em nenhuma carta paulina. Assim, por exemplo, as restrições apresentadas no final de Atos dos Apóstolos, após a abolição da circuncisão, não devem ter sido dos anos 49/50, quando parece ter acontecido uma reunião entre Paulo, Barnabé, Pedro, Tiago e João, em Jerusalém, segundo consta em Gálatas 2,1-10, reunião que o autor de Atos dos Apóstolos, 30 anos depois, narra como tendo sido uma Assembleia ampliada. Segundo o autor de Atos, nesta assembleia, a circuncisão foi abolida, porém, com algumas condições: "Abster-se de carnes sacrificadas aos *ídolos*, do sangue, das carnes sufocadas e das uniões ilegítimas" (Atos 15,29). Estas restrições devem ser dos anos 80 e impostas, seguindo a tradição de Tiago, o irmão de Jesus, que tinha sido líder da Igreja Mãe, em Jerusalém, no início da caminhada, sob o signo na ressurreição de Jesus Cristo. Em Gálatas, Paulo, faz questão de enfatizar que Pedro, João e Tiago "pediram apenas que nos lembrássemos dos pobres, e isso eu tenho procurado fazer com muito cuidado" (Gálatas 2,10).

Não se sustenta a interpretação bíblica, com aspecto dualista, segundo a qual Lucas, em Atos dos Apóstolos, faz uma Teologia da Glória, e Paulo, em suas cartas, faz Teologia da Cruz, abrindo brecha para se concluir que Lucas *esquecia* o Cristo Crucificado e Paulo *esquecia* o Cristo Ressuscitado. Em um olhar mais atento, observamos que Lucas, em Atos dos Apóstolos, não esquece a cruz: "Depois da sua paixão" (Atos 1,3), enfatiza o sofrimento de Jesus e as aparições de modo convincente (Cf.: Lucas 24,38-43). Em Lucas, o Cristo Ressuscitado não aparece vindo da Glória, mas de baixo para cima: "Porventura não convinha que o Cristo padecesse estas coisas e entrasse na sua glória?" (Lucas 24,26).

Logo, dizer que em Atos dos Apóstolos está uma Teologia da Glória, em contraposição a uma Teologia da Cruz (das Cartas Paulinas) não condiz muito com a Teologia Lucana. Atos dos Apóstolos afirma uma Teologia da Glória, do Jesus Cristo Ressuscitado, a partir de uma subjacente Teologia da Cruz. Lucas não nega a cruz e enfatiza que a Ressurreição brota a partir do momento em que se assume, radicalmente, o projeto de Deus, o que implica passar pelo martírio sofrido por Jesus Cristo e por muitos outros discípulos de Deus e de Cristo. Por outro lado, não condiz com a Teologia Paulina dizer que Paulo faz uma Teologia da Cruz ignorando uma Teologia da Glória. Paulo enfatiza o Cristo Crucificado, mas, em momento algum, diminui a importância da fé em Jesus Cristo Ressuscitado. A diferença reside somente na ênfase, requerida pelos contextos diferentes em que atuavam o apóstolo Paulo e, uns 30 anos depois, o autor de Atos dos Apóstolos.

8.5 Em Gálatas: opção pelos pobres e postura antiescravidão

Paulo busca manter a unidade entre as comunidades em uma imensa diversidade, mas assevera que a Opção pelos Pobres é inegociável. "Não esqueçam os pobres!" (Gálatas 2,10), Paulo chega a colocar isso na boca dos chefes da Igreja de Jerusalém. Mais adiante, ao longo da sua argumentação, buscando sempre afirmar a liberdade diante de tudo o que escraviza, Paulo afirma de forma lapidar: "Não há mais diferença entre judeu e grego, entre escravo e homem livre, entre homem e mulher, pois todos vocês são um só em Jesus Cristo" (Gálatas 3,28).

Na Carta aos Gálatas, Paulo transparece de forma muito forte reprovando a realidade de escravidão, tanto das relações sociais escravocratas do império romano, quanto da escravidão em que tinha se tornado a Lei judaica, que vinha sendo imposta inclusive a não judeus.

Paulo repete várias vezes as palavras 'escravo', 'escrava' e 'escravidão' ao longo da Carta aos Gálatas, para enfatizar que:

a) está abolida a diferença entre escravo e livre (Gálatas 3,28);
b) quem está agarrado à Lei judaica continua escravizado;
c) "Éramos escravos" (Gálatas 4,1.3);
d) "Você já não é escravo, mas filho" (Gálatas 4,7);
e) "Vocês foram escravos de deuses" (Gálatas 4,8);
f) "Vocês querem recair na escravidão?" (Gálatas 4,9);
g) na história houve "filhos da escrava Agar gerados para a escravidão" (Gálatas 4,22-25);
h) "Cristo nos libertou para que sejamos verdadeiramente livres. Portanto, fiquem firmes e não se submetam de novo ao jugo da escravidão!" (Gálatas 5,1).

Paulo revela que o egoísmo e o individualismo estimulados pela ideologia dominante de uma sociedade escravocrata é um caminho suicida, pois leva "todos a se morderem e a se devorarem uns aos outros e até à destruição mútua" (Gálatas 5,15). Como intelectual de alto quilate, Paulo não fazia uma análise ingênua, nem idealista, nem romântica da realidade conflituosa na qual os cristãos e cristãs das comunidades da Galácia viviam. Certamente, Paulo percebia também que não apenas com solidariedade e cuidado dos pobres se superariam as relações sociais escravocratas estimuladas aos quatro ventos pela ideologia dominante do império romano e também por expressões religiosas e culturais que pavimentavam o caminho para a reprodução das desigualdades sociais. Além de cuidar dos pobres, sendo solidário(a), é preciso enfrentar os lobos vorazes e cruéis que, muitas vezes, aparecem travestidos de bons samaritanos, seja no mundo da política, da economia ou da religião.

Em Gálatas, Paulo afirma à exaustão que todas as pessoas são livres e devem se comportar como pessoas libertadas e jamais recair nas garras de nenhum tipo de escravização. Paulo terminou sendo martirizado, porque quanto mais radicalizava sua missão, mais revelava a incompatibilidade entre o projeto defendido por ele a partir da fé em Jesus Cristo e o projeto imperial ecoado pelos arautos da ideologia imperial.

Ontem, o império romano e as religiões domesticadas que serviam aos interesses da classe dos de cima; atualmente, o sistema capitalista que, de mil formas, empobrece, violenta e mata os povos, a mãe terra, as fontes de água e todos os ecossistemas. O apóstolo Paulo, nos dias de hoje, no nosso meio, certamente diria que enquanto perdurar a estrutura fundiária pautada no latifúndio e no agronegócio com política econômica capitalista neocolonial, com Estado subserviente aos interesses das grandes mineradoras e do grande empresariado do campo e da cidade, não teremos a superação da pobreza, da fome, da miséria e de tantas escravizações que se reproduzem cotidianamente e explodem em cenas dramáticas, por meio do feminicídio, do racismo estrutural, da homofobia, de expressões religiosas burguesas que desencarnam a fé cristã, espiritualizam a mordência histórica de Deus que, por amor infinito, assumiu a condição humana em Jesus Cristo. Portanto, acolher a mensagem do apóstolo Paulo na Carta aos Gálatas implica se comprometer com todas as lutas libertárias justas e necessárias da atualidade.

Paulo não quer somente fraternidade "espiritual" ou de amizade, mas exige principalmente fraternidade econômica,[39] política e cultural. Não agrada ao Espírito de Deus pessoas que se encontram para a Eucaristia aos domingos, mas que durante a semana são umas opressoras das outras. Paulo quer superar as oposições de classes. Se ricos e pobres, judeus e não judeus, homens e mulheres, trabalhadores e patrões... comem em lugares diferentes, moram em casas de qualidades muito diferentes, o cristianismo terá um conteúdo diferente para cada grupo e não haverá realmente uma comunhão.

É hipócrita e cínica uma comunidade e sociedade na qual uns poucos se banqueteiam, enquanto a maioria passa fome; na qual uns têm casas próprias luxuosas e a maioria geme debaixo da pesadíssima cruz de aluguéis ou da humilhação que é sobreviver morando de favor na casa de parentes. Sociedade e comunidade na qual uns recebem remunerações milionárias, enquanto milhões sobrevivem somente com o salário mínimo ou com migalhas do trabalho informal. É escravocrata uma sociedade na qual uns vivem luxuosamente, enquanto milhares sobrevivem do/no lixo; na qual uns detêm muito poder econômico, político, midiático e religioso, ao passo que as massas são subjugadas. Igrejas que se apegam ao poder e com ele se casam, trocaram o Evangelho por uma aliança com a mentira, coisa diabólica!

Na Carta aos Gálatas, Paulo defende uma comunhão eclesial que seja antes de tudo comunhão integral, fruto de condições materiais

---

[39] Dom Moacyr Grechi, ao investigar denúncias de torturas de trabalhadores rurais boias-frias, disse: "Quero uma reunião somente com os trabalhadores, pois junto com os patrões eles não estarão livres para dizer a verdade".

que garantam os corpos estarem lado a lado, com respeito à dignidade de todos(as), e comendo da mesma comida, partilhando alegrias e angústias. Paulo nos faz recordar o padre Alfredinho, da Fraternidade do Servo Sofredor, que gostava de dizer: "Os ricos se salvarão quando aprenderem a passar fome".

Na comunidade de Jerusalém, quando a distribuição se tornou maior do que a entrada ou a produção de recursos, chegou uma hora em que os bens acabaram e a fome se generalizou. Sem produção suficiente, não se pode consumir e/ou distribuir. Em contexto de aumento da pobreza e de muita gente passando fome, sob a liderança do apóstolo Paulo e Barnabé, o espírito de comunidade nascido da fé em Jesus Cristo levou comunidades cristãs de outras regiões a fazerem doações para minorar a fome dos irmãos e irmãs. Isto era também uma expressão de unidade. O fato de pensar diferente não era motivo para 'lavar as mãos', como o fez Pilatos, diante do sofrimento de outras pessoas e comunidades.

8.6 Ontem, Gálatas; hoje, nós. E agora, José e Maria?

Paulo, em Gálatas, aponta que quem deseja seguir a Jesus deve armar-se de disponibilidade para a cruz, ou seja, tornar próprias as disposições daquele que o precede, identificando seu projeto com o do Mestre. Jesus não temeu ser considerado um fora da lei pela sociedade estabelecida. E seus seguidores, o que mais temem? Paulo nos convida a ver, na cruz injusta de cada um(a) de nossos irmãos e irmãs, próximo ou distante, um crime hediondo contra a humanidade e contra Deus.

Enfim, terminamos este texto no qual buscamos pescar raios de luz e força para a caminhada cristã pessoal e comunitária, apontando se não o maior, um dos maiores perigos da atualidade:

> Penso que o maior perigo para a Pedagogia de hoje está na arrogância dos que sabem, na soberba dos proprietários de certezas, na boa consciência dos moralistas de toda espécie, na tranquilidade dos que já sabem o que dizer ou o que se deve fazer e na segurança dos especialistas em respostas e soluções. Penso, também, que agora o urgente *é* recolocar as perguntas, reencontrar as dúvidas e mobilizar as inquietudes.[40]

---

[40] LARROSA, Jorge. *Pedagogia profana*: danças, piruetas e mascaradas. Belo Horizonte: Autêntica, 2004. p. 8.

CAPÍTULO 9

APÓSTOLO PAULO, TRABALHADOR E AGENTE DE PASTORAL EMANCIPADORA[41] (A PARTIR DA I CARTA AOS TESSALONICENSES)

9.1 Preliminares

As cartas do apóstolo Paulo foram escritas na década de 50 do primeiro século da era cristã. Leituras fundamentalistas – literalistas – cometem injustiças contra o apóstolo Paulo maltratando-o e caluniando-o como "legalista, misógino, antissocial, conservador...". Essas acusações são injustas e geralmente são feitas por pessoas que o conhecem 'por ouvir dizer', através de leituras litúrgicas escolhidas com a intenção de afirmar o *status quo* religioso.

Por volta de meados do século XX, as convicções de que o livro de Atos dos Apóstolos constituía a biografia mais segura da vida, práxis e ensinamento de Paulo ruíram. Os biblistas criaram o Princípio de Knox, que podemos resumir nos seguintes termos: os Atos dos Apóstolos podem ser utilizados para complementar os dados "históricos" das Cartas Paulinas, jamais para corrigi-los. Logo, quando encontramos contradições históricas entre narrativas de Atos dos Apóstolos e narrativas das Cartas Paulinas, devemos dar mais consistência histórica ao narrado pelas Cartas Paulinas, pois Atos dos apóstolos não é um

[41] Artigo do livro: COSTA, Julieta Amaral da et al. *Comunidade de Tessalônica*: fermento do Reino na grande Cidade – uma leitura da I Carta aos Tessalonicenses feita pelo CEBI-MG. Belo Horizonte: CEBI-MG, 2017. p. 39-50.

livro de história das primeiras comunidades cristãs, mas um livro de Teologia da História das Primeiras Comunidades Cristãs.

Resgatar o ensinamento e o testemunho do apóstolo Paulo e da Comunidade Cristã de Tessalônica – uma grande cidade – pode oxigenar a nossa vida cristã. Ao lado de muitas mulheres, dos Helenistas – como Estevão, Filipe, Barnabé – de Silvano, Timóteo e outros(as) missionários(as), Paulo inculturou o evangelho do Movimento Popular religioso-político de Jesus Cristo no meio urbano – nas periferias das grandes cidades –, onde várias idolatrias grassavam. Paulo e seu grupo romperam muitas barreiras. Ele foi um grande profeta, apaixonado por Jesus de Nazaré e pelo seu projeto de libertação integral de todos (Lucas 4,16-21). E, acima de tudo, Paulo era um entusiasmado pelo testemunho libertador das primeiras comunidades cristãs, quando ainda eram (macro)ecumênicas, inculturadas, faziam opção pelos pobres, valorizavam a liderança das mulheres e acolhiam os clamores dos(as) injustiçados(as) da periferia, sendo de fato, 'luz, sal e fermento' no mundo escravocrata do Império Romano.

Levando no coração e na memória os clamores da classe trabalhadora e da classe camponesa, atentos à palavra das mulheres lutadoras e das pessoas (macro)ecumênicas, dos profetas e profetisas do presente, se lidos a partir do seu contexto histórico e captando suas intenções, os escritos paulinos inspiram-nos: a) a testemunhar inculturação nas grandes selvas de pedra que são as grandes cidades atualmente; b) a resgatar a força da profecia que consola os aflitos, mas incomoda os opressores; c) na construção de comunidades – e de uma sociedade com campo e cidade – que sejam espaço de acolhida de todas as pessoas e todos os seres vivos a partir dos(as) injustiçados(as); d) a superar os fundamentalismos e os (neo)paganismos atuais; e) a inserirmo-nos no mundo dos pobres, nos comprometendo com suas causas/lutas pelos seus direitos.

O apóstolo Paulo observou que a Assembleia de Jerusalém (Atos 15,1-35), realizada por volta do ano 50 do primeiro século da era cristã, que posteriormente passou a ser vista como "Concílio de Jerusalém", tinha aceitado uma reivindicação vital para as igrejas da periferia: abolir a circuncisão. O apóstolo Paulo enfatizou que a Igreja-Mãe – a de Jerusalém – tinha feito um único pedido: "Não esqueçam os pobres" (Gálatas 2,10).

Importante recordar que Paulo não era um dos doze apóstolos. Ele foi reconhecido pelas primeiras comunidades cristãs como apóstolo, não como aquele que tem um título ou exerce um poder sobre a comunidade, mas como missionário autêntico, porta voz e testemunha do Evangelho de Jesus Cristo. Diz Paulo: "Deus nos achou dignos de confiar-nos o Evangelho e assim o anunciamos" (1 Tessalonicenses 2,4). Paulo é autônomo – não independente – na sua atividade missionária, não é um mero funcionário de uma instituição. Por isso ele cultiva liberdade de espírito, coragem e intrepidez na defesa do Projeto de Jesus Cristo que quer vida e liberdade em abundância para tudo e todos(as).

Primeiro escrito de Paulo e primeiro do Novo Testamento, os cinco capítulos que compõem a Primeira Carta aos Tessalonicenses revelam características da atuação do apóstolo Paulo e de suas companheiras e companheiros que, assim como ele, *trabalhando*, anunciavam o evangelho de Jesus Cristo, que é ótima notícia para os oprimidos, mas péssima notícia para os opressores. Observe-se que a Carta não é de Paulo aos Tessalonicenses, mas de "Paulo, Silvano e Timóteo à comunidade de Tessalônica" (1 Tessalonicenses 1,1a). É um coletivo que escreve e evangeliza. Referem-se a Deus como Pai (1 Tessalonicenses 1,1b.3a) e a Jesus como Cristo e Senhor (1 Tessalonicenses 1,1b,3b). Isso, de saída, revoluciona várias coisas:

a) Insufla na comunidade que Deus não é aquele tremendão, 'todo poderoso', distante e juiz castigador, mas Deus é Pai de infinito amor, está próximo, em nós, no outro e em tudo. O Deus de Paulo considera tudo e todos(as) como filhos e filhas. Essa imagem de Deus cultiva a fraternidade;
b) Afirma que Jesus é Cristo, filho de Deus, ungido: a luz e a força divina estão no humano, em Jesus e em todo ser humano e em toda a natureza;
c) Paulo, Silvano e Timóteo tiveram a ousadia de defender que Jesus é Senhor (*kyrios*, em grego), como aparece várias vezes na I Carta aos Tessalonicenses.[42] Isso é subversão político-religiosa, pois na época, em pleno Império Romano, 'Senhor' era o Imperador, que era considerado um deus. Logo, afirmar que Jesus é Senhor destrona os poderosos da Terra, a começar pelo imperador. O ensino e o testemunho das primeiras comunidades cristãs, sob a liderança do apóstolo Paulo, de Barnabé e de muitos(as) outros(as) missionárias(os) buscavam implodir o culto dominante, pois afirmavam: "Não é o Império que salva – há um novo defensor dos pobres: Jesus Cristo!

[42] Cf.: 1 Tessalonicenses 1,1.3.6.8; 2,15.19; 3,11-12.13.

Quem é senhor não é o imperador, mas Jesus Cristo". Por tudo isso, vários cristianismos originários foram acusados de violadores dos "decretos de César" (Cf.: Atos 17,7), e, portanto, de subversivos.

Especificamente nos textos de 1 Tessalonicenses 2,1-13,17-19; 3,1-11; 4,10b-12; 5,12-13, o apóstolo Paulo demonstra seu jeito libertador de ser e de atuar como missionário, mostra como ser liderança que inspira e produz outras lideranças libertadoras. A dedicação de Paulo ao trabalho manual é algo eloquente e profético.

Para interpretarmos de uma forma sensata e libertadora os textos da I Carta das Tessalonicenses é preciso lermos nas linhas e nas entrelinhas, além de considerar o texto no seu contexto e pretexto. É o que veremos a seguir.

9.2 Características do ser e do agir de Paulo, trabalhador e agente de pastoral que busca emancipar o povo das comunidades

Não basta ser qualquer tipo de pessoa cristã e nem qualquer tipo de agente de pastoral. Não basta ter fé em Deus e em Jesus Cristo, mas é preciso ter a fé de Jesus Cristo. Não basta amar a Jesus, mas é preciso se comprometer com o projeto dEle, que é um projeto de libertação integral das pessoas e da sociedade. O ensinamento e a práxis do apóstolo Paulo, segundo a Primeira Carta aos Tessalonicenses, revelam várias características que podem nos inspirar na nossa atuação pastoral e no nosso trabalho. Ei-las, a seguir.

9.2.1 O apóstolo Paulo alimenta as relações fraternas

Eloquente é a forma como o apóstolo Paulo inicia o 2º capítulo da Carta aos Tessalonicenses: "Irmãos, vocês nos acolheram e bem sabem que não foi em vão. Apesar de maltratados e insultados em Filipos, como sabem, encontramos em nosso Deus a coragem de anunciar a vocês o Evangelho de Deus em meio a forte oposição" (1 Tessalonicenses 2,1-2). Paulo conclama a todos para a prática de relações fraternas: "Irmãos...", palavra que aparece dezenove vezes na carta aos Tessalonicenses.[43]

[43] Cf.: 1 Tessalonicenses 1,4; 2,1.9.14.17; 3,2.7; 4,1.6.10a.10b.13; 5,1.4.12; 14,25-26.27.

Ele não se refere à comunidade como clientes, nem senhores, nem homens e mulheres, nem como ricos e pobres, mas como "irmãos", pois ele busca cultivar a dignidade humana de todos(as), sem discriminação. Ninguém é melhor que ninguém. O apóstolo Paulo não chega sozinho em Tessalônica, mas com um grupo, busca evangelizar em mutirão. Ele sabe que juntos e atuando de forma organizada, pode superar muitas injustiças, pois atuações isoladas têm efeitos efêmeros.

Paulo intui o sentido mais profundo de tudo: "Não foi em vão" a acolhida oferecida. Paulo via a mão de Deus atuando em todos os acontecimentos, desde os mais simples.

9.2.2 Paulo era homem corajoso em meio a perseguições em contexto violentador

Paulo chega à comunidade como um perseguido e ameaçado de morte: "maltratados e insultados em Filipos" (1 Tessalonicenses 2,2a). Parte dos judeus – os saduceus e os fariseus enriquecidos e moralistas – perseguiram até à morte Jesus de Nazaré e muitas outras pessoas que abraçaram o Evangelho do Nazareno. Além disso, perseguem Paulo e seus companheiros, tentando impedir que eles anunciem o Evangelho de Jesus Cristo aos pagãos. Querem privatizar Deus e controlá-lo.

Em Tessalônica também quem adere ao Evangelho é perseguido (1 Tessalonicenses 1,14-15). Portanto, perseguidos e injustiçados acolhem quem está sendo perseguido e injustiçado. São os oprimidos que dão as mãos para juntos se libertarem. Paulo cultiva a coragem de anunciar o Evangelho de Jesus Cristo em ambiente hostil onde campeia injustiças e violências. Paulo não tem medo e sabe que a luta coletiva em prol de uma causa justa expulsa o medo e infunde coragem para propor caminhos emancipatórios e denunciar as engrenagens que violentam o povo. Para Paulo, fé não é crença em doutrinas ou dogmas, mas é uma postura existencial de coragem, cabeça erguida diante da vida e dos problemas. Segundo a Bíblia, fé é sinônimo de coragem. Quem tem fé tem coragem. Quem não tem fé tem medo, e vice-versa. Não cultivamos nossa fé apenas por orações, mas pela prática da solidariedade e pelo compromisso com a justiça na luta ao lado dos oprimidos(as). Bom remédio para melhorar nossa fé é a luta coletiva em prol de direitos sociais do povo injustiçado. Quanto mais a gente participa de lutas concretas menos medo temos e mais coragem adquirimos. Por isso é que normalmente se houve no meio dos Sem Terra, dos Sem Casa, dos Indígenas e dos Povos Tradicionais que estão na luta por direitos: "Não temos medo. Perdemos o medo na hora que entramos nessa terra abandonada que Deus nos prometeu".

9.2.3 O apóstolo Paulo é sincero e não exalta a si mesmo

Diz Paulo: "Nós nunca usamos de bajulação" (1 Tessalonicenses 1,5). Se na Carta está escrito isso, é sinal de que havia muitos líderes religiosos bajuladores e, assim, traidores do evangelho de Jesus Cristo. Ser sincero (sem cera) na atuação em prol do Evangelho era uma característica da atuação de Paulo. Quantos padres, pastores e líderes religiosos, nos dias atuais, amoldam seu discurso e prática para agradarem a quem está no poder e, consequentemente, receber benesses! Muitos(as) missionários(as) foram incompreendidos e perseguidos por suas comunidades, porque falavam a verdade, denunciavam as injustiças e, por isso, deixaram de receber presentes e ficaram falando 'pras paredes'. Vários foram expulsos de suas comunidades, inclusive. Em uma sociedade desigual como a nossa – sociedade capitalista – um dos termômetros para aferirmos se estamos sendo coerentes com o Evangelho de Jesus Cristo é: estamos sendo perseguidos pelos poderosos ou estamos sendo elogiados por eles e por todos? Se estivermos agradando a 'gregos e troianos', ou seja, a opressores e oprimidos, pode saber que estamos falsificando o Evangelho proposto por Jesus, projeto que lhe custou a vida sob pena de morte.

9.2.4 Paulo não fica restrito a uma comunidade, mas, como peregrino, mantém comunicação com todas as comunidades, alimentando-as por meio de cartas

Paulo atuou como missionário na comunidade cristã na periferia de Tessalônica. Criou laços de amizade, admiração, respeito e amor com os integrantes da comunidade, mas teve que continuar sua missão em outros territórios. Distante, Paulo sente saudade, e isso é prova de que ama quem está "distante dos olhos, mas perto do coração" (1 Tessalonicenses 2,17). Saudade que não é sofrer, mas é a certeza de que ama os companheiros e companheiras de missão que estão distantes, vivendo em outras comunidades e batalhando em prol da justiça do reino de Deus. Um jeito que Paulo descobre de continuar sua missão sem estar presente fisicamente e de modo permanente é escrevendo cartas. Assim, ele valoriza a microcomunicação. Se fosse nos dias atuais, provavelmente, Paulo reforçaria sua atuação missionária enviando cartas, mensagens, fotos e vídeos através da internet, inclusive.

9.2.4.1 O apóstolo Paulo alimenta a perseverança. "Não desistam da luta!"

"Que ninguém fique abalado com as presentes tribulações" (1 Tessalonicenses 3,3a), conclama o apóstolo Paulo na primeira Carta endereçada à Comunidade Cristã da periferia da grande cidade de Tessalônica, carta levada por Timóteo, companheiro de Paulo na missão. 'Tribulações' diz respeito a repreensão, opressão e repressão. Repreensão é pressão psicológica, censura, constrangimento, retirada de liberdade. Opressão é pressão econômica: retirada dos meios econômicos necessários para se viver com dignidade. Isso o sistema capitalista faz diariamente ao sugar a força de trabalho, pagando apenas um mísero salário e os frutos do suor do trabalhador ficando para o proprietário dos meios de produção (terra, indústria, fábrica etc.), gerando mais-valia e acumulação de capital. Repressão é pressão política: prender, torturar, matar, eliminar a pessoa. Portanto, Paulo anima a resistência diante de tudo isso, não apenas diante de angústias pessoais.

O sistema capitalista e as tendências religiosas que privatizam a fé e a relação com Deus estimulam aos quatro ventos o individualismo e o egocentrismo, vírus que dilaceram o tecido social. Esquecem que Deus ajuda quem luta em comunidade, em mutirão e de forma organizada. Se vigora o 'cada um pra si", Deus não ajuda. Só perde quem não se engaja nas lutas sociais ou delas desistem. Quem persevera na luta coletiva por direitos humanos fundamentais conquista direitos, mais cedo ou mais tarde. Isso é o que Paulo diz aos tessalonicenses.

9.2.4.2 Paulo reconhece a fé (= coragem), o amor mútuo e a gratidão das comunidades

"A fé (= coragem) que vocês têm é um consolo para nós na tribulação" (1 Tessalonicenses 3,7), reconhece feliz da vida o apóstolo Paulo ao obter notícias da comunidade de Tessalônica por intermédio do companheiro Timóteo. E também "o amor mútuo e a gratidão de vocês por nós" (1 Tessalonicenses 3,6). "Vocês aprenderam do próprio Deus a se amarem uns aos outros" (1 Tessalonicenses 4,9). Claro que ninguém é perfeito e não há comunidade perfeita. Muitas vezes dói muito nos(as) missionários(as) perceber as contradições nas comunidades: ingratidão, acomodação, individualismo, mesquinhez etc. Entretanto, assim como Deus disse a Abraão, após este pechinchar muito: "E se houver apenas dez pessoas justas na cidade?" (Gênesis 18,32a). Deus respondeu: "Por amor às dez pessoas eu não destruirei a cidade" (Gênesis 18,32b).

Devemos perceber com olhar benevolente que no meio do povo, nas comunidades, sempre há pessoas que cultivam uma fé inabalável, uma coragem infinita para lutar, uma capacidade de amar o próximo sem igual e uma eterna gratidão. Essas pessoas são 'minorias abraâmicas', são 'boas samaritanas' e, por serem e agirem assim, alimentam todos(as) que participam da caminhada do reino de Deus, começando aqui e agora. Porém, não esqueçamos: a opção pelos pobres deve ser vivenciada por todas as pessoas cristãs, não porque os pobres são santos, puros e perfeitos, mas porque são oprimidos e injustiçados.

9.2.4.3 O apóstolo Paulo trabalha, mas questiona o trabalho escravizante

No Brasil há mais farmácias que padarias e há mais igrejas do que farmácias. Péssimo sinal. Hoje em dia, muitos líderes religiosos – padres, pastores etc. – vivem à custa dos fiéis das suas igrejas. Pior, muitos acumulam dinheiro usando indevidamente o nome de Deus. Isso se realiza pela ideologia da prosperidade – ideologia do domínio –, que privatiza Deus e interpreta fundamentalisticamente os textos bíblicos como se Deus fosse um quebra galho para resolver problemas individuais. Entretanto, o apóstolo Paulo, pelo seu ensinamento e principalmente pelo seu testemunho, questiona os líderes religiosos que não trabalham para seu autossustento e, pior, acumulam riquezas usando em vão o nome de Deus.

Paulo é missionário, mas, acima de tudo, é um trabalhador que gera subversão no mundo do trabalho. Diz Paulo: "Irmãos, vocês ainda se lembram dos nossos trabalhos e fadigas. Pregamos o Evangelho a vocês trabalhando de noite e de dia, a fim de não sermos peso para ninguém" (1 Tessalonicenses 1,9). "Que seja para vocês uma questão de honra... trabalhar com as próprias mãos" (1 Tessalonicenses 4,11). Para não ser peso para a comunidade, Paulo dá muito valor aos trabalhos manuais e, por isso, vai contra a corrente da cultura grega, trabalhando 'dia e noite'. Paulo é, acima de tudo, um trabalhador que anuncia o evangelho. Parece que Paulo foi mais reconhecido pelas comunidades cristãs porque trabalhava em trabalho manual para o próprio sustento do que pela história do seu processo de conversão de perseguidor a missionário perseguido.

O fato de Paulo trabalhar em serviço manual revela-se um testemunho do Evangelho de Jesus Cristo quando recordamos que o Império Romano – ambiente da comunidade cristã de Tessalônica – era constituído por uma sociedade de classes. À classe dos trabalhadores escravizados, seja por guerras, seja por dívidas ou por linhagem etc., eram reservados os trabalhos manuais, trabalhos pesados que exigiam grande emprego de força física. Para agravar a opressão, o Império Romano se movia nas ondas da cultura grega que, segundo o filósofo Aristóteles, considerava a escravidão como algo natural. Trabalho manual – trabalhos pesados – era coisa de escravos, não de pessoas livres e cidadãs. Para compreendermos melhor o testemunho do apóstolo Paulo que enfatiza um dos princípios cristãos, que é 'trabalhar com as próprias mãos para o próprio sustento', temos que entender bem as relações de trabalho e capital na nossa sociedade capitalista. E também nossa relação com o mundo do trabalho. É o que se segue.

9.2.5 Pano de fundo para compreendermos melhor Paulo como trabalhador e agente de pastoral emancipadora

Para compreendermos bem o ser e o agir do apóstolo Paulo faz bem recordarmos como foi nossa infância e adolescência, bem como nossa história de trabalho no mundo. Tomo a liberdade de socializar aqui um pouco da minha relação com o mundo do trabalho, ao longo de minha infância e adolescência, na esperança de suscitar que cada leitor(a) faça memória da sua relação com o mundo do trabalho desde sua tenra idade.

Sou o que faço como práxis e faço o que faço, em grande parte, porque nasci em uma família sem-terra e sem-casa. Na minha infância, por pertencer à classe do campesinato, trabalhando no sistema de parceria, experimentei o que significa ser expropriado. Comecei a sentir na própria pele a injustiça quando, com minha família, ao tocar lavoura no regime à meia, via o patrão-fazendeiro levar 50% da nossa colheita e quase a outra metade também para pagar a dívida que tínhamos acumulado do plantio à colheita, comprando na venda da sede da fazenda o que era necessário para nossa subsistência, o que não produzíamos com nosso trabalho: sal, açúcar, café, querosene, remédios, botina, enxada, foice, machado e algo mais necessário à casa ou ao nosso trabalho. Indignado ao ver o patrão levar a quase totalidade da nossa produção, gritava dentro de mim: "Isso não é justo. Deus não quer isso". O fazendeiro ficar com quase toda nossa produção só porque dizia ser o dono da terra?! Eu desconfiava que isso não fosse justo. O suor derramado no trabalho "de sol a sol" era muito para ficar só com um pouquinho da produção. Só mais tarde fui compreender que éramos explorados pelos fazendeiros por não termos terra e por sermos obrigados a trabalhar no sistema à meia.

Experiência semelhante ocorre com a classe trabalhadora na cidade, onde o(a) trabalhador(a) recebe como salário apenas migalhas do que produz. "Tá vendo aquele edifício, moço! Ajudei a levantar..." A quase totalidade da produção do(a) trabalhador(a) é retida pela empresa, se tornando o principal produto que gera lucro e acumulação de capital. Eis um exemplo: após mais de dez anos de luta pela terra, João Martins Pereira, hoje um sem-terra assentado no Assentamento Nova Conquista II, no Quilombo Campo Grande, nas terras da ex-usina Ariadnópolis, em Campo do Meio, sul de Minas, por ter sido expulso da própria terra, teve que trabalhar em uma fábrica de cardã, barra de direção e caixa de direção, em Guarulhos/SP. Ele fabricava de 20 a 30 cardãs e cerca de 200 barras de direção, por mês. Seus patrões eram dois sócios e, com o êxito do negócio, abriram mais três fábricas em poucos anos. Um mandava fazer uma coisa e o outro mandava fazer outra coisa. João resolveu pedir demissão por dois motivos: a) O valor de venda de duas a três peças das duzentas que produzia mensalmente era o suficiente para pagar o salário mínimo que ele ganhava. "Com os trezentos reais que eu ganhava não dava nem para pagar as minhas despesas de sobrevivência. Tive que exigir vale transporte. Descobri que eu estava enriquecendo os patrões e morrendo aos poucos, sendo explorado", nos disse o sem-terra João Martins Pereira.[44] Por causa dessa experiência de expropriação e de exploração, João se engajou na luta pela terra e hoje tem saúde, felicidade e continua na luta, solidário com os sem-terra que ainda não conquistaram a terra.

Durante o império romano, na língua latina, o termo que fazia referência a trabalho era e ainda é *tripalium*, que significa três paus para

---

[44] Em entrevista concedida a Gilvander Luís Moreira, em 2 mar. 2016, e citada no livro: MOREIRA, Gilvander Luís. *CPT e MST:* e a (in)justiça agrária? Experiências de luta da CPT e do MST. Belo Horizonte: Editora Dialética, 2021. p. 265.

torturar escravos. Na língua grega existem dois termos para se referir a trabalho: *doulos* e *poiesas*. O termo *doulos* se refere ao trabalho enquanto servidão, análogo à situação de escravidão, trabalho fruto de força de trabalho vendida no mercado para viabilizar mais-valia, dizemos em linguagem do materialismo histórico-dialético. O termo *poiesas* se refere ao trabalho criativo, prazeroso, no qual a trabalhadora e o trabalhador produzem e gozam os frutos do seu trabalho. Trabalho no sentido de *poiesas* é o que o profeta Isaías na Bíblia anuncia como utopia em uma sociedade com "novos céus e nova terra": "Os homens construirão casas e as habitarão, plantarão videiras e comerão os seus frutos. Já não construirão para que outro habite a sua casa, não plantarão para que outro coma o fruto" (Isaías 65,21-22a).

Com a instituição da propriedade privada dos meios de produção se instaurou um processo de confronto na dependência entre os seres humanos, que passaram a viver em condições desiguais, forçados à divisão do trabalho.

A origem primeira dos capitalistas está na expropriação das terras das populações camponesas e na formação das grandes propriedades territoriais. Assim se substituiu o servo pelo parceiro arrendatário e se ofereceu à indústria na cidade massas contínuas cada vez mais numerosas de proletários de origem camponesa. O operário jogado na rua, após ser expropriado da sua terra, "se vê obrigado a comprar o valor de seus meios de subsistência, sob a forma de um salário, que lhe será pago por seu novo patrão, o capitalista industrial".[45] Antes, na posse de uma pequena gleba de terra, o camponês produzia na terra os meios de subsistência de si mesmo e de sua família e ainda, com algum excedente, podia trocar com outro produtor o que lhe faltava. Mas, na cidade, sem-terra e sem-moradia têm que comprar tudo para sobreviver e, assim, são impingidos a vender-se paulatinamente. Como? Vendendo sua força de trabalho.

Dentro da lógica e estrutura do sistema do capital, o(a) trabalhador(a) não pode ter outra mercadoria para vender e nem possuir nada do que é preciso para a realização de sua força de trabalho. Sem a propriedade da terra ou de outro meio de produção, o(a) trabalhador(a) não terá outra opção a não ser se entregar às relações impostas pelo mercado no modo de produção capitalista, exceto sobreviver na informalidade de pequenas relações comerciais clandestinas.

---

[45] MARX, Karl. *O Capital*. Edição resumida. 7. ed. Rio de Janeiro: Zahar Editores, 1982. p. 181.

Na atual realidade brasileira, sob o sistema do capital, com nuances de diferença, mas com muitas semelhanças em relação ao Imperialismo Romano, o que predomina é o trabalho no sentido de *tripalium* ou *doulos: trabalho escravo, sendo renda capitalizada,* em uma espécie de *A Servidão Moderna,*[46] enquanto apenas uma minoria tem garantido o seu direito de trabalhar no sentido de *poiesas,* trabalho que dignifica a pessoa humana, pois é criativo e dá asas à criatividade. Segundo Karl Marx, trabalho é toda ação humana transformadora da natureza.

O apóstolo Paulo buscava a emancipação das pessoas, da comunidade e da sociedade. Uma pessoa emancipada se gere por relações autônomas e não heterônimas. Isto é, caminha com as próprias pernas, pensa com a própria cabeça, não é dominada e nem alienada como massa de manobra de quem está no poder do *status quo* opressor. Emancipar-se exige (com)viver, (inter)agir, trabalhar e criar se guiando por 'normas' próprias, o que implica desvencilhar-se das normas de outro, seja especificamente o patrão que compra a força de trabalho do(a) trabalhador(a), pagando apenas o mínimo para que ele(a) não morra e possa continuar servindo-lhe como mercadoria e produzindo, acima de tudo, mais-valia, seja obedecendo às normas e leis do modo de produção capitalista imposto pelo capital e pelos capitalistas.

Nos dias atuais continua havendo trabalho escravo contemporâneo, não apenas na agricultura, sob o regime do agronegócio no campo, mas principalmente nas grandes cidades, sob a intensificação do regime de trabalho. O produtivismo, o trabalho por metas, a intensificação do ritmo de trabalho, a produção o mais rápido possível, a terceirização e a precarização das condições de trabalho estão desumanizando milhões de pessoas. Tem aumentado assustadoramente o número de adoecimentos por trabalho extenuante.

Na luta pela terra, muitas mulheres trabalham duro e são protagonistas. Entre elas, Ricarda Maria Gonçalves da Costa é exemplo de protagonismo de trabalhadora na luta pela terra. Ricarda narra um pouco da sua história e do que significa para ela essa luta. Ela diz:

> No êxodo rural da década de 1960, eu fui expulsa da terra. Saí da região de Novo Horizonte, perto de Catanduva/SP. Meus pais foram meeiros, mas sem condições de viver. Foi muito sofrido a gente ser expulso da

[46] Filme-documentário: YOUTUBE. *A Servidão Moderna.* Disponível em https://www.youtube.com/watch?v=t4fuPMz49W4. Acesso em 15 nov. 2015, às 21h28.

terra. Saímos de costa lamentando nossa saída da terra. Em São Paulo, eu fiquei 30 anos lutando para voltar para a terra. Trabalhando como metalúrgica, eu me envolvi com a luta do sindicato dos metalúrgicos e no sindicalismo passei a entender por que a gente é oprimido. Quanto mais a gente lutava, mais a gente era perseguido. Na luta sindical passamos a entender como é o processo de opressão da classe trabalhadora e da classe camponesa. Tive que ir trabalhar na área hospitalar e depois tive que virar mascate, pois a gente não encontrava mais empresa que nos aceitasse. Vim para São José dos Campos/SP, e, ao contemplar a Serra do Mar e a Serra da Mantiqueira, eu pensava: 'Um dia eu pulo essa montanha e vou conquistar uma terra.' Um dia, em um evento religioso da renovação carismática da Igreja Católica, ouvi falar de Campo do Meio, sul de Minas. Eu sou muito religiosa e sempre orava: "Senhor Deus da vida, eu quero voltar para uma terra, mas onde eu possa levar tua palavra". Vim para Campo do Meio, porque ouvi falar que tinha uma usina de açúcar e álcool parada aqui, onde se arrendava terra para trabalhar. Tentei arrendar terra na ex-usina Ariadnópolis, mas a mulher do gerente me negou. Tive que subarrendar de outra arrendatária, mas logo chegou o MST e iniciamos a luta pela terra aqui nas terras da Ariadnópolis. Nossa emancipação passa necessariamente pela posse da terra, pela democratização da terra. Sou feliz quando estou cumprindo minhas tarefas no Movimento Sem-Terra, mas o que mais me dá satisfação é quando eu estou lidando com a mãe terra. Em contato com a terra a gente ganha energia positiva e saúde, porque a gente alimenta sem agrotóxico. É indescritível o prazer que a gente sente ao ver um pé de andu todo carregado, feijão que a gente plantou. Aqui, a gente come o fruto saudável da semente que a gente planta sem nenhum agrotóxico. No campo, nós não somos reduzidos a mercadoria. Aqui, a gente produz e goza os frutos do nosso trabalho. Aqui, os calos em minhas mãos – "veja aqui em minhas mãos!" –, o meu trabalho é em prol de mim mesma e de meus companheiros e companheiras. Aqui na roça, se eu canso, paro e descanso, e depois volto a trabalhar feliz. Eu acredito que a sociedade muda pelo prazer de estar em relação com a terra, o que é uma dádiva. Lá na cidade, um dia escrevi uma poesia que dizia: As empresas metalúrgicas me engolem às 6h da manhã, sem eu ver o sol nascer, e me vomitam às 18h ou às 20h, sem eu ver o sol se pôr, sendo que eu nasci livre no campo, vendo o sol nascer, vendo o verde da natureza, sentindo o cheiro e o calor da mãe terra. Nas empresas metalúrgicas, a gente era reduzida à escravidão. Quando eu ia fazer os cálculos entre o que a gente recebia como salário e o que os empresários lucravam, eu percebia o tamanho da nossa exploração lá nas empresas metalúrgicas. Aqui na terra, a gente trabalha feliz. Aqui na luta pela terra está nosso caminho de emancipação, que nos dá saúde e libertação. Para convencer uma fatia maior de trabalhadores e camponeses a engrossar a luta pela terra, a gente tem que integrar a nossa luta com o urbano, pois muitos trabalhadores urbanos nos

> veem segundo a mídia que nos mostra como se a gente fosse marginal. Temos que mostrar o resultado do nosso trabalho, o companheirismo existente entre nós, o respeito que existe entre nós e convidar o povo da cidade para vir nos visitar e nos conhecer. Em Campo do Meio, eu fui acolhida pela Renovação Carismática, mas quando eu fui para o MST, algumas amigas se distanciaram de mim quando me viram andando com o boné do MST e empunhando a bandeira do Movimento. Hoje nós conquistamos respeito, porque, no dia 25 de setembro de 2015, mostramos lá na cidade de Campo do Meio o decreto do governador de Minas, Fernando Pimentel, desapropriando as terras da Ariadnópolis para nós. Eu fiz um agradecimento em cima do caminhão de som. As assentadas, como a Lúcia e a Obed, continuam lutando por nós que estamos acampadas. Mesmo depois de assentada, eu nunca vou parar de lutar pela terra, pelos sem-terra e em defesa de todo o povo oprimido. Formação permanente do povo é necessária. Todos precisam entender que somos da classe oprimida. Temos que exercitar no nosso dia a dia a pedagogia do oprimido. Na luta pela terra, freando o agronegócio e a superexploração das empresas na cidade, nós estamos salvando o planeta.[47]

A Sem Terra Ricarda demonstra pelo trabalho e pelo que ensina o que o apóstolo Paulo defende na I Carta aos Tessalonicenses relativo à importância e ao jeito de se trabalhar pelo próprio sustento e para não ser peso para os outros. No final da I Carta aos tessalonicenses, Paulo adverte: "Não esqueçam as profecias!" (1 Tessalonicenses 5,20). O mesmo nos disse Dom Hélder Câmara e Dom Luciano Mendes: "Não deixem a profecia cair! Não esqueçam os pobres!". Ouçamos as profetisas e os profetas, quem consola os aflitos e incomoda os injustos.

[47] Ricarda Maria Gonçalves da Costa, sem-terra há 17 anos acampada no Acampamento Rosa Luxemburgo, integrante da coordenação da Feira da Agricultura Camponesa de Campo do Meio, em entrevista concedida a Frei Gilvander Luís Moreira, em 02 mar. 2016 e citada no livro: MOREIRA, Gilvander Luís. *CPT e MST*: E a (in)justiça agrária? Experiências de luta da CPT e do MST. Belo Horizonte: Editora Dialética, 2021. pp. 267-269.

CAPÍTULO 10

QUEM PRATICA A JUSTIÇA É FILHO(A) DE DEUS (1 JOÃO 2,29; 4,6)

Vivemos um tempo perigoso no Brasil e no mundo. Tempo de ascensão de ideias e políticos "linha dura", fascistas de extrema-direita e de militares ao poder político, tanto no executivo quanto no legislativo, no nível federal e em muitos estados, de poder judiciário parcial e seletivo, decidindo para reproduzir as desigualdades sociais, violentando o espírito democrático construído com muita luta, suor e sangue no Brasil. Tempo de *fake news* (falsas notícias) fomentando ódio e discriminações. Tempo de moralismo, de religiões sem Deus, de salvação sem escatologia, de cristianismo *light*, de libertações que não vão muito além da autoestima. Tempo de ideologia da prosperidade, com ideologia de domínio, em igrejas eletrônicas. Enfim, tempos de neopentecostalismo tanto dentro da igreja católica quanto em uma infinidade de outras igrejas. E tudo isso levando a graves retrocessos relacionados a políticas públicas que beneficiariam a maioria do povo: corte de direitos sociais etc.

Nesse contexto, será muito bom lermos e compreendermos bem a Primeira Carta de João (1 João), pois um dos graves obstáculos que as comunidades cristãs do discípulo amado estavam atravessando era as investidas de grupos espiritualistas que estavam desencarnando a fé cristã e amputando a dimensão social da fé em Jesus Cristo e no seu Evangelho.

Para compreendermos de forma sensata e libertadora a Primeira Carta de João às comunidades joaninas, melhor dizendo, Carta de João às Comunidades do Discípulo Amado, e especificamente compreendermos a parte de 1 João 2,29-4,6 que propõe às pessoas e às comunidades cristãs que, 'para ser filha e filho de Deus, temos que ser pessoas justas', ou seja, é preciso várias coisas. Primeiro, ler, reler e tresler o texto devagarinho, de preferência de forma comunitária. Segundo, considerar a caminhada histórica das Comunidades Cristãs do Discípulo Amado. A saber: tiveram uma origem (1ª fase) calcada na experiência da ressurreição de Jesus Cristo. Passaram por uma 2ª fase, durante a qual foram espirradas para a diáspora forçada, entre os gentios, na Ásia Menor, após serem expulsas da Sinagoga na década de 80 do século I da Era Cristã. Vivenciaram uma 3ª fase, por volta do ano 100 depois de Cristo, época da redação das Cartas "joaninas" por um coordenador de comunidade, em Éfeso, endereçadas às Comunidades Cristãs do Discípulo Amado. E chegaram a uma 4ª fase, durante o Século II, depois das "Cartas Joaninas".

Nessas várias fases, as Comunidades do Discípulo Amado passaram por várias crises. E nós hoje, leitoras e leitores da 'I Carta de João', somos convidadas(os) a beber da seiva original de todas as fases anteriores e, principalmente, como filhas e filhos do Deus da Vida, vivendo e convivendo de forma justa e lutando pela superação de toda e qualquer injustiça que se abate sobre qualquer pessoa ou ser vivo da biodiversidade.

Importante notar que são várias comunidades do discípulo amado, não apenas uma. Nós também, mesmo participando de comunidades diferentes, precisamos estar em comunhão, conspirando em sintonia com o projeto do Evangelho de Jesus Cristo que quer vida e liberdade em abundância para todos os seres vivos (Cf.: João 10,10). A caminhada histórica das Comunidades Cristãs do Discípulo Amado, passando por quatro fases, se deu como se essas fases fossem uma corda onde estivessem entrelaçados quatro fios. Cada fase corresponde a um fio, que não deve ser visto de forma isolada, mas como um conjunto entrelaçado. Um fio sozinho é fraco, mas quando se juntam muitos fios, entrelaçando-os, a força da fraqueza surge e se torna invencível. Assim, uma pessoa ou comunidade sozinha e isolada é frágil, mas quando se articula com outras pessoas e comunidades injustiçadas e estabelece caminhada conjunta em comunhão, supera obstáculos por vezes tidos como instransponíveis e conquista direitos.

Outros dois critérios imprescindíveis para uma boa compreensão da mensagem da Primeira Carta de João e, especificamente, de 1 João 2,29, 4,6, são o contexto que envolvia as comunidades do Discípulo Amado e como buscavam vivenciar internamente o projeto de Jesus Cristo ressuscitado. O contexto era tremendamente adverso: imperialismo romano escravocrata que superexplorava o povo submetido ao regime de escravidão – 1/3 das pessoas de um império com 60 milhões de habitantes não era considerado pessoas, mas coisas/mercadorias –, contexto de violentação do povo também pela exploração tributária – quem mais pagava impostos embutidos em tudo o que se comprava eram os pobres.

As instituições religiosas predominantes mais próximas das Comunidades do Discípulo Amado eram o Judaísmo rigorista, fundamentalista e moralista ou as religiões mistéricas ou, ainda, as religiões imperiais, todas anticristãs. Pela utopia do reino de Deus testemunhado por Jesus Cristo e também por necessidade, as Comunidades do Discípulo Amado buscavam colocar em prática um Projeto de vida que se pautava por um tripé: amor, solidariedade e fraternidade.

Na primeira parte de 1 João, em 1 João 1,1-2,28, vemos que as pessoas das Comunidades do Discípulo Amado buscavam andar na luz, porque "Deus é luz" (1 João 1,5). Sim, Deus é luz, mas não é só luz; Deus é também justiça. Por isso. na parte de 1 João 2,29, 4,6 veremos que andar na luz implica viver na justiça. Mas que tipo de justiça a Primeira Carta de João defende e que deve ser a bússola que nos guia? Certamente não é a justiça legalista e capitalista, nem a do mercado e nem a da meritocracia. A justiça que o Deus da vida quer inclui uma reorganização geral e profunda da sociedade, onde o bem comum seja a coluna mestra. Implica também superar o sistema do capital e o capitalismo. Intuo que a música 'Clamando pela posse da terra', de Antônio Pereira de Almeida, o Antônio Baiano da Comissão Pastoral da Terra (CPT), de Goiás, no CD "Encanto pela Terra", de 1999, canta o tipo de justiça do qual devemos ser construtores. Canta Antônio Baiano assim:

> Clamando pela posse da terra, no campo milhares estão.
>
> Esse grito está incomodando a quem sempre viveu da exploração.
>
> O QUE POSSO FAZER? O QUE TENHO A DIZER, MEU PAI? QUE SE FAÇA JUSTIÇA, REPARTAM AS TERRAS, PARTILHEM O PÃO ENTRE NÓS FILHOS TEUS!
>
> Não posso mais enumerar os mártires deste país. Na roça e também na cidade,
>
> só vê crueldade, correm rios de sangue.
>
> A quem serve a lei e o poder, a polícia e a Constituição?
>
> Assassinam sem piedade, permanecem impunes nesta nação.
>
> Passo a passo fazemos caminho, sempre em busca de organização.
>
> De mãos dadas sigamos em frente, formando a corrente pra libertação.

Sugiro que ao ler e estudar a I Carta de João levemos essa música de Antônio Baiano como pano de fundo dos clamores por justiça que advêm dos porões da humanidade e das entranhas dos povos injustiçados.

1 João 2,29, 4,6 está organizada em quatro partes menores, nas quais se faz quatro exortações básicas. São elas: a) 1 João 2,29, 3,2 – Deus é justo; b) 1 João 3,3-10 – Romper com o pecado; c) 1 João 3,11-24 – Praticar o amor; d) 1 João 4,1-6 – Saber discernir.

A I Carta de João é escrita em forma de homilia, que é o seu gênero literário. O texto todo é perpassado por uma relação de proximidade e profundo carinho pelas Comunidades do Discípulo Amado. Isso transparece no vocabulário muito afetivo. Em 1 João, a palavra 'filhinhos' aparece nove vezes[48] e a palavra 'amados' é usada cinco vezes.[49] Isso demonstra que o autor da primeira carta escreve para corrigir fraternalmente as comunidades cristãs, mas não é ríspido e, volta e meia, demonstra carinho e ternura no trato com as pessoas.

Passaremos em revista as quatro partes de 1 João 2,29, 4,6. Veremos como se entrelaça a defesa de um Deus justo, de Jesus Cristo justo e apontar que os discípulos e discípulas do galileu ressuscitado devem primar pela prática de uma justiça libertadora, precisam ter os pés na caminhada de construção do reino de Deus a partir do aqui e do agora. Para isso, é imprescindível conhecimento emancipatório e discernir entre o justo e o injusto.

10.1 Deus é justo (1 João 2,29-3,2).

"Deus é justo" (1 João 1,9) e "Jesus Cristo é justo" (1 João 2,1.29; 3,7), eis as duas primeiras afirmações de fé das Comunidades Cristãs do Discípulo Amado. "Vocês sabem que Jesus é justo; reconheçam, pois, que toda pessoa que pratica a justiça nasceu de Deus" (1 João 2,29). Jesus de Nazaré, condenado à pena de morte sob crucifixão, porém, ressuscitado, está sendo fonte de inspiração e de luta no seio das Primeiras Comunidades Cristãs, e também, obviamente, no interior das Comunidades do Discípulo Amado, nas várias fases pelas quais as comunidades passaram, dentro e fora da Palestina, colônia do Império Romano.

---

[48] Cf.: 1 João 2,1,12,14,18,28; 3,7,18; 4,4; 5,21.

[49] 1 João 3,2,21; 4,1,7,11.

Entretanto, calúnias e difamações sobre a pessoa e a prática de Jesus não eram apenas coisas do passado. Havia nas Comunidades do Discípulo Amado ou ao redor delas, pessoas acusando Jesus Cristo de ser injusto. Essa crítica recaía também sobre as pessoas participantes das comunidades, pois 'como seguir alguém que era considerado injusto?', alegavam os acusadores. 1 João tem também o objetivo de defender Jesus Cristo e seus seguidores e seguidoras dessa e de muitas outras acusações.

Daí a afirmação categórica advinda da experiência pessoal das pessoas integrantes das comunidades: *Jesus é justo e por praticar a justiça nós o consideramos filho de Deus*. Não basta ser batizado para ser filho ou filha de Deus: é preciso praticar a justiça. E não qualquer tipo de justiça, mas a justiça libertadora e emancipatória. As comunidades do evangelista Mateus alertavam: "Se a justiça de vocês não superar a dos doutores da lei e dos fariseus, vocês não entrarão no reino dos céus" (Mateus 5,20). Mateus estava se referindo aos doutores e fariseus ritualistas, fundamentalistas e moralistas, o que restou do farisaísmo após a guerra judaica, quando a cidade de Jerusalém e o templo foram devastados por volta dos anos 70 do século I da era cristã.

Para as Comunidades do Discípulo Amado, "Deus é Pai" (1 João 3,1), não é o Deus temido, justiceiro e castigador. Se Deus é Pai, todas as pessoas são filhas e filhos de Deus, portanto, irmãs e irmãos, têm a mesma dignidade. Ninguém pode ser escravizado, nem discriminado ou rejeitado. "Somos filhos e filhas de Deus", diziam alto e em bom som as pessoas participantes das Comunidades do Discípulo Amado. Isso era um 'chute na canela' do sistema escravocrata do imperialismo romano, pois 'puxava o tapete' da naturalização da relação "senhor X escravo". Desierarquizava a sociedade e deslegitimava o que repetia cotidianamente a ideologia dominante da época. Com isso, muitas pessoas escravizadas sentiam-se animadas a ingressarem nas Comunidades do Discípulo Amado, pois lá iriam ser tratadas com dignidade de pessoa humana e não mais como escravos. Reconhecer que Deus e Jesus são justos leva à necessidade de se romper com relações sociais de pecado e de opressão.

10.2 Romper com o pecado (1 João 3,3-10)

Se ficarmos na superfície da 1 João poderemos ser tentados a cair em dualismos e em moralismos. O autor da I Carta de João é radical e só conhece "branco ou preto", não há meio termo, exige-se posição clara e não política de boa vizinhança ou "acender uma vela a Deus e outra ao diabo". 1 João exorta as Comunidades do Discípulo Amado a romperem com o pecado. Porém, não se refere a pecado no sentido moralista e, sim, a um sistema de pecado, engrenagem de morte que passo a passo vai empurrando as pessoas para a morte. Dessa engrenagem fazia parte o que impunha o imperialismo romano: a escravidão, a exploração tributária e a ideologia dominante que agredia a dignidade da pessoa humana e apresentava os violentados como se fossem violentos e os violentos como se fossem vítimas.

"Pecar é violar a lei" (1 João 3,4), mas, qual lei? Certamente, não o legalismo judaico farisaico que impunha um monte de leis moralistas para discriminar e excluir as pessoas empobrecidas. A I Carta de João se refere à Lei original que tem como fundamento o Decálogo bíblico (Êxodo 20,13), que tem como seu princípio fundamental a 5ª palavra, que afirma: "Não matarás!" ou dito de forma positiva: "Faça viver!". As Comunidades do Discípulo Amado se opunham ao pecado para defender a vida, não de forma abstrata, mas por meio de condições materiais objetivas que viabilizam a vida com dignidade para todos(as).

"Toda pessoa que permanece em Jesus – e no seguimento do seu projeto – não peca" (1 João 3,6). O que implica 'permanecer' em Jesus e 'não pecar'? As Comunidades do Discípulo Amado eram frágeis e minoritárias. Participar de uma comunidade ainda vista por muitos como uma seita herética era um desafio. Dizer que é membro de uma igreja majoritária é cômodo. O que predominava na época das Comunidades do Discípulo Amado eram as religiões imperiais – que divinizavam o imperador, os reis e seus sacerdotes – e as religiões mistéricas, que insistiam mais no culto como caminho de aproximação a Deus. Nesse contexto, 1 João exorta as pessoas a permanecerem (*hipomonê*, em grego) nas Comunidades do Discípulo Amado, a não perderem a paixão do primeiro amor e, principalmente, a não desanimarem diante das adversidades e perseguições. 'Permanecer' (*hipomonê*, em grego) significa resistir de baixo para cima e de dentro para fora. Na terra, a raiz da mandioca resiste de forma orgânica e, por isso, cresce e faz rachar a terra. É resistir para existir. Assim era a convicção do autor de 1 João.

"Quem pratica a justiça é justo, assim como Jesus é justo" (1 João 3,8). 1 João enfatiza a prática que revela a justiça. Não basta dizer que é justo. Nesse ponto, o referido texto está em consonância com as comunidades de Tiago e com as comunidades lucanas, que também enfatizam a PRÁTICA como critério do seguimento de Jesus Cristo.

O autor da Carta de Tiago dizia: "A fé sem obras é morta" (Tiago 2,17), é preciso prática libertadora. Para Lucas, a prática é decisiva. Isto é comprovado pelo Evangelho de Lucas e por Atos dos Apóstolos – obra lucana – em expressões tais como: "Façam coisas para provar que vocês se converteram..." (Lucas 3,8a); "As multidões, alguns cobradores de impostos, alguns soldados... perguntaram a João Batista: 'O que devemos fazer?'" (Lucas 3,10,12,14). Um escriba pergunta a Jesus: "O que devo fazer para receber em herança a vida eterna?" (Lucas 10,25) e depois de contar o "episódio-parábola" do Bom Samaritano, Jesus responde dizendo: "Vá, e faça a mesma coisa" (Lucas 10,37). Muitos outros textos podem ser evocados para respaldar a conclusão de que Lucas dá uma grande prioridade à ação.

O primeiro versículo de Atos dos Apóstolos traz a seguinte frase: "...tudo o que Jesus começou a fazer e a ensinar". A prática é recordada antes do ensinamento, o que quer dizer que acima da ortodoxia está a ortopráxis, prática correta e libertadora. Mais importante do que ter uma "opinião certa" é ter uma prática correta, libertadora. Lucas quer dizer que uma das grandes características das comunidades cristãs deve ser a ação, a prática, o testemunho. Não se trata de qualquer tipo de ação, mas de ação solidária e libertadora. Para ser libertadora, a ação não pode ser assistencialista, nem paternalista, nem clientelista, não pode ser para o pobre, mas COM o empobrecido. A ação libertadora acontece na atuação COM os pobres e A PARTIR DELES, estabelecendo lutas concretas que levam a conquistas dos seus direitos. No tocante à prática da justiça, o Evangelho de Lucas, Atos Apóstolos, a Carta de Tiago e a I Carta de João estão irmanados.

"Quem comete pecado pertence ao diabo. [...]. O Filho de Deus se manifestou para destruir as obras do diabo" (1 João 3,8), em um contexto povoado por religiões imperiais, mistéricas e pagãs, com muitas correntes de pensamento que mais justificavam as violências e a desigualdade socioeconômica. Compreender que as pessoas pertenciam a Deus ou ao diabo poderia soar como visão dualista. Isso faz caricatura da complexidade da realidade social. Atualmente é ainda pior, pois o contexto é de avalanche de (neo)pentecostalismo, dentro e fora da igreja católica, com ideologia da prosperidade, ideologia do domínio e redução da religião cristã à autoajuda, "anjos e diabos voando por todo lado", dizem os que interessam desviar o foco das reais causas das doenças, das injustiças e das violências que se abatem diariamente sobre os povos injustiçados. As igrejas (neo)pentecostais, com grande inserção nos meios midiáticos, usam e abusam do nome de Deus para surrupiar muito dinheiro do povo aflito no meio das injustiças sociais.

Isso se faz via ideologia da prosperidade, com a ideologia do domínio em missas e cultos de cura aparente, privatizando a fé e reduzindo Deus a um quebra galho para resolver problemas pessoais que são frutos da superexploração promovida pelo capitalismo e pelos capitalistas.

No entanto, a I Carta de João alerta para ninguém cometer pecado, ou seja, não agir de forma pecaminosa. A Carta enfatiza também que Jesus ressuscitado, o Filho do Homem, destrói as obras do pecado. Diz 'as obras' e não o diabo em si. O diabo (*satã*, em hebraico e *diabolos*, em grego) não significa o poder do mal de forma abstrata como se existisse um deus que só maquina o mal, fazendo oposição ao Deus da vida. Provavelmente, a I Carta de João quer alertar que o espírito que é soprado pelo sistema opressor da época levava muitas pessoas a agirem agredindo os irmãos e as irmãs e ferindo a fraternidade.

Etimologicamente, a palavra 'diabolos' significa o contrário de 'símbolos'. 'Diabólico' é tudo o que desune, desarticula e inferniza as relações sociais e humanas. Por outro lado, 'simbólico' é tudo o que une, congrega e irmana para a prática de uma fraternidade real e concreta nas relações sociais. O simbólico e o diabólico não estão fora da realidade histórica, estão em nós, como integrante da condição humana, mas estão principalmente nas estruturas e instituições opressoras da sociedade. Por exemplo, o Estado (poderes Executivo, Legislativo e Judiciário), o poder midiático, o sistema do capital e o agronegócio, ao reproduzirem as relações sociais que sustentam a desigualdade, estão sendo, na prática, satânicos e diabólicos.

Por outro lado, os movimentos sociais populares e todas as forças vivas da sociedade, ao lutarem por direitos sociais e alimentarem a convivência comunitária, pautada em relações de igualdade e de reciprocidade, estão sendo, na prática, simbólicos. Logo, não podemos ler a I Carta de João espiritualizando os conflitos reais. Enfim, o autor da I Carta de João exorta para a prática da justiça e de tudo o que alimenta uma fraternidade real. E alerta contra os perigos de práticas que corroem a fraternidade social. No artigo "Opositores de dentro – tratamento dos separatistas na Primeira Epístola de João", Hans-Josef Clauck analisa que: "A descoberta da identidade e a segurança da identidade de um grupo ameaçado em sua existência vai fazer com que haja, simultaneamente, uma concentração numa comunicação interna altamente desenvolvida e um isolamento para fora".[50]

---

[50] CLAUCK, H. Opositores de dentro-tratamento dos separatistas na primeira epístola de João. *Concilium*, Petrópolis: Vozes, n. 6, p. 758-767, 1988. p. 766.

"Quem nasce de Deus não comete pecado" (1 João 3,9). Aqui, a I Carta de João chama nossa atenção para a importância das nossas raízes e da nossa origem. Somos devedores dos nossos pais, avós e de todos os nossos ancestrais até chegar a Deus. A 4ª palavra do Decálogo, da Lei fundamental do povo da Bíblia, diz: "Honre seu pai e sua mãe" (Êxodo 20,12). Deus é nosso Pai maior e primeiro. Logo, não podemos esquecer essa origem. Para as Comunidades do Discípulo Amado, não há como ser morno ou neutro: ou se é filho(a) de Deus ou, filho(a) do diabo. O critério é a prática da justiça justa.

De forma enfática, repetindo várias vezes, o autor da I Carta de João alerta: "Toda pessoa que não pratica a justiça, isto é, que não ama ao seu irmão, não é de Deus" (1 João 3,10). Entre praticar a justiça e amar, praticar a justiça vem em primeiro lugar. A primeira vez que vi dom Pedro Casaldáliga foi em 1985, em Curitiba, no Paraná, em uma Semana Teológica do Studium Theologicum, dos Claretianos. Chamoume muito atenção quando ele disse: "Se eu tiver que escolher entre a Justiça e o Amor, optarei pela Justiça, pois sem justiça não há amor verdadeiro". Eis aqui o espírito de 1 João.

O autor da I Carta de João associa umbilicalmente "amar o irmão/irmã" à prática da justiça. Com isso, o texto afirma que amar ao próximo não é questão só de querer bem ou de sentimento, mas implica prática da justiça, não qualquer justiça, mas a justiça que liberta os injustiçados, a que passa pela superação de todo e qualquer preconceito e discriminação. Enfim, romper com o pecado implica praticar o amor integral.

10.3 Praticar o amor (1 João 3,11-24)

"Amar uns aos outros" (1 João 3,11,23) era a mensagem anunciada nas Comunidades do Discípulo Amado desde a origem das comunidades. Mais uma vez repete-se que amar é questão de prática. A I Carta de João recorda um paradigma bíblico: Caim matou seu irmão, porque suas obras eram más (1 João 3,12). O fratricida Caim "era do maligno" (1 João 3,12). A falta de compromisso com os pobres era algo muito grave que estava acontecendo ao redor das comunidades e seduzindo membros das comunidades. Os omissos são considerados homicidas (1 João 3,15,17). Por isso, a ênfase na prática da justiça e do amor ao próximo. O autor da 1 João é incansável em reafirmar a necessidade do amor mútuo: repete-se três vezes (1 João 2,7-11; 3,11-24; 4,7-5,3) e insiste na sua prática. Algo semelhante com o que se observa atualmente com o povo das igrejas cristãs no Brasil. Fala-se em demasia sobre Deus, canta-se muito nos cultos e celebrações religiosas, louva-se à exaustão, porém, na prática, por exemplo, ao votar, eleva-se ao poder político pessoas fascistas de extrema direita e reprodutoras do sistema de desigualdade socioeconômica. Isso é o cúmulo do absurdo e da injustiça. O autor da I Carta de João revela sua indignação diante da hipocrisia de muitas pessoas que se diziam filhas e filhos de Deus, seguidores de Jesus Cristo. A I Carta de João repudia o 'oba oba' religioso e os espiritualismos desencarnadores da fé cristã. Para as Comunidades do Discípulo Amado, a dimensão social da fé é coluna mestra do Evangelho de Jesus Cristo.

"Não estranhem, irmãos – e irmãs –, se o mundo odeia vocês" (1 João 3,13). Com esta exortação, é óbvio que o autor da I Carta de João consola a comunidade e não se refere ao mundo físico geográfico e nem a todas as pessoas do mundo. Refere-se a 'mundo' enquanto o sistema imperial e o tipo de organização social que se baseia em relações de privilégio, de desigualdade social, de meritocracia e hierarquização. Para esse tipo de mundo, manter-se de pé e reproduzir-se exige que a ideologia dominante, seja ela política, econômica, religiosa ou cultural, não seja questionada por quem acredita na construção de um mundo com organização social pautada na justiça, na ética, no amor ao próximo e na dignidade da pessoa humana. As pessoas verdadeiramente cristãs incomodavam muito esse 'mundo' alimentador de desigualdade social. Por isso, eram odiadas. As comunidades do evangelista Mateus também experimentavam a incompreensão e a perseguição de seus membros. Por essa razão, o evangelista Mateus animava seus integrantes, alertando:

> Felizes os que – no bom caminho – são perseguidos por causa da justiça, porque deles é o reino dos céus. Felizes vocês, se forem insultados e perseguidos, e se disserem todo tipo de calúnia contra vocês, por causa de mim. Fiquem alegres e contentes, porque será grande para vocês a recompensa nos céus. Do mesmo modo perseguiram os profetas que vieram antes de vocês. (Mateus 5,10-12).

"Quem ama o irmão e a irmã não morre" (1 João 3,14-15), passa pela morte, mas ressuscita e vive para sempre. Ao contrário, quem não ama o próximo e não pratica a justiça é um morto em pé. Aqui percebemos presente nas Comunidades do Discípulo Amado a fina flor da teologia política refletida no livro da Sabedoria. O sábio autor do Livro da Sabedoria enfatiza um tipo de fé revolucionária que carrega a seguinte convicção: os justos viverão para sempre e os injustos serão aniquilados. "As pessoas injustas se tornarão para sempre cadáveres desonrados e objetos de zombaria entre os mortos [...] e a memória delas desaparecerá" (Sabedoria 4,19).

Ao contrário, as pessoas justas, mesmo que tenham vida curta, "quando morrem, condenam os injustos que continuam a viver" (Sabedoria 4,16). Assim acontece com todos(as) os(as) oprimidos(as) da história: fazem história e permanecem na história os que são justos e militam na defesa da justiça, no sentido da construção do bem comum para todos(as) sem nenhuma discriminação ou privilégio. "Os justos vivem para sempre" (Sabedoria 5,15), assevera o sábio autor do Livro da Sabedoria, ao fazer teologia política.

"Amar implica doar a vida pelos outros" (1 João 3,16) exorta a I Carta de João. "Prova de amor maior não há que doar a vida pelo irmão...", cantam as Comunidades Eclesiais de Base (CEBs), inspiradas nesta Carta de João. Quem é egocêntrico e não se faz solidário a quem está passando necessidade não está amando a Deus. Impossível amar a Deus se não ama o próximo. Dizer que ama, mas só com palavras e com a língua, é conversa fiada. "Ame com obras e de verdade" (1 João 3,18), recomenda o autor da 1 João. Enfim, para praticar o amor é preciso saber discernir entre o justo e o injusto.

10.4 Saber discernir (1 João 4,1-6)

A parte de 1 João 2,29-4,6 termina exortando as Comunidades do Discípulo Amado para saber discernir e não cair nas armadilhas dos adversários e nem nas ciladas dos falsos profetas. Um critério básico é sugerido pelo autor da I Carta de João: fala de Deus verdadeiramente quem aceita Jesus Cristo encarnado (1 João 4,2) e histórico. Não é mensageiro verdadeiro de Jesus Cristo quem nega e não aceita o Jesus histórico que viveu consolando os aflitos e incomodando os opressores e, por isso, foi condenado à pena de morte pelos podres poderes da política, da economia e da religião. Quem volatiliza Jesus Cristo desencarnando-o e espiritualizando sua práxis e seu ensinamento é falso profeta, não é verdadeiro discípulo de Jesus Cristo, é anticristo (1 João 2,18), é opositor e mentiroso (1 João 4,3.6). O espírito da verdade gera vida e o espírito do erro gera morte. Mais uma vez, a I Carta de João demonstra sintonia com o quarto Evangelho, ao afirmar que a verdade liberta (João 8,32) e a mentira mata.

Eis um critério para discernir entre o que é verdade ou erro: todo tipo de religião, pensamento, sistema político e econômico, ou proposta que não esteja em sintonia com a prática e o ensinamento de Jesus não vem de Deus. Logo, se não gerar vida e respeito para todos(as), não está em conformidade com o Evangelho de Jesus Cristo.

Para dizer em uma linguagem da atualidade latino-americana, praticar a justiça querida e defendida pelas Comunidades do Discípulo Amado implica ser justo e ser militante na construção da sociedade do Bem Viver. Mas o que é Bem Viver? Segundo Alberto Acosta:

> O conceito de Bem Viver parte do princípio de que o fundamento para a vida sustentável e equilibrada como meio necessário para garantir dignidade e sobrevivência à espécie humana e do planeta são as relações de produção autônomas, renováveis e autossuficientes. O Bem viver também se expressa na articulação política da vida, no fortalecimento de relações comunitárias e solidárias, assembleias circulares, espaços comuns de sociabilização, parques, jardins e hortas urbanas, cooperativas de produção e consumo consciente, comércio justo, trabalho colaborativo e nas diversas formas do viver coletivo, com diversidade e respeito ao próximo.[51]

Importante ressaltar que "respeito ao próximo", atualmente não inclui apenas as pessoas, mas também todos os seres vivos da biodiversidade. Nós, seres humanos, somos os animais que mais dependem dos outros seres vivos. Sem justiça ambiental não pode haver justiça de nenhum tipo: nem social, nem agrária, nem urbana e nem religiosa.

A justiça querida pelo Deus das Comunidades do Discípulo Amado não cai pronta do céu, nem se constrói de cima pra baixo e nem de fora pra dentro, mas quando os explorados se reconhecem como explorados e, irmanados, em comunhão, lutam coletivamente para construir caminhos de libertação conforme nos diz tão bem Thiago de Mello: "As colunas da injustiça sei que só vão desabar quando o meu povo, sabendo que existe, souber achar dentro da vida o caminho que leva à libertação".

A justiça querida pela I Carta de João passa pela superação da 'injustiça agrária', que é uma avalanche colossal de conflitos e violências agrárias que se abatem sobre a imensa pluralidade do campesinato

---

[51] ACOSTA, Alberto. *O Bem Viver. Uma oportunidade para imaginar outros mundos*. São Paulo: Ed. Elefante, 2016. p. 15-16.

brasileiro imposta pelo sistema do capital e pelo agronegócio, que usa e abusa da propriedade capitalista da terra, reproduzindo de forma crescente a concentração fundiária no país e a consequente expropriação da terra dos camponeses e camponesas, seguindo-se a expulsão deles e delas para as periferias das cidades e, às vezes, o seu aniquilamento.

A ideia do 'Deus justo' deve nos comprometer com a emancipação humana, o que passa pela construção de uma sociabilidade que supere as relações sociais do capital, em que todos os seres humanos e os seres vivos da biodiversidade sejam respeitados e ninguém seja explorado e injustiçado. É impossível ser autêntico(a) seguidor(a) de Jesus Cristo e ser cúmplice do capitalismo, que é uma máquina satânica e diabólica de moer vidas. O mundo capitalista odeia as pessoas verdadeiramente cristãs e as persegue.

Para as pessoas exploradas conquistarem a justiça querida pelo Deus que é Justiça, é preciso resistir para existir. Importa deixar claro que resistir não é violência, é legítima defesa. Diante de qualquer tirania e de um Estado violentador, vassalo do sistema capitalista que sempre tritura vidas e pratica injustiças, é dever das pessoas resistir diante das opressões perpetradas contra os empobrecidos, os preferidos de Jesus e do Deus da vida. Em uma sociedade desigual, com tanta violência institucional e empresarial, com tanta alienação religiosa, fazer desobediência civil, econômica, política e religiosa é um caminho a ser seguido por nós, discípulos e discípulas de Jesus, o rebelde de Nazaré. Enfim, essa é uma leitura que fazemos hoje da I Carta de João: mensagem libertadora diante de tantos espiritualismos e desencarnações da fé cristã, atualmente.

CAPÍTULO 11

PARÁBOLA DE JESUS COM MULHERES PROSTITUÍDAS: ACOLHIDA E RESPEITO

"Quando Deus andou no mundo...!"

"(...) as prostitutas vos precederão no Reino de Deus" (Mateus 21,31).

"De que me vale ser filho da santa/Melhor seria ser filho da outra/Outra realidade menos morta/Tanta mentira, tanta força bruta..."

(Música Cálice, de Chico Buarque)

Certa vez, Jesus reuniu seus discípulos e discípulas e os convidou para a missão: "Quando vocês forem anunciar a Boa Nova do Reino, não levem dinheiro nem comida, mas confiem no povo. Digam: 'O Reino chegou! Está chegando!'" (Lucas 10,4,9). E as discípulas e discípulos assim foram para a missão. Maria Madalena e Jesus também foram. Andaram, andaram. Estava começando a escurecer quando, a convite de Maria Madalena, Jesus chegou em um dos "hotéis de alta rotatividade" da rua Guaicurus, no centro de Belo Horizonte, região onde se concentra o maior número de mulheres que exercem a prostituição como profissão na capital de Minas Gerais. Jesus viu prédios velhos e mal cuidados. Viu os quartos de alguns hotéis em péssimas condições sanitárias, muito pequenos, e com pouca ventilação. Alguns não tinham sequer água encanada, em outros, apenas uma pia, ou um pequeno bidê e pia.

Perspicaz e com fino faro, Jesus não viu apenas as péssimas condições físicas e insalubres dos hotéis de prostituição. Ele viu milhares de mulheres que ali tentavam ganhar o pão de cada dia, quase todas mães, filhas empobrecidas de famílias do interior de Minas Gerais e até de outros estados do Brasil. Jesus ouviu ali que certos saduceus, ricos piedosos, sem nunca ouvir as 'mulheres da batalha' – 'mulheres da vida' –, as taxavam de promíscuas, de pecadoras e libertinas. Jesus ficou indignado com esse moralismo. Ele viu que a luz e a força divina estavam presentes naquelas mulheres prostituídas, pois encontrou muita humanidade no meio delas. Viu, também, que desde muito cedo aquelas jovens tiveram que buscar meios para prover o próprio sustento. Jesus viu nelas mães, que precisaram prover meios para a sobrevivência dos próprios filhos desde a infância. Viu que todas tinham no coração um grande sonho: melhorar de vida. "Sonhamos com dias melhores", Jesus ouviu isso de várias.

Com muito respeito, após ver e ouvir muito, Jesus começou a dialogar com as 'mulheres da batalha'. Perguntou: "Quais motivos levaram vocês a abraçarem a prostituição como profissão?" Uma a uma, foram dizendo: falta de orientação familiar, falta de oportunidades, necessidade de luxo, ilusão, baixa escolaridade, falta de profissão, filhos para sustentar, dificuldades da vida, necessidade de comprar o amor da família etc.

Jesus viu que as 'mulheres da batalha' almoçavam às pressas. Caso perdessem tempo, não conseguiriam pagar a diária no fim do dia e perderiam o acesso à chave do quarto no dia seguinte, por 6 horas. "Não repare, mas coma com a gente!", disseram a Jesus. Enquanto almoçava com elas, Jesus arriscou perguntar: "O que causa medo em vocês?" Disseram: "Os homens violentos com seus desejos abusivos, o autoritarismo dos gerentes dos hotéis, o medo de não conseguir pagar a diária, a falta de chaves (quartos) para trabalhar, o hotel sem clientes, HIV, drogas, a doença mental, a discriminação...". Uma que não quis revelar o nome desabafou: "A maior tristeza de uma mulher que está na prostituição é ser discriminada. Como posso falar que sou prostituta? Muitas pessoas nos julgam sem conhecer a gente a fundo. Deus não discrimina ninguém" (Cf.: Atos 10,34).

Com olhar atento, respeitoso e sentindo com o coração, Jesus percebeu que reinava ali um clima amistoso. Ele viu que a 'zona' permite que a mulher encontre espaços para exercer um pequeno poder e para que os homens expressem suas fragilidades. Jesus ouviu lá: "Muitos homens vêm aqui para conversar e chorar; outros se tornam "clientes fixos" e estabelecem conosco um pacto de ajuda mútua". Jesus se comoveu ao ouvir de uma 'mulher da batalha': "No dia que eu estava mal, as meninas vieram conversar comigo e eu acalmei. É pior ficar sozinha nessas horas". Jesus ouviu também 'mulheres da vida' falando dos seus direitos trabalhistas e previdenciários sempre negados. Jesus asseverou que o princípio da dignidade da pessoa humana implica conceder direitos trabalhistas e previdenciários também às 'mulheres da batalha'.

Jesus viu também como uma mulher mais experiente dava dicas a uma novata. Viu também que elas tinham fé em Deus, na vida e sentiam-se amadas por Deus. Jesus, quando menos esperava, viu-se rodeado por muitas mulheres. Ele, espontaneamente, acabou dizendo: "A paz esteja com vocês. Meu Deus é o Deus de vocês. Ele é nosso pai e nos ama infinitamente. Não pune e nem castiga ninguém, mas pede conversão e perdoa. Está sempre de braços e coração aberto para acolher todas suas filhas e filhos. Não tenham medo! Deus está com vocês. Ama vocês". Nesse momento, uma delas falou: "Jesus, aqui todo mundo conhece você. Você é muito amigo da gente. Sinta-se em casa no meio de nós!" E Jesus desapareceu fisicamente da presença delas. "Cadê Jesus que estava aqui?", gritou uma. Outra respondeu: "Ele está dentro de nós. Está vivo em nós e no nosso meio".

Aquelas mulheres, uma vez mais, tiveram uma profunda experiência com Deus. Aquele homem que esteve com elas, diferentemente de outros que costumam visitá-las, não veio para usá-las e explorá-las, mas demonstrou profundo amor. Amor que entra no quarto de prostituição, que rompe todos os preconceitos e discriminação e toca a essência da condição humana. Amor que anuncia a misericórdia, a acolhida, o respeito e denuncia as injustiças. Aquelas mulheres sentiram-se profundamente amadas por este homem que liberta com sua capacidade de sentar ao lado e afagar a vida ferida de quem espera um gesto de amor e respeito.

Ao chegar à sua casa, Jesus olhou para sua mãe Maria e, provavelmente, deve ter dito:

> Mãe, o Reino de Deus também está lá no meio das 'mulheres da batalha'! Mas fiquei indignado com os donos dos hotéis que ganham uma montanha de dinheiro submetendo as mulheres a situações degradantes. Vou enviar minhas discípulas e meus discípulos para que revelem às 'meninas da batalha' o amor de Deus e exijam dos patrões e do poder público respeito e condições dignas para elas.

Nos corpos das 'mulheres da batalha' e nos corpos das agentes de Pastoral da Mulher Marginalizada, Jesus Cristo visita todos os dias e noites hotéis de prostituição. Agora compreendo porque Jesus gostava de dizer: "As prostitutas vos precederão no Reino de Deus" (Mateus 21,31); bem como porque narrou no Evangelho de Mateus, em Mateus 1,3,5,6, que somos também descendentes de mulheres prostituídas.

Alguém, extasiado pela beleza e encanto de uma poesia de Adélia Prado, disse à autora, que havia acabado de fazer uma palestra: "Adélia, você é a autora dessa poesia?" A poetisa de Divinópolis/MG, divinamente, respondeu: "Não. Autora é a humanidade". Com isso, Adélia queria dizer: a inspiração para essa poesia brotou em mim, mas poderia ter brotado em qualquer pessoa do presente ou do passado, daqui ou de outro lugar. Somos filhas e filhos não apenas de nossos pais e mães, mas de nossos avós, bisavós..., de todos os nossos ancestrais. Fazemos parte de uma única comunidade de vida. Somos elos vivos de uma grande teia da vida.

Com saudade de Eliseu Lopes, grande biblista do CEBI, que agora vive em plenitude, partilho com vocês o que ele sabiamente nos ensinou sobre mulheres prostituídas na nossa ascendência: Jesus de Nazaré tem linhagem. Não é qualquer um. Antes de tudo, sua árvore genealógica em que os nomes são estacas que se alinham ao longo de toda a história do povo da Bíblia, a começar por Abraão, o Pai Abraão. Para o povo da Bíblia, o notável é que as genealogias, no patriarcalismo dominante, só comportavam nomes masculinos, mas no Evangelho de Mateus (Mateus 1), figuram cinco nomes de mulheres chamadas de prostitutas, que dignificam a ascendência de Jesus de Nazaré: Tamar, Raab, Rute, a mulher de Urias (Betsabeia) e Maria. São mulheres que ocupam um lugar importante na História do povo da Bíblia. São mulheres que se distinguiram pela coragem, pela fidelidade, pela resistência, pela criatividade e pela astúcia.

Tamar, nora de Judá, ficou viúva e seu cunhado Onan se recusou a cumprir a Lei do Levirato, que dizia que o irmão do morto deveria assumir a viúva para dar-lhe descendência. Fiel à Lei, corajosa, criativa e astuciosa, Tamar disfarçou-se de prostituta para conseguir do sogro o seu direito, precavendo-se, com a exigência de um penhor, contra as inevitáveis consequências da gravidez (Gênesis 38).

Raab também era considerada prostituta, acolhe na periferia da cidade de Jericó os Sem-Terra espiões enviados por Josué, esconde-os para preservá-los do faro canino dos policiais, dá-lhes a fuga com as devidas instruções para escaparem ilesos e declara que o motivo de sua corajosa generosidade é sua fidelidade ao Deus dos hebreus, que estão marchando no deserto para conquistar "a terra que mana leite e mel". Na hora de partilhar a terra, a família de Raab ganhou um lote. Assim, a aliança dos pobres do campo com os pobres da cidade começou com uma mulher prostituída, Raab (Cf.: Josué 2 na Bíblia). A Bíblia faz questão de dizer que Jefté, juiz justo no meio do povo, era filho de uma mulher prostituída (Juízes 11,1).

Rute, heroína do romance com seu nome, teve a coragem de deixar seu povo para acompanhar a sogra Noemi, em um comovente testemunho de fidelidade à amiga. Teve a astúcia de conquistar as boas graças de Booz. Note-se que a história de Rute pertence à literatura de resistência à restauração implantada pelo sacerdote Esdras. Com Rute valoriza-se uma estrangeira na condição de bisavó de Davi (Rute 4,18-23).

A beleza de *Betsabeia,* mulher de Urias, enlouqueceu o rei Davi. Ela teve um papel saliente na sucessão de Davi e graças a ela o trono foi ocupado pelo seu filho Salomão. O simples fato de ser mãe de Salomão e a coragem com que enfrentou as intrigas da corte, em um momento mais do que crítico, a consagram (I Reis 1).

Enfim *Maria,* jovem, fiel ao chamado do Deus da vida, corajosa, lutadora pela fraternidade econômica, política, social, cultural e religiosa. A única não estrangeira, provavelmente era da estirpe de Davi, pois seu noivado com José supõe laços de parentesco. A mais jovem, talvez ainda quase adolescente, precocemente madura e lúcida. Ficou grávida ainda solteira. Teve muita coragem para enfrentar a inevitável maledicência do povo da pequena cidade de Nazaré na Palestina, colonizada pelo escravocrata Império Romano e pelo poder religioso do sinédrio, comandado por saduceus enriquecidos e religiosos moralistas. Com o progresso da gestação que se tornou visível, José mergulhou-se em angústia e caiu em um dramático dilema: denunciá-la para que fosse punida com os rigores da Lei ou abandoná-la. Ia optar pela segunda alternativa, quando um anjo do Deus da vida lhe apareceu em sonho e o tranquilizou com a revelação do mistério (Mateus 1,18-25). Jesus de Nazaré é descendente de Tamar, Raab, Rute, a mulher de Urias (Betsabeia) e Maria, mulheres consideradas impuras e fora do esquadro dos moralistas, mas muito humanas.

"A maior tristeza da prostituta é ser discriminada. Como posso falar que sou prostituta? Muitas pessoas nos julgam sem conhecer a gente a fundo. Deus não discrimina ninguém", desabafam muitas 'mulheres da batalha'. Jesus e Maria também foram discriminados. Por essa razão o Evangelho de Mateus fez questão de mostrar a presença de cinco mulheres tidas como prostitutas na história de Jesus. O povo da Bíblia viu nelas coragem, criatividade, sensatez, audácia, liberdade, disposição para a luta, muita humanidade... Isso levou Jesus a asseverar: "As prostitutas precederão vocês no reino dos céus" (Mateus 21,37).

Só podia ser Maria Madalena quem convidou Jesus para entrar em um hotel de prostituição. Apresentada como prostituta, Maria Madalena revela-se uma mulher corajosa, feminista, verdadeira discípula de Jesus, "apóstola dos apóstolos" e companheira fiel. E, certamente, não é por acaso que Maria Madalena é apresentada como testemunha da ressurreição e a primeira a ter uma experiência com o Jesus Ressuscitado – uma mulher considerada prostituta!

Ainda bem que o padre André Luna nos alerta na música *Seu nome é Jesus Cristo*: "Seu nome é Jesus Cristo e é difamado e vive nos imundos meretrícios, mas muitos o expulsam da cidade com medo de estender a mão a ele. Entre nós está e não o conhecemos. Entre nós está e nós o desprezamos".

Enfim, como Tamar, Raab, Rute, a mulher de Urias (Betsabeia) e Maria, há tantas outras mulheres que batalham, são amadas pelo Deus da vida e não podem ser discriminadas. Devem ser respeitadas na sua dignidade humana. Logo, precisamos estar ao lado delas na luta pelos seus direitos fundamentais.[52]

---

52 Sugerimos assistir ao vídeo "Palavra Ética, na TVC/BH: Júnia Roman Carvalho, defensora pública", vídeo sobre o assunto tratado no presente texto.

CAPÍTULO 12

ESPIRITUALIDADE DE ENCONTROS HUMANIZADORES

Por muitos motivos, temos necessidade de espiritualidade de Encontros humanizadores, pois desencontros desumanizadores estão acontecendo em uma espiral geométrica e estilhaçando a nossa humanidade cada vez mais em perigo. A tentação para desistir da humanidade está assediando muita gente. Lamentavelmente, estamos em contexto de sociedade capitalista com idolatria do mercado não apenas oprimindo e explorando, mas superexplorando as pessoas das classes trabalhadora e camponesa e encurralando a humanidade no desfiladeiro das mudanças climáticas com eventos extremos cada vez mais frequentes e letais, que podem nos levar ao apocalipse real da extinção da espécie humana. O espírito diabólico demolidor do capitalismo está sendo difundido, como vírus letal, inoculado no individualismo, no egocentrismo, na ganância sem fim e, acima de tudo, no sacrificialismo que a classe dominante, 1% da humanidade endinheirada, faz diariamente para acumular terra, riqueza, capital, poder e ostentar luxo e status, tudo isso à custa de muito sangue humano e da fauna e devastação da mãe-Terra.

As mentiras – *fake news* – seguem sendo disseminadas não apenas por políticos de extrema-direita, mas também pela mídia ocidental capitalista, que estrila cotidianamente defendendo os interesses das grandes empresas e distorcendo fatos e acontecimentos, tal como a propaganda sionista, segundo a qual "Israel" estaria usando seu "direito de autodefesa", mas a mídia esconde da população que "Israel" sionista – outro nazismo – há 76 anos vem fazendo genocídio do povo palestino. A mídia caolha coloca o Hamas como bode expiatório para justificar a bestialidade de "Israel", que faz a matança do povo palestino, entre os quais mais de 15 mil crianças, milhares de mães, uma brutalidade que clama aos céus.

Neste contexto de brutal injustiça e violência econômica, política, ambiental, agrária e religiosa, que sacrifica no altar do mercado milhões de pessoas e os ecossistemas da mãe-Terra, tornou-se uma necessidade de sobrevivência participarmos de Encontros humanizadores. Tive a alegria de participar de dois destes e quero aqui fazer referência a uma amostra do que vi, ouvi e experimentei nestes dois Encontros.

Dia 14 de dezembro de 2023, participei do Encontro de lançamento do 62º livro do padre monge Marcelo Barros, intitulado *Os Segredos do Nosso Encanto*, com o subtítulo: *o que a fé cristã pode aprender com as espiritualidades indígenas e negras*, da Editora Recriar. Dezenas de pessoas portadoras de uma grande pluralidade de espiritualidades se encontraram no Centro Espírita São Sebastião (N'inzo Tabaladê Ria N'kosi), em Belo Horizonte/MG. Fomos amorosamente acolhidos(as) na Casa de Umbanda do Pai Guaraci. Ao som de tambores, ouvimos uma companheira contar a história da comida mais deliciosa e da pior comida. Porém, para surpresa de todos(as), as duas comidas foram feitas com língua de boi. História para nos ensinar que podemos usar nossa "língua"/corpo para proclamar utopias, convivialidade, amorosidade, convivência ética responsável socialmente, ecologicamente e geracionalmente, com respeito e amor à imensa pluralidade religiosa existente em nosso país, que precisa seguir sendo Estado laico, mas também, às vezes ou muitas vezes, usamos nossa "língua"/corpo para destilar ódio, fundamentalismo, moralismo, homofobia, racismo, mentiras, prepotência, intolerância..., o que violenta a infinita dignidade humano-divina de todas as pessoas, sem exceção.

Em um diálogo provocado por perguntas que interpelam nossa consciência, Marcelo Barros foi refletindo conosco a partir da sua profunda e histórica convivência com pessoas das mais variadas espiritualidades indígenas e de matriz africana. O chamado ao reconhecimento de que no passado a Religião Cristã invadiu as Américas, a tiracolo dos poderes políticos e econômicos, mandando os Povos Originários fecharem os olhos para receber o batismo para "salvar suas almas" e, ao abrir os olhos, estarrecidos, os indígenas perceberam que estavam com a Bíblia nas mãos, mas que a mãe-Terra lhes tinha sido expropriada. Ainda no livro *Os Segredos do nosso Encanto*, Marcelo Barros propõe abrirmos os olhos para, com humildade e espírito de abertura, reconhecermos e acolhermos as maravilhosas espiritualidades ancestrais dos Povos Indígenas e dos Povos Negros escravizados aos milhões no Brasil. Neste Encontro humanizador, duas horas se passaram 'num piscar de olhos', pois um espírito de vida e de libertação integral irradiava e circulava ali. Se você sente necessidade de participar de um Encontro humanizador, sugiro a leitura do livro *Os Segredos do Nosso Encanto*. E entre na roda da vida das pessoas humanistas que fazem bem à humanidade e à mãe-Terra com todos os seus filhos e filhas.

Participei de outro Encontro humanizador que aconteceu também em Belo Horizonte, no dia 16 de dezembro de 2023, na sede da Igreja Comuna do Reino, onde realizamos o *I Seminário de Fé, Clima e Cidadania*. Após a partilha de um café na acolhida, dezenas de pessoas desigrejadas, da "Comunidade Êxodo", porque cansadas de serem discriminadas e até excluídas literalmente de igrejas fundamentalistas e moralistas, se irmanaram na Comuna do Reino, sob a liderança do pastor Fillipe Gibran, para saborear as belezas éticas e espirituais inspiradoras socializadas conosco por vários(as) palestrantes.

Por Fé entendemos uma postura existencial de enfrentar a vida de cabeça erguida, olhar utópico e com mãos à obra, porque um mistério de infinito amor nos envolve. O clima está clamando socorro e esfregando na nossa cara que a mãe-Terra está sendo torturada pela ganância brutal das mineradoras, do agronegócio, dos capitalistas que movem uma máquina de moer vidas. Cidadania não é apenas participar da cidade, das relações humanas, mas exercer cidadania em uma sociedade estruturalmente desigual exige compromisso para construir uma sociedade socialista, para além do sistema do capital, que mata de mil formas.

Ao abordar a trilogia "Fé, Clima e Cidadania", todas as pessoas, no microfone, partiram de suas experiências pessoais buscando libertação integral. As reflexões foram permeadas por uma série de perguntas provocadoras que nos inquietaram e nos chacoalharam, porque iam à raiz dos problemas, das injustiças e das violências que se reproduzem todos os dias no nosso querido país. De fato, uma pergunta bem feita traz consigo 70% da resposta e faz parir ideias inspiradoras. Mil vezes melhor perguntar para provocar a reflexão do que responder tentando fechar uma questão e impondo postura fundamentalista e moralista.

Eis uma série de perguntas que foram feitas no Encontro humanizador sobre "Fé, Clima e Cidadania" e que continuam acesas em nós: "Quantas mulheres assediadas nas igrejas e que são forçadas ao silêncio para não serem expulsas dela, de casa ou do trabalho?" "Qual é o Deus que a gente segue e serve?" "De onde você tira sua ideia sobre Deus?" Quais pré-compreensões definem sua opção religiosa?"

"Se a tradição bíblica cristã reconhece e valoriza Povos Ancestrais como as comunidades de Abraão, Sara, Isaac, Jacó, por que certas igrejas e pessoas que se dizem cristãs têm dificuldade de reconhecer a maravilha da espiritualidade ancestral dos povos indígenas e dos povos de religiões de matriz africana?" "É correto pensar que os "meus ancestrais" têm valor, mas "os ancestrais dos outros" não têm valor?" "O que é verdade?" "Eu sou a verdade?" "A verdade conta com o corpo nosso?" "Quantas mulheres divorciadas dentro das igrejas são silenciadas porque renunciaram a um lar de violência?" "Quantas mulheres são violentadas todos os dias?" "Quem são as mulheres aqui neste espaço?" "A gente se interessa pelas mulheres que estão ao nosso lado?" "Quantas são as mulheres negras nos espaços que frequentam?" "Quais mulheres passaram pela sua vida?" "Elas são reconhecidas por você?" "O lugar das mulheres é o lugar do cuidado?" "Quem impôs isto?" "Quantos aqui foram cuidados na 1ª e 2ª infância por mulheres?" "Quantos foram cuidados por homens?" "Eu me acostumei com o cuidado feminino?" "Onde você frequenta, quantas são as mulheres cuidando dos espaços?" "E quantas são mulheres negras, LGBTQIA+?" "Você viu a sua mãe descansar durante sua infância?" "E você que é mãe, você descansa?" "Se não formos nós a lutar e a resistir diante das injustiças e violências, quem será?" "Você nasceu em qual bioma? No Cerrado, na Caatinga, nos Pampas, na Amazônia, na Mata Atlântica, no Pantanal?" "Você é filho de qual bacia hidrográfica?" "Quantas vezes na sua igreja você ouviu o pastor ou o padre falando sobre meio ambiente, mãe-Terra, mudanças climáticas, eventos extremos?"

Enfim, a nossa humanidade carrega ancestralidade. Muitos(as) vieram antes de nós. Reconheçamos as mulheres que já passaram na nossa vida e as que sustentam sua vida. Intuo que refletir sobre estas questões pode irradiar Espiritualidade de Encontros humanizadores, sendo presente (presença) do Deus da vida no nosso relacionamento interpessoal, familiar, comunitário, social e ecológico. Que sejamos expressão da luz e da força divina que irradiam amor, justiça e paz!

CAPÍTULO 13

ADVENTO, PALAVRA DE DEUS NO "DESERTO" E NÃO NOS PALÁCIOS

Advento, tempo de ventos natalinos soprando. De onde e para onde? Que tipo de vento? Para não sermos enleados no turbilhão e no redemoinho do consumo exacerbado que, em uma sociedade capitalista, é provocada no final de cada ano pela idolatria do mercado, faz bem recordarmos na Bíblia, o Evangelho de Lucas, especialmente, Lucas 3,1-6.

Os dois primeiros capítulos do Evangelho de Lucas referem-se ao nascimento e às infâncias de João Batista e de Jesus de Nazaré. Provavelmente, em uma primeira versão, o Evangelho de Lucas iniciou-se no capítulo 3, mostrando, de início, o contexto no qual a Palavra de Deus é dirigida a João, que se tornará o Batista, o profeta precursor de Jesus de Nazaré. Interessante é que o evangelista Lucas faz questão de abrir o Evangelho mostrando quem estava nos poderes político e religioso na época em que "a palavra de Deus foi dirigida a João, no deserto" (Lucas 3,2b). Lucas informa: "Fazia quinze anos que Tibério era imperador de Roma. Pôncio Pilatos era governador da Judeia. Herodes governava a Galileia. O Tetrarca Filipe reinava sobre a Itureia e a Traconítide. E o tetrarca Lisânias reinava sobre a Abilene" (Lucas 3,1).

Abre-se a primeira versão do Evangelho de Lucas dizendo nas entrelinhas: Atenção! Veja quem estava no poder político na época em que "a palavra de Deus foi dirigida a João no deserto" (Lucas 3,2b)! O imperialismo romano grassava: escravidão e injustiça tributária era o que imperava. O imperador Tibério dominava sob poucos questionamentos mais de 60 milhões de pessoas já por quinze anos.

Tempo longo de subjugação dos povos das colônias, entre os quais estavam os povos da Palestina onde João Batista e Jesus de Nazaré nasceram e exerceram missão libertadora. O rei Herodes Agripa, dez anos mais tarde, escreveu ao Imperador Calígula, traçando o perfil de Pilatos: "Pilatos é naturalmente inflexível e intolerável, corrupto, pratica atos de insulto, de rapina, de ultrajes ao povo, de arrogância, é assassino de inocentes e violento selvagem". Essa informação histórica nos leva a pensar que, provavelmente, Pilatos não foi um governador fraco que "lavava as mãos" diante de situações complexas e espinhosas. Pilatos era violentador de direitos do povo. Às vezes, se confundem os três reis Herodes que dominaram o povo na época de João Batista, de Jesus e das primeiras comunidades cristãs, pois os três Herodes aparecem no Segundo Testamento bíblico com o mesmo nome. O historiador que participou da Guerra Judaica que levou à destruição do Templo de Jerusalém e da cidade de Jerusalém por volta do ano 70 no século I da era cristã, Flávio Josefo, nos informa que o primeiro Herodes, chamado o Grande, (des)governou durante 33 anos toda a Palestina, de 37 a 4 antes da era cristã. Ele aparece no nascimento de Jesus. Ele teria mandado assassinar as crianças de Belém (Mateus 2,1.16). Herodes, "o Grande", era um idumeu estrangeiro, que antes de ser Rei da Palestina inteira, foi comandante militar da Galileia (47-37 antes da era cristã). Ele enfrentou e matou Ezequias, o famoso líder dos revolucionários, que atuava na Galileia.

O segundo Herodes, chamado Antipas, filho menor de Maltace e de Herodes, o Grande, (des)governou durante 43 anos a Galileia, a parte norte e fértil da Palestina, de 4 antes de Cristo a 39 da era cristã. Ele aparece como cúmplice da morte de Jesus (Lucas 23,7). Herodes Antipas foi o mandante do assassinato do profeta João Batista (Marcos 6,14-29). O terceiro Herodes, chamado Agripa, (des)governou com 'mão de ferro' durante 4 anos toda a Palestina, de 41 a 44 da era cristã.

Segundo o livro de Atos dos Apóstolos, Herodes Agripa perseguiu e violentou as primeiras comunidades cristãs, comunidades de pessoas oprimidas e exploradas (Atos 12,20). Ele foi o mandante do assassinato do apóstolo Tiago, irmão de João (Atos 12,2). O tetrarca Filipe (des)governou sua região durante 38 anos, de 4 antes de Cristo até 34 da era cristã. A designação 'tetrarca' se refere, originalmente, ao que reinava sobre a quarta parte de um determinado território. Controlavam seus 'feudos'. Eram coronéis cada um em sua região, para dizer em uma linguagem de Victor Nunes Leal, autor da clássica obra *Coronelismo, Enxada e voto*.

Segundo Flávio Josefo, as regiões de Pereia e Galileia davam à corte de Herodes cerca de 200 talentos por ano.[53] Um 'talento' indica uma grande soma de dinheiro. 01 talento = 26kg e 436 gramas (Cf.: Mateus 18,24). Segundo cálculos de alguns estudiosos, um trabalhador como aquele da 'parábola dos trabalhadores da vinha', de Mateus 20,1-16, que recebeu um denário por um dia de trabalho, deveria trabalhar mais de quinze anos para conseguir juntar um único talento.

Após apresentar quem eram os poderosos do poder político, o evangelista Lucas faz questão de apresentar quem eram os poderosos do poder religioso: "Anás e Caifás eram sumos sacerdotes" (Lucas 3,2a), não contemporaneamente. Anás, filho de Set, foi nomeado sumo sacerdote pelo governador romano P. Sulpício Quirino (Cf.: Lucas 2,2) no ano 6 da era cristã, e se manteve no cargo até que foi deposto no ano 15 da era cristã. Seus sucessores foram: Ismael, filho de Fiabi (ano 15 d.C.,); Eleazar, filho do próprio Anás (anos 16 e 17); Simão, filho de Camit (anos 17 e 18) e, finalmente, José, genro de Anás, apelidado de Caifás, foi sumo sacerdote nos anos 18 a 36 da era cristã.

O quarto evangelho menciona Caifás duas vezes, como "o que era sumo sacerdote naquele ano" (João 11,49; 18,13b), isto é, no ano da morte de Jesus. Deve-se notar também que se atribui a Anás o título de "sumo sacerdote" (João 18,13a.19). Em Atos 4,6, Lucas volta a mencionar Anás como "sumo sacerdote", enquanto Caifás aparece simplesmente como um "dos que pertencia à família de sumos sacerdotes". Segundo o historiador Flávio Josefo, depois de perder o sumo sacerdócio, nos bastidores, Anás continuou a ser, por muitos anos, o homem forte da aristocracia sacerdotal e do Sinédrio, poder religioso teocrático comandado pelo sumo sacerdote.

É imprescindível notar que "a Palavra de Deus foi dirigida a João (o Batista) no deserto" (Lucas 3,2b), em uma época em que o povo estava sendo violentado nos seus direitos e subjugado pelo imperialismo romano, por reis repressores e opressores e por chefes do poder religioso que lamentavelmente eram cúmplices das opressões dos poderes político e econômico.

É nesse contexto que "... a Palavra de Deus foi dirigida a João Batista, no deserto" (Lucas 3,2). Quem era o João a quem a palavra de Deus foi dirigida? João se tornou um grande líder popular e religioso que convocava o povo para empreender um radical processo de

---

[53] JOSEFO, Flávio. *Antiguidades Judaicas*. XIII, 11, 4. n. 318. Trad. Vicente Pedroso. 8. Ed. Rio de Janeiro: Casa Publicadora das Assembleias de Deus, 2004. cf.: Guerra I, 33, 8, n. 668-669.

conversão e se comprometer com a superação das desigualdades sociais (Lucas 3,3-5). Onde a palavra de Deus foi ouvida? No 'deserto'! Não em deserto geográfico onde o sol é escaldante e só existe areia, mas nos desertos sociológicos e existenciais: nas periferias, nas ocupações, no meio dos camponeses, nas aldeias indígenas, nos territórios dos Povos e Comunidades Tradicionais, no meio dos milhões de pessoas que estão em situação de rua, no meio do povo negro, nos terreiros e nos centros religiosos de matriz afrobrasileira, todos violentados pelos que defendem "a ordem e o progresso", cultuam a ideologia da prosperidade e abusam do nome de Deus para acumular capital e tranquilizar consciências que elegem fascistas de extrema-direita para o poder político.

João Batista terminou sendo martirizado, pois se doou integralmente à causa da construção de uma sociedade sem desigualdades sociais, econômicas e culturais. Após nascer sem-terra, sem-teto, em uma colônia, sob o imperialismo e na contramão dos podres poderes, Jesus de Nazaré experimentou no seu próprio corpo as agruras e as violências perpetradas pelo imperialismo romano, pelos reis dominadores e por um sinédrio (poder religioso) encastelado em mordomias e cúmplices de opressões políticas e econômicas.

Ao saber que João Batista tinha sido preso (Marcos 1,14) e posto em uma penitenciária de segurança máxima, Jesus de Nazaré iniciou sua missão pública que visava libertação integral de todos e de tudo, o que passa pela construção de uma sociedade justa, solidária, democrática politicamente, sustentável ecologicamente e (macro)ecumênica religiosamente. Jesus de Nazaré viveu a vida consolando os aflitos e incomodando os opressores. Os oprimidos da época (pastores e magos) viram naquele menino que nascia em uma ocupação na periferia da cidadezinha de Belém Deus nos visitando (Lucas 2,1-20), Deus conosco, em nós e em todas as pessoas, sem exceção!

Enfim, feliz quem busca ouvir a Palavra de Deus nos 'desertos' de hoje, junto aos João Batistas da atualidade, e vira as costas ao que é ecoado dos palácios do Estado (Executivo, Legislativo e Judiciário), do capital (Empresas transnacionais), do poder midiático e dos templos luxuosos que mais tramam violência contra o povo e todos os biomas do que constroem políticas públicas para o bem comum. "Toda carne verá a salvação" (Lucas 3,6), pontua o evangelista Lucas. Ou seja, ninguém pode ser discriminado e nem excluído do projeto do Deus da vida, que é o projeto de Jesus Cristo: vida para tudo e todos, e convivência respeitosa. Não basta ter natal feliz. É preciso sermos natal, presença da luz e da força divina nos 'desertos' de hoje e ao lado dos Joãos de hoje.

CAPÍTULO 14

NATAL: EM NOITE ESCURA, SEGUIR POR OUTRO CAMINHO

Imersos em uma noite muito escura do capitalismo de extrema direita fascista e dos golpistas – o Brasil já com seu 7º golpe, consumado dia 31 de agosto de 2016, golpe parlamentar, jurídico e midiático –, em cada final de ano, no tempo de Natal e de virada de ano, necessário se faz resgatar o sentido bíblico do Natal.

Na Bíblia, no Evangelho de Mateus, capítulo 2, versos 1-12, está a narrativa da visita de magos a Jesus, logo após o seu nascimento, passagem exclusiva das comunidades cristãs de Mateus. Para Mateus foram os magos – sacerdotes de culto da natureza – os que, primeiro, reconheceram a encarnação do divino no humano. O Evangelho de Lucas, em vez de falar de magos, fala de pastores (Lucas 2,1-20) como os primeiros que reconheceram e acolheram Jesus de Nazaré, logo após o seu nascimento. Óbvio que os Evangelhos de Mateus e Lucas não são crônicas jornalísticas escritas no calor dos fatos. Escritos na década de 80 do século I da era cristã, os Evangelhos de Mateus e Lucas são Teologia da História a partir dos oprimidos e injustiçados e da sua fé na ressurreição de Jesus Cristo.

Quem são esses magos? O texto só diz que eles vêm do Oriente, de onde o dia nasce e a vida recomeça. Os magos são pessoas sábias, porque viram a estrela que indicava o nascimento do "rei dos judeus". Os magos têm intenções contrárias às de Herodes, rei opressor e sanguinário, que "ficou alarmado e junto com ele toda a cidade de Jerusalém" (Mateus 2,3). Mesmo consultando as Escrituras, Herodes, os sumos sacerdotes e os escribas não se dispõem a reconhecer o divino no humano que acaba de nascer sem-terra e sem-casa, sem território.

Acontece, então, uma oposição muito significativa: aqueles que detêm o poder político e econômico, o conhecimento acadêmico e o poder da religião oficial ignoram Jesus, enquanto pessoas de outras culturas e práticas, que inclusive seriam condenadas pela lei judaica, como a consulta aos astros, reconhecem o nascimento e vêm ao encontro daquele que iria testemunhar um caminho de libertação para tudo e todos: "vida e liberdade para tudo e todos" (João 10,10).

Os magos identificam a estrela que indica Deus se humanizando em/a partir de uma criança de uma família humilde, Jesus de Nazaré. É interessante que depois que os magos saem de Jerusalém, a estrela reaparece e os conduz até o lugar onde estava o menino. Curioso é que a estrela desaparece quando os magos chegam a Jerusalém, a capital, o centro político, econômico e religioso! Mas não adianta buscar esta estrela no céu. O texto faz uma ligação entre as atividades dos magos e a estrela que, segundo a tradição judaica, deveria indicar o surgimento do Messias. Assim, lia-se naquela época o texto de Números 24,17: "Um astro se levantará de Jacó e um homem surgirá de Israel". E ainda o texto de Isaías 9,1: "O povo que andava nas trevas viu uma grande luz, uma luz raiou para os que habitavam uma terra sombria". Depois de reconhecerem o divino naquele menino nascendo sem-terra e sem-teto e de lhe oferecerem presentes, os magos retornam "por outro caminho" à sua terra (Mateus 2,12). Diz o texto que eles foram avisados "em sonho" para que não voltassem a falar com Herodes. A missão de Jesus é testemunhar um caminho de libertação para todos(as), inclusive para os pagãos, representados pelos magos.

O evangelho de Mateus 2,1-12 é constituído de duas partes: Mateus 2,1-5 e Mateus 2,7-12. O versículo 6 é o elo entre elas: "É de ti Belém, a menor entre todas as cidades, que virá o Salvador". Em Mateus 2,1-12 temos várias oposições/contradições: Herodes contra Jesus, Jerusalém contra Belém. Para os magos, estrangeiros do Oriente, Jesus é "rei dos judeus" (Mateus 2,2). Os magos reconhecem o poder popular nascido na periferia de Belém. Etimologicamente *Betlehem*, em hebraico, significa *Casa do Pão*. Jesus se tornou o Pão da vida (Cf.: João 6,22-59). Belém é a cidade do pastor Davi, o menor entre os irmãos, aquele que organizou os injustiçados da sociedade para lutar pela instalação de um governo justo. O verdadeiro "rei dos judeus" não é violento e sanguinário como Herodes, é um recém-nascido, nascido sem-terra e sem-casa, que teve que se exilar às pressas para não ser assassinado pelo poder repressor de plantão. Segundo o Evangelho de João, o nascido na

"Casa do Pão" se tornou Pão da Vida para todos(as). Os magos intuem com sabedoria que o poder alternativo, democrático, participativo e popular vem da periferia, dos injustiçados, dos pequenos. A estrela que guia os magos representa as intuições mais profundas e os anseios mais justos da humanidade sedenta de justiça, paz e fraternidade.

Os magos veem o "menino com Maria, sua mãe" (Mateus 2,11). O gesto de reconhecimento é acompanhado da oferta do que há de melhor em seus países: ouro, incenso e mirra. Para as pessoas cristãs da época da Patrística – primeiros séculos da era cristã –, os presentes oferecidos simbolizam a realeza (ouro), a divindade (incenso) e a paixão de Jesus (mirra). A primeira atitude dos magos foi doar-se a serviço daquele que testemunharia um caminho libertador (= *prostram-se*) e, em seguida, puseram à disposição de Jesus o melhor que eles possuíam, os seus dons (Mateus 2,11).

Mais importante que discutir se os magos eram astrólogos ou astrônomos, é perceber que eram estrangeiros – "os de fora", de outras práticas –, sábios, perspicazes e muito sensíveis para captar a divindade de Deus se revelando na humanidade frágil de um menino nascendo sem-terra, sem-teto e ameaçado de ser assassinado logo nos primeiros dias do seu nascimento. Agindo como rei sanguinário e opressor, Herodes, tremendo de medo de perder o seu poder, tentou cooptar os magos secretamente, tentou obter informações que o ajudassem a liquidar a vida frágil de Jesus. Ele mentiu, fez propaganda enganosa, para tentar descobrir onde estavam as forças de subversão ao seu poder tirânico. Por fim, impôs uma medida provisória, uma espécie de Ato Institucional, mandando matar as crianças do país que tivessem menos de dois anos. Enquanto isso, decretado pelo imperador Augusto, um novo recenseamento era realizado (Lucas 2,1-2) para explorar mais ainda o povo já esfolado com pesada carga tributária. Mas as forças de vida – o divino no humano – foram mais espertas, fazendo os magos voltarem "por outro caminho" e assim driblarem a armadilha de Herodes. Os magos voltam por outro caminho, com sabedoria. Atualizando uma profecia, isto é, fazendo *midrash*, Mateus 2,12 recorda o profeta anônimo de 1 Reis 13,9-10: "Porque assim me ordenou o Senhor pela sua palavra, dizendo: não comerás pão, nem beberás água e não voltarás pelo caminho por onde foste. E foi-se por outro caminho e não voltou pelo caminho por onde viera a Betel".

Os magos romperam de uma vez por todas com Herodes, rei opressor, e com Jerusalém, cidade tratada como se fosse uma empresa.

O sonho dos magos é a inspiração de que do poder opressor só nascem espinhos para a sociedade. Os magos souberam mudar suas perspectivas e sonhar com um mundo justo que só pode nascer a partir do poder popular dos injustiçados que, ao se unir e se organizar, lutam pelos seus direitos. Experimentaram que um mundo justo é necessário, é possível ser construído, não a partir de democracia formal burguesa, de eleições, mas, acima de tudo, a partir das classes trabalhadora e camponesa que, injustiçadas, podem e devem se rebelar em comunhão na luta por direitos fundamentais.

A festa da Epifania, dia 06 de janeiro, dia dos Santos Reis, nos ensina a olharmos o mundo atentamente, com benevolência, a sentir com o coração aberto e, com mãos solidárias, perceber que Deus está fazendo brilhar sua beleza no meio dos pobres e dos superexplorados. Aliás, o que acontece não é propriamente uma Epifania (em grego, epifania significa manifestação de Deus sobre), mas uma *Diafania* (em grego, diafania significa o brilho de Deus que perpassa e permeia tudo, de dentro pra fora e de baixo pra cima).

Em uma perspectiva da Teologia Feminista, devemos perguntar: já imaginou se os Magos fossem mulheres magas? O que teria acontecido? Elas não teriam pedido informações a Herodes, mas às crianças, prediletas de Jesus. Teriam chegado a tempo. Ajudariam no parto, cuidariam do menino, limpariam o estábulo, fariam o jantar. Além disso, teriam trazido presentes práticos e teriam nos mostrado o jeito para construirmos um mundo com justiça e paz.

Mas ainda está em tempo de construirmos um mundo de justiça e paz para tudo e todos. Que em cada natal e, na virada do ano, possamos revigorar em nós o desejo e o compromisso de viver e conviver de um jeito parecido com os magos do Oriente ou como os pastores de Belém (Lucas 2,1-20). Que não sejamos cúmplices dos Herodes de plantão! Que sejamos corajosos(as) e sigamos por outro caminho, transformador, libertador, em direção às causas dos pobres e oprimidos! Que tenhamos o discernimento necessário para romper com as estruturas do sistema político-sócio-econômico vigente – capitalismo superexplorador –, que manipula e engana o povo, alardeando uma pseudo democracia e fortalecendo as injustiças e a desigualdade social.

Sejamos como os magos e os pastores, despertadores de rebeliões coletivas, populares e massivas, contra todas as opressões que os ultracapitalistas insistem em empurrar goela abaixo do povo oprimido e superexplorado. Sigamos o caminho oposto ao dos "Herodes" de hoje, para que entre nós se construa com o protagonismo da classe trabalhadora e camponesa o "Reino de Deus e a sua justiça" (Mateus 6,33) a partir do aqui e do agora.[54]

[54] Sugerimos assistir a três vídeos no Youtube, no Canal – Frei Gilvander luta pela terra e por direitos – que ilustram o mencionado texto. Eis os títulos dos vídeos: 1 – Comunidade Vila Nova, Belo Horizonte/MG: Celebração de Natal com moradia e paz. 1ª Parte. 10.12.2017; 2 – Celebração do Natal na Comunidade Vila Nova, Belo Horizonte. 2ª Parte. União na luta; 3 – Vem, Senhor, com teu povo caminhar! – Celebração do Natal – Ocupação Vila Nova-BH/MG – 3ª Parte.

CAPÍTULO 15

FÁBULA DO ESPINHEIRO NO BRASIL

Por solidariedade e por amor ao povo brasileiro e à Amazônia, precisamos ler atentamente na Bíblia, em Juízes 9,7-15, a fábula do espinheiro, profecia com ironia fina que parece ter sido escrita para o povo brasileiro em tempos de (des)governo golpista, fascista e genocida, de 2016 a 2022. Antes de qualquer comentário, merece ser transcrita aqui a FÁBULA DO ESPINHEIRO, seu contexto e consequências.

> **Juízes 9,1-6: o processo do poder tirânico** – "1 Abimelec, filho de Jerobaal, foi a Siquém para a casa de seus tios maternos. E propôs o seguinte a eles e a todos os parentes de seu avô materno: 2 "Digam aos senhores de Siquém: "O que é melhor para vocês? Que setenta homens, os filhos de Jerobaal, governem vocês, ou que um só os governe? E lembrem-se de que eu sou do mesmo sangue de vocês"". 3. Então os tios maternos e Abimelec comunicaram isso aos senhores de Siquém, e estes tomaram o partido de Abimelec, dizendo: "Ele é nosso parente". 4 Deram a Abimelec oitocentos gramas de prata do templo de Baal-Berit, e Abimelec usou esse dinheiro para contratar alguns homens desocupados e aventureiros, que se colocaram à sua disposição. 5 Foi à casa de seu pai em Efra e matou sobre a mesma pedra seus irmãos, os setenta filhos de Jerobaal. No entanto, Joatão, o filho caçula de Jerobaal, escapou porque havia se escondido. 6. Depois todos os senhores de Siquém e todos os de Bet-Melo se reuniram perto do carvalho da estela que está em Siquém, e proclamaram Abimelec como rei".

> **Juízes 9,7-15: Fábula do espinheiro** – "7 Quando Joatão soube disso, subiu ao topo do monte Garizim, e gritou: "Ouçam-me, senhores de Siquém, para que Deus também ouça vocês. 8 Certo dia, as árvores se

puseram a caminho para ungir um rei que reinasse sobre elas. Disseram à oliveira: 'Reine sobre nós'. 9 A oliveira respondeu: 'Vocês acham que vou deixar o meu azeite, que honra deuses e homens, para ficar balançando sobre as árvores?' 10 Então as árvores disseram à figueira: 'Venha você, e reine sobre nós'. 11 A figueira respondeu: 'Vocês acham que vou deixar o meu doce fruto saboroso, para ficar balançando sobre as árvores?'12 Então as árvores disseram à videira: 'Venha você, e reine sobre nós'. 13 A videira respondeu: 'Vocês acham que vou deixar meu vinho novo, que alegra deuses e homens, para ficar balançando sobre as árvores?' 14 Então todas as árvores disseram ao espinheiro: 'Venha você, e reine sobre nós'. 15 Então o espinheiro respondeu às árvores: 'Se vocês querem mesmo me ungir para reinar sobre vocês, venham e se abriguem debaixo da minha sombra. Senão, sairá fogo do espinheiro e devorará os cedros do Líbano'".

Juízes 9,16-21: consequências da eleição de um tirano – "16 Pois bem! Será que vocês procederam com sinceridade e lealdade proclamando Abimelec como rei? Será que vocês agiram bem com Jerobaal e sua família? Será que vocês se comportaram com ele, conforme os favores que ele fez a vocês? 17 Meu pai lutou por vocês e até arriscou a vida para livrá-los do poder de Madiã. 18 No entanto, hoje vocês se revoltaram contra a família do meu pai, assassinaram sobre a mesma pedra os setenta filhos dele, e proclamaram rei dos senhores de Siquém esse Abimelec, filho de uma escrava do meu pai, com o pretexto de que ele é parente de vocês. 19 Muito bem! Se vocês agiram com sinceridade e lealdade com Jerobaal e sua família, então façam festa com Abimelec, e que ele festeje com vocês. 20 Caso contrário, que saia fogo de Abimelec e devore os senhores de Siquém e de Bet-Melo, e que saia fogo dos senhores de Siquém e de Bet-Melo, e devore Abimelec". 21 Depois Joatão tornou a fugir e foi para Bera. Aí ficou longe do seu irmão Abimelec".

O que a fábula do espinheiro tem a nos dizer? Em um texto altamente profético, de forma irônica, por meio de uma fábula, autores e autoras da Bíblia narram o processo de ascensão ao poder absoluto, autoritário, fascista, de extrema-direita, diríamos atualmente. Houve uma campanha publicitária infernal para convencer o povo de que o poder centralizado é melhor do que o poder democrático com participação popular (Juízes 9,2). "Ele é um dos nossos", "é sangue do nosso sangue" e, por isso, "deve ser nosso rei", difundiu "os senhores de Siquém" e a dinastia familiar no poder. Propaganda e mentira com roupagem de verdade. Muitos se venderam também por migalhas (Juízes 9,4a). O poder do capital foi usado de mil formas para eliminar concorrentes e estabelecer uma autoridade única (Juízes 9,4b-6).

Nas campanhas eleitorais, no Brasil, sempre a direita e a extrema-direita, os fascistas, alardeiam à exaustão uma grande mentira: que com repressão se resolvem problemas e injustiças sociais, que com mais armas teremos mais segurança. Mentira! Problemas sociais, frutos de injustiças sociais, se resolvem de forma justa e na paz, apenas com políticas sociais que superem as causas dos problemas, jamais com repressão. Política de repressão só gera lucro para as empresas que acumulam capital ao vender armas e falsa segurança.

Cegado e anestesiado pela overdose de ideologia dominante disseminada por meio de fake news, por um tsunami de desvirtuações religiosas usando e abusando do nome de Deus, torturando textos bíblicos e maximizando erros e contradições de governos anteriores, 57 milhões de eleitores brasileiros, na eleição presidencial de 2018, a maioria cegada por "senhores", não de Siquém, mas dos oásis de luxo existentes no nosso país, 'assinaram' um cheque em branco para elevar ao poder um rei espinheiro na vida do povo. Espinheiro não produz alimento, não gera sombra, mas apenas espinhos que sacrificam o povo no altar do mercado idolatrado.

A fábula do espinheiro, texto bíblico de Juízes 9,8-15, é uma fábula popular com veemente crítica ao poder político centralizado. Ironicamente, aquele que nada produz de bom, nem frutos para alimentar o povo, nem sombra para abrigá-lo das intempéries e que só dá origem a espinhos, é que foi escolhido para exercer o mando, conchavado com o poder econômico e com o militarismo. A falsa segurança que o espinheiro escolhido oferece é uma armadilha que aprisiona o povo, retirando-lhe a liberdade, a terra, a moradia, os direitos trabalhistas, previdenciários etc.

Sem a Floresta Amazônica e a preservação ambiental, sem mananciais preservados, sem a partilha e a democratização do acesso à terra, e com o uso exagerado dos agrotóxicos pelo agronegócio no campo, só restará uma "terra arrasada", onde prevalecerá em uma progressão geométrica a violência e a morte levada a cabo por uma política genocida que mata de mil formas.

Sob política genocida, poder que mata de mil formas, de 2019 a 2022, lamentavelmente, contabilizamos mais de 720 mil mortos no Brasil, em decorrência da pandemia do novo coronavírus; a Amazônia foi invadida por madeireiros/grileiros, devastadores do principal pulmão e rim do mundo; 6 mil militares ocuparam cargos no governo federal – 39 apenas no Ministério da Saúde; tivemos o escândalo do repasse de 1,2 trilhão de reais para os banqueiros na primeira semana da pandemia, enquanto milhões de brasileiros, sem uma renda básica, estavam encurralados pela pandemia da Covid-19, pela Proposta de Emenda Constitucional, PEC-95, que congelou por vinte anos investimentos em saúde pública e educação, pelo desdém do antipresidente inominável e todo o desgoverno federal. É preciso lembrar que a Amazônia é imprescindível não apenas para os amazônidas. Na Amazônia se formam os rios aéreos que, por transportarem uma quantidade de água maior do que os rios da sua superfície, garantem chuvas no Centro-Oeste, no Sudeste e no Sul do Brasil, além do Uruguai, Paraguai e Argentina.

O texto bíblico, em Juízes 9,16-20, aplica a fábula do espinheiro à realidade e denuncia que o povo arcará com as consequências de suas próprias decisões. Esta passagem bíblica nos recorda a "Carta ao Pai", de Franz Kafka, um contundente manifesto contra o totalitarismo, poder político despótico, opressor e repressor. Em ambos os textos, o resultado é o mesmo: busca-se sombra debaixo de um espinheiro onde só há espinhos, poder e dominação. Conforme a narrativa bíblica que consta em Juízes 9,14-15: "Então todas as árvores disseram ao espinheiro: "Vem tu, e reina sobre nós!" E o espinheiro respondeu às árvores: 'Se é de boa-fé que me ungis para reinar sobre vós, vinde e abrigai-vos à minha sombra. Senão, sairá fogo dos espinheiros e devorará os cedros do Líbano!'" (Juízes 9,14-15).

A história mostra muitos povos que foram seduzidos por espinheiros. Por exemplo, o imperador Nero se deleitava enquanto incendiava Roma, a capital do império; Benito Mussolini, eleito pelo povo italiano, tornou-se criador do fascismo e ditador; Adolf Hitler, também aclamado pelo povo alemão, tornou-se nazista contumaz e mandou matar em Campos de concentrações milhões de pessoas judias, comunistas, ciganos, LGBTs etc.

A história mostra também que todos os 'espinheiros' usam e abusam do nome de Deus e dizem defender os "valores da família", mas, na prática, colocam "a morte acima de tudo" e arrasam com as famílias de mil formas. Quem tem ouvidos ouça a fábula do Espinheiro, converta-se e se comprometa com a construção da democracia política, econômica e social, antes que seja tarde demais.[55]

---

[55] Sugiro que assistam aos seguintes vídeos, disponibilizados no Youtube, no Canal "Frei Gilvander luta pela terra e por direitos", pois ilustram o assunto que acabamos de tratar. 1 – Vídeo – A carta dos bispos contra Bolsonaro – Com monge Marcelo Barros; 2 – Live – Fora Bolsonaro e o (des)governo federal? – Debate inter-religioso; 3 – Live – Cristãos também gritam: "FORA BOLSONARO!" – Frei Gilvander, Pastor Daniel, Renata, Sara/ Paulo; 4 – 3ª Live do Movimento Inter-Religioso do Vale do Aço/MG: Fora, Bolsonaro? – Debate Inter-Religioso.

CAPÍTULO 16

ESPIRITUALIDADE SÓCIO-POLÍTICA LIBERTADORA

Por que e para que se tornou necessário e urgente falarmos e colocarmos em prática espiritualidade sócio-política libertadora? Primeiro, porque estamos no meio de uma realidade de barbárie, de superexploração da dignidade da pessoa humana e de dizimação das fontes materiais de vida. Segundo, porque estamos no meio de uma avalanche de espiritualismos moralistas, desencarnadores da fé cristã, que negam a união entre fé e vida, entre o Evangelho de Jesus Cristo e o compromisso social. Estamos no meio de um exagero de "água benta" e de devocionismos que cegam as pessoas e as tornam presas fáceis dos lobos travestidos de cordeiros nos mundos da religião, da política e da economia. Em tempos de privatização da fé, de desencarnação da fé cristã, de amputação da dimensão social da fé cristã, de reducionismo da dimensão religiosa a autoajuda, é preciso, sim, levarmos a sério a espiritualidade sócio-política libertadora da fé cristã e de todas as outras expressões religiosas.

Qual é a nossa origem e quais influências que temos recebidos ao longo da nossa vida? "O lugar social determina o lugar epistemológico", já dizia Karl Marx. Frei Carlos Mesters gosta de dizer: "Em última instância, nossos olhos estão nos nossos pés". Ou seja, pensamos a partir de onde pisamos e vivemos. Eu nasci sem-terra e sem-moradia, no sítio Pindaíba, na zona rural do município de Rio Paranaíba, na região do Alto Paranaíba, em Minas Gerais.

Aos quatro anos de idade, tornei-me migrante, junto com minha família, em busca de uma terra para viver com dignidade. Migramos para o noroeste de Minas Gerais, onde trabalhamos em vários latifúndios no sistema à meia, sobrevivendo como família agregada, durante sete anos. Nós acumulávamos uma dívida na venda ao lado da sede da fazenda, onde comprávamos, a prazo, sal, açúcar, querosene, enxada, remédio, botina etc. Tudo era anotado em uma caderneta. A dívida era paga com os frutos do nosso trabalho, em forma de milho e feijão, na época da colheita. Só mais tarde, fiquei sabendo que o fazendeiro cobrava quatro vezes mais caro do que nas cidades de Unaí e Arinos, as mais próximas.

Ao ver nossa produção sendo levada no caminhão do fazendeiro, dois gritos irrompiam em meu coração: "Isso não é justo!" E "Deus não quer isso!" Esses gritos retinam nos meus ouvidos para sempre. Marcado por essa experiência de ser explorado pelo latifúndio e por latifundiários, resolvi entrar para o seminário, me tornar frei e padre carmelita, a fim de lutar por justiça no seu sentido mais profundo: justiça agrária, justiça urbana, justiça ambiental e respeito aos direitos humanos fundamentais.

Fiz mestrado em interpretação de textos bíblicos, animado por frei Carlos Mesters, meu colega na Ordem do Carmo, e também para responder à acusação que faziam ao Centro Ecumênico de Estudos Bíblicos (CEBI),[56] às Comunidades Eclesiais de Base (CEBs)[57] e às Pastorais Sociais, segundo a qual forçávamos os textos bíblicos para dizer que Deus está do lado dos pobres e que a Teologia da Libertação excluía os ricos. Entretanto, quanto mais eu estudo e vivencio as lutas populares no meio dos empobrecidos, mais percebo que a leitura da Bíblia feita pelas CEBs, pelo CEBI, pelas Pastorais Sociais, pelas Teologias da Libertação, enfim, é sensata e libertadora.

A Bíblia respira profecia, de ponta a ponta, do Gênesis ao Apocalipse. Experiências fundantes na Bíblia: a) *As parteiras no Egito*. Foi com a rebelião das parteiras fazendo desobediência civil, política e religiosa que se iniciou o processo de libertação do povo escravizado debaixo do imperialismo dos faraós no Egito; b) *Jesus expulsando os vendilhões do templo*. Essa narrativa está nos quatro evangelhos da Bíblia (Mateus 21,12-13; Lucas 19,45-46; Marcos 11,15-19; João 2,13-17). Foi com rebelião religiosa, política e econômica que se iniciaram os processos de libertação dos povos da Bíblia. E Jesus e as primeiras comunidades cristãs continuaram...

---

56 Siga: Leitura popular da bíblia, portal do CEBI Disponível em: www.cebi.org.br.

57 Siga: Portal das CEBs – Portal das comunidades Eclesiais de Base. Disponível em: www.portaldascebs.org.br.

O que é ser profeta ou profetisa? Não é ser um adivinhador à moda Nostradamus, não é simplesmente prever o futuro por imaginação. Os profetas e as profetisas ouvem os sussurros e os cochichos de Deus, mistério de infinito amor, que faz opção de classe, opta pelos escravizados, se comove com a dor dos injustiçados, desce para libertálos e se põe a caminho no meio do povo em marcha de libertação. O Deus da vida não quer estar acima de ninguém e nem de nada. Deus é um mistério de amor infinito que está em nós, no outro(a) e em todos os seres vivos.

Todos os povos são convidados a vivenciar a dimensão sócio-política da espiritualidade. Em Números 11,29, Moisés brada: "Oxalá todo o povo se tornasse profeta e recebesse o Espírito de Javé!" Na Bíblia, quando se narra experiência com o Espírito Santo, SEMPRE se diz que gerou profecia, compromisso sócio-político libertador. Logo, temos que perguntar: as experiências com o Espírito Santo atualmente estão gerando espiritualidade sócio-política libertadora? Estão tornando as pessoas proféticas e comprometidas com as lutas pelo bem comum e por tudo o que é justo? Em uma sociedade que reproduz a desigualdade cotidianamente, não dá para ser fiel ao Evangelho de Jesus Cristo sem ser perseguido pelos opressores.

Características fundamentais dos Evangelhos da Bíblia, principalmente dos sinóticos (Mateus, Marcos e Lucas): na primeira parte dos evangelhos sinóticos – 1ª fase da missão de Jesus Cristo –, a característica básica é a SOLIDARIEDADE, com ternura, compaixão e misericórdia; já na segunda parte dos evangelhos sinóticos – 2ª fase da missão pública de Jesus –, a característica básica passa a ser LUTA POR JUSTIÇA. Jesus Cristo foi condenado à morte não apenas porque era solidário, mas principalmente porque lutou por justiça e, por isso, incomodou os podres poderes da religião, da política e da economia. Ser só solidário(a) é insuficiente; é preciso também lutar por justiça profunda para que se cessem as causas que geram as injustiças.

Em Lucas 4,16-21 Jesus de Nazaré anuncia na sinagoga um projeto de libertação integral: boa notícia aos empobrecidos (libertação econômica), que é péssima notícia para os enriquecidos; libertar os presos (libertação política); resgatar a visão (libertação ideológica); e experimentar o Ano da Graça (libertação espiritual).

Conforme o Evangelho de João (João 10), o bom pastor convida as ovelhas a sair do curral e as guia para campo aberto, lugares com condições materiais que viabilizam a vida concreta. O bom pastor não apenas cuida das ovelhas feridas, mas as defende com intrepidez diante dos lobos ferozes. Por isso, o bom pastor enfrenta os opressores, os exploradores, estejam eles no mundo da política, da economia ou da religião. O bom pastor não convida o rebanho a ficar "entocado" na toca, nos espaços de culto.

Decálogo, sim; dez mandamentos, não! (Êxodo 20,1-17 e Deuteronômio 5,6-22). Decálogo se refere a todo o povo e não apenas a pessoas individualizadas. O decálogo diz respeito a dez princípios que devem orientar a constituição de uma sociedade justa e solidária. Mandamentos é questão moral e, pior, normalmente é endereçado aos indivíduos isoladamente.

Em uma sociedade estruturalmente desigual e que reproduz a desigualdade cotidianamente, não basta solidariedade, é preciso luta por justiça. Não devemos amar de forma ingênua. O pedagogo Paulo Freire, patrono da Educação brasileira, diz que "devemos amar todos(as), mas não da mesma forma. Devemos amar os(as) injustiçados(as) nos colocando ao lado deles/delas para com eles e elas e a partir deles e delas lutarmos por seus direitos. E devemos também amar os opressores, fazendo o possível e o impossível para retirar das mãos deles as armas da opressão". O latifúndio, por exemplo, é uma arma mortífera; o agronegócio, outra; a lógica de democracia formal e representativa que dissemina a ideia de que basta votar para se chegar à democracia é outra lógica mentirosa que gera opressão social.

Em uma sociedade desigual, quem se omite se torna conivente e cúmplice. Não há espaço para neutralidade. Opção pelos pobres e opção de classe são necessárias para conquistarmos libertação integral.

Em minha infância e adolescência, não me recordo de ter ouvido a palavra capitalismo, mas ouvi muito a palavra comunismo. Eis o primeiro livro que começou a curar minha cegueira: *História da riqueza do homem*, de Leo Huberman. Aliás, curar cegueira era o milagre que Jesus mais gostava de fazer: gerar consciência e práxis crítica e criativa. No Evangelho de Marcos, os apóstolos e discípulos são os últimos a compreenderem a missão de Jesus. Os violentados da sociedade são os primeiros a compreenderem o que Jesus ensina.

Como se organiza a nossa sociedade com sistema capitalista, que é uma máquina brutal de moer vidas? Sequestram a terra no campo e na cidade como base para promover o capital superexplorando a dignidade da pessoa humana, da classe trabalhadora e da classe camponesa. Portanto, a manutenção da latifundiarização no campo brasileiro e da especulação imobiliária nas cidades são bases materiais objetivas que sustentam o capitalismo como sistema de morte. Diante disso, se comprometer com a luta pela partilha, pela democratização e socialização da terra, no campo e na cidade, é imperativo ético e também espiritual, constitutivo da dimensão sócio-política do Evangelho de Jesus Cristo.

Por que e para que a criminalização da luta dos movimentos sociais populares? Como a classe dominante reproduz a opressão ao criminalizar os Movimentos Sociais? Quando surge um movimento popular de contestação e luta por um direito humano, a classe dominante, primeiro, ignora; depois, tenta cooptar lideranças. Em um terceiro momento, criminaliza e sataniza. Se isso não resolve, manda matar, eliminar os que incomodam. Criminalizar, satanizar, caluniar, dizer que "é comunismo" cumpre a tarefa de se criar uma cortina de fumaça que impeça a discussão do verdadeiro causador das injustiças socioambientais, que é o capitalismo e os capitalistas.

Para colocarmos em prática uma espiritualidade sócio-política libertadora, temos que pagar um preço: a) abalos na nossa saúde; b) incompreensão, perseguição, ser processado e sofrer ameaças de morte e de ressurreição. Por exemplo: Queriam matar o padre Preguinho (Geraldo Martins), porque ele estava conosco, organizando a 1ª e a 2ª Romarias da Terra do noroeste de Minas Gerais. Por isso, resolvi me tornar padre. Pensei: "Se querem matar o padre Preguinho, terão que matar dois padres".

Eis, a seguir, alguns exemplos da nossa atuação segundo uma espiritualidade sócio-política libertadora. Denunciamos, por meio de videorreportagem, uma empresa que vendia feijão, da marca Unaí, com exagero de agrotóxico, em Unaí, região noroeste de Minas Gerais.[58] Denunciamos, também por meio de videorreportagem, que o juiz da Vara Agrária de Minas tinha na prática transformado a Vara Agrária em Vara Latifundiária e que estava cuspindo fogo como o dragão do Apocalipse em cima dos sem-terra em mais de 300 ocupações camponesas em Minas Gerais.[59] Denunciei, via internet, uma desembargadora do TJMG que decidiu e insistia em despejar 8.000 famílias das Ocupações da Izidora sem nenhuma alternativa digna

---

58 Feijão de Unaí está envenenado? – Fala de Edivânia, de Escola Municipal de Arinos – 10.01.2012 – No Youtube, Canal "Frei Gilvander Luta pela Terra e por Direitos".

59 Acampamento 12 José Bandeira/MST/Pirapora/MG: 180 famílias plantando sem agrotóxico. 11.03.2014 – No Youtube, Canal "Frei Gilvander Luta pela Terra e por Direitos".

prévia. Denunciei a existência de nove indícios de grilagem de terra na propriedade da Granja Werneck S.A, em Belo Horizonte.[60] Ocupamos duas sedes da Caixa Econômica Federal na luta contra projeto do Minha Casa Minha Vida que faria o despejo de 8.000 famílias das Ocupações da Izidora na capital mineira. Por isso fui processado e tive que responder a vários processos por estar lutando, ao lado dos injustiçados, por seus direitos e pela superação de injustiças.

As injustiças acontecem não só nos mundos da política e da economia, mas também no mundo da religião. Logo, não podemos nos omitir diante das opressões religiosas. Fundamentalismos violentam, torturam e matam. Por exemplo, tenho denunciado a grande injustiça que é excluir do acesso à eucaristia/comunhão quem está participando de missa e vê sentido em comungar. Por motivos morais ou moralistas, excluir alguém da mesa eucarística é uma injustiça que clama aos céus. Não podemos aceitar a privatização da fé cristã, nem da eucaristia.

Em maio de 2011, o Supremo Tribunal Federal (STF) aprovou a constitucionalidade da União civil homoafetiva. Por perceber a imensa injustiça que é a homofobia gerando a discriminação de pessoas que têm orientação sexual homoafetiva, concedi entrevista ao Jornal O Globo defendendo a legitimidade da união civil homoafetiva. Por isso também fui processado.[61]

Tenhamos a sabedoria, a coragem necessária e o compromisso com o Evangelho de Jesus Cristo para honrarmos o imenso legado espiritual, ético e profético que nos deixaram Jesus Cristo, as primeiras comunidades cristãs, os(as) mártires, tais como Gandhy, Martin Luther King, Che Guevara, Rosa Luxemburgo, Margarida Alves, Irmã Dorothy Stang, Chico Mendes, padre Josimo Tavares, padre Ezequiel Ramin, os sem-terra assassinados, nossos ancestrais indígenas, o povo negro vítima de vários séculos de escravidão e racismo, Pedro Casaldáliga, Dom Antônio Fragoso, Dom Hélder Câmara, Dom Paulo Evaristo Arns e milhões de pessoas anônimas que cotidianamente são expressão concreta da luz e da força divina atuando no nosso meio.

---

60 Irregularidades na Cadeia Dominial da matrícula 1202/Granja Werneck S/A. Dr. Igino e Dr. Pedro. – No Youtube, Canal "Frei Gilvander Luta pela Terra e por Direitos".

61 A quem não leu e nem viu ainda, eu gostaria de sugerir a leitura dos seguintes textos e vídeo: 1) "A união civil homoafetiva reconhecida": Cf.: União civil homoafetiva reconhecida. Entrevista com Frei Gilvander Moreira. *Site do Frei Gilvander Moreira*, 15. mai. 2011. Disponível em: http://gilvander.org.br/site/uniao-civil-homoafetiva-reconhecida/. Acesso em 14 mar. 2024; 2) "Quem pode receber a Eucaristia e não pode ser excluído?" Disponível no Youtube, Canal "Frei Gilvander Luta pela Terra e por Direitos".

Honremos também os clamores e os gritos ensurdecedores da mãe terra, da irmã água e de todos os biomas que estão sendo violentados pelo capitalismo, essa máquina brutal de moer vidas. Enfim, que a luz e a força divina nos guiem sempre na luta para que o Reino de Deus seja construído a partir do aqui e do agora, o que passa pela conquista de justiça agrária, justiça socioambiental, justiça urbana, superação de toda e qualquer injustiça: racismo, homofobia, patriarcalismo, agronegócio, fascismo, idolatria do mercado etc.

CAPÍTULO 17

SEM DIMENSÃO SOCIAL, A IGREJA TRAI SUA MISSÃO

Na mensagem ao povo de Deus, no final da XII Assembleia Geral Ordinária do Sínodo dos Bispos, concluiu-se que: A *Voz* da Palavra é a Revelação; O *Rosto* da Palavra é Jesus Cristo; A *Casa* da Palavra é a Igreja; e, por último, a *Estrada* da Palavra é a missão. A Igreja em saída como quer o atual Papa Francisco.

No início da *Exortação Apostólica Evangelii Gaudium (Alegria do Evangelho)*, de 2013, o Papa Francisco indica o objetivo do documento: "Quero, com esta Exortação, dirigir-me aos fiéis cristãos, a fim de convidá-los para uma nova etapa evangelizadora marcada por esta alegria e indicar caminhos para o percurso da Igreja nos próximos anos".[62]

Em cinco capítulos, o documento *Alegria do Evangelho* apresenta: 1º) A transformação missionária da Igreja; 2º) A crise do compromisso comunitário; 3º) O anúncio do Evangelho; 4º) A dimensão social da Evangelização; 5º) Evangelizadores com espírito. O Papa termina o documento dedicando os últimos números a Maria, a Mãe da Evangelização. Ele não hesita em afirmar que: "É importante que o povo de Deus seja educado e formado claramente para se abeirar das Sagradas Escrituras na sua relação com a Tradição viva da Igreja, reconhecendo nelas a própria Palavra de Deus".[63]

---

[62] PAPA FRANCISCO. *Exortação Apostólica Evangelii Gaudium – A alegria do evangelho*. São Paulo: Paulinas, 2013. p. 3.

[63] PAPA FRANCISCO. *Exortação Apostólica Evangelii Gaudium – A alegria do evangelho*. São Paulo: Paulinas, 2013. p. 40.

Prestemos atenção em algumas afirmações do Papa Francisco, na Exortação Apostólica *Alegria do Evangelho*: "Se a dimensão social da evangelização não for devidamente explicitada, corre-se o risco de desfigurar o sentido autêntico e integral da missão evangelizadora" (n. 176). "Prefiro uma *Igreja* acidentada, ferida e enlameada por ter saído pelas estradas, a uma Igreja enferma pelo fechamento e a comodidade de se agarrar às próprias seguranças. Não quero uma Igreja preocupada com ser o centro, e que acaba presa num emaranhado de obsessões e procedimentos" (n. 49).

Além de ser pobre e para os pobres, a Igreja desejada por Francisco é corajosa em denunciar o atual sistema econômico, "injusto na sua raiz" (n. 59). Como disse João Paulo II, a Igreja "não pode nem deve ficar à margem na luta pela justiça" (n. 183).

O Papa Francisco critica o atual sistema econômico: "Esta economia que mata" porque prevalece a "lei do mais forte". Ele volta à cultura do "descartável" que criou "algo novo" e dramático: "Os excluídos não são 'explorados', mas resíduos, 'sobras'" (n. 53). Enquanto não forem resolvidos, radicalmente, os problemas dos pobres, renunciando "à autonomia absoluta dos mercados e da especulação financeira e atacando as causas estruturais da desigualdade social – insiste –, não se resolverão os problemas do mundo e, em definitivo, problema algum". E o Papa ainda aponta que na "desigualdade social" estão as raízes dos males sociais.

Ele também profetiza que a Igreja não pode ficar indiferente às injustiças sociais. A economia não pode mais recorrer a remédios que são um novo veneno, como quando se pretende aumentar a rentabilidade, reduzindo o mercado de trabalho, o que acaba gerando novos excluídos. O Papa Francisco dedica páginas à denúncia da "nova tirania invisível, às vezes virtual", em que vivemos um "mercado divinizado", em que reina a "especulação financeira", "corrupção ramificada", "evasão fiscal egoísta" (n. 56).

São pressupostos para o estudo da Bíblia a revelação, a inspiração divina e o magistério da Igreja. A revelação divina ultrapassa o texto bíblico, se manifesta no universo e na história da caminhada dos povos de Deus, cuja experiência humana está descrita no Primeiro e, depois, no Segundo Testamentos bíblicos. A Igreja guardiã dessa tradição reconhece a sacralidade das Sagradas Escrituras, nas quais Deus se revela na história de forma intensa, por meio de palavras, gestos e ações na caminhada de libertação dos povos da Bíblia, servindo-se da mediação de homens e mulheres para comunicarem a mensagem de libertação/salvação, que chegou ao seu auge com a encarnação de Jesus no seio de Maria, Ele nos revelou o Pai, e o Espírito Santo, na realização do seu Projeto: "Eu vim para que tenham vida e vida em abundância" (João 10,10).

Os textos bíblicos são inspirados por Deus, que respeitou as condições humanas e as formas literárias do seu tempo, para nos comunicar a mensagem de libertação/salvação. Deus confiou a missão de levar adiante esta mensagem à sua Igreja, que é, acima de tudo, povo de Deus. Ainda que o povo de Deus tivesse consciência da sua missão, a Igreja viveu ao longo da história, altos e baixos, crises como a que experimentou no tempo da Reforma Protestante (ano de 1517), em que a Bíblia ficou em segundo plano. A Igreja retomou com vigor a centralidade da Palavra na sua Evangelização, desde o Concílio Vaticano II, e escancarou as portas para que a Palavra dinamizasse toda a vida eclesial. Desde o Concílio Vaticano II, nasceram diversos documentos sobre os textos bíblicos e são de suma importância para dinamizar ainda mais a vida da Igreja.

O documento *A Interpretação da Bíblia na Igreja*, de 1993, traz uma afirmação comprometedora: "O modo de interpretar os textos bíblicos para os homens e as mulheres de hoje tem consequências diretas sobre a relação pessoal e comunitária dos mesmos com Deus, e está também estreitamente ligado à missão da Igreja. Trata-se de um problema vital, que merece toda a nossa atenção.[64]

Faz-se necessário uma preparação adequada das lideranças leigas para trabalharem com os textos bíblicos, colaborando efetivamente na formação do povo de Deus, cuja responsabilidade é muito grande, pois, como afirma o referido documento, "o trabalho pode interferir 'na relação pessoal e comunitária das pessoas com Deus", e esta implica na prática pessoal e comunitária em prol do Reino de Deus. Daí a importância de conhecer também as Formas e os Gêneros Literários para respeitar e, ao mesmo tempo, compreender e acolher melhor a mensagem dos textos bíblicos que foram revelados por Deus, acolhidos e transmitidos por homens e mulheres, inspirados pelo Espírito Santo.

Portanto, a Igreja, por meio dos seus integrantes, deve lutar pela Justiça Social e pela superação das injustiças agrária, urbana e ambiental. Sem dimensão social, a Igreja trai sua missão. Por isso, coerente com o Evangelho de Jesus Cristo, o Papa Francisco quer uma Igreja pobre

64 PONTIFÍCIA COMISSÃO BÍBLICA. *A Interpretação da Bíblia na Igreja*. Paulinas: São Paulo, 1994. p. 6.

para os pobres. Igreja que pratica o fundamentalismo, o moralismo, o ritualismo, que se restringe ao consolo e, na prática, prioriza arrecadar dízimo é igreja traidora do Evangelho de Jesus Cristo. Sem dimensão social, não há coerência com o projeto do Deus da vida! É lamentável ver o retrocesso da Igreja, por meio das ações de muitas lideranças, mesmo com o eloquente testemunho do Papa Francisco e com a aprovação da proposta de uma Igreja sinodal.

CAPÍTULO 18

BÍBLIA: PRIVATIZAÇÃO OU LEITURA CRÍTICA?

O Magistério da Igreja sempre teve zelo pela Bíblia, e isso, desde o início da Igreja, cujos escritos eram conservados e guardados com o maior cuidado, em continuidade à tradição judaico-semita-palestina. Com as crises que a Igreja viveu no tempo da reforma protestante, no início do século XVI, arrefeceu o estudo bíblico e, gradativamente, foi dada maior atenção à devoção e à piedade popular, por meio de novenas, trezenas, procissões, embora nunca abandonasse as Escrituras Sagradas, porque elas sempre estiveram presentes nas celebrações litúrgicas. Porém, não houve grande incentivo para o estudo e a leitura da Bíblia em meio ao povo.

Ainda antes do Concílio Vaticano II, de 1962 a 1965, com a fundação do Pontifício Instituto Bíblico, em 1909, a pedido do Papa Pio X, houve um novo impulso à Igreja para promover com eficácia o estudo bíblico e todos os estudos afins, entre eles, os estudos não só das línguas bíblicas: hebraico, aramaico e grego, mas também das línguas orientais que colaboram na transmissão e ensino da Bíblia. O papa confiou à Companhia de Jesus, ou seja, aos Jesuítas, a responsabilidade de coordenar e aprofundar os estudos bíblicos.

A finalidade para a qual nasceu o Pontifício Instituto Bíblico, sediado em Roma, na Itália, pode ajudar-nos a entender a sua importância: cultivar e promover a pesquisa científica, as disciplinas bíblicas e orientais; oferecer aos estudantes as disciplinas, em particular as línguas bíblicas, uma adequada preparação de pesquisa científica para o ensino e a difusão da Bíblia e de disciplinas afins; favorecer a Sagrada Escritura, para que esta tenha uma função sempre mais ativa no estudo da teologia, no ministério pastoral, no Diálogo Ecumênico, na Liturgia e na vida dos cristãos.

A Bíblia de Jerusalém é fruto deste esforço da Igreja; a sua primeira edição, de 1956, foi a primeira obra exegética que pôde falar abertamente e com *imprimatur* da Hipótese Documentária na Igreja Católica, fruto dos estudos bíblicos. Pouco a pouco, foi se fazendo estrada a ideia de que a interpretação crítica e científica da Bíblia não ameaçava o *depositum fidei, como já tinha constatado Julius Wellhausen:*

> Tornei-me um teólogo porque me interessava por uma abordagem científica da Bíblia. Só com o passar do tempo fui compreender que um professor de teologia também possui o dever de preparar os estudantes para o ministério pastoral na igreja protestante de forma prática. Compreendi também que eu não era o mais indicado para tal incumbência, mas que, ao contrário, apesar de toda a cautela da minha parte, acabava desqualificando meus ouvintes para seu futuro ofício.[65]

Pelo contrário, a interpretação crítica da Bíblia, acolhendo o avanço da pesquisa bíblica, arqueológica, histórica e o que há de melhor nas ciências humanas, promove a compreensão adulta e responsável dos textos bíblicos sobre os quais se fundam a comunidade eclesial. Vários documentos pontifícios importantes estimulam o estudo crítico da Bíblia. São eles: as encíclicas: *Deus Providentíssimo*, do Papa Leão XIII, de 1893, e *Divino sopro do Espírito*, do Papa Pio XII, de 1943; o Documento *Dei Verbum*, do Concílio Vaticano II, de 18.11.1965; *A interpretação da Bíblia na Igreja*, documento da Pontifícia Comissão Bíblica, de 1993.

Nestes documentos, a Igreja Católica reconhece o 'direito de cidadania' à leitura crítica da Bíblia. A Encíclica *Divino Aflante Spiritus*, a *Dei Verbum, O Sopro Divino do Espírito* e a *Palavra de Deus* falam, sobretudo, da legitimidade de uma leitura baseada nos gêneros literários. O documento da Pontifícia Comissão Bíblica *A interpretação da Bíblia na Igreja* enumera uma série longa de métodos que permitem uma compreensão sensata dos textos bíblicos. Esse documento critica, com firmeza, um único tipo de leitura: a interpretação fundamentalista e literalista da Bíblia.

A centralidade da Palavra desde as Primeiras Comunidades Cristãs é inquestionável. Na liturgia, sobretudo, ela sempre teve um

---

[65] Julius Wellhausen, em Wikipédia, onde está a citação de ODEN JÚNIOR, Robert J. *The Bible Without Theology*. Harper and Row, 1987.

lugar primordial, mesmo quando houve a Reforma Protestante com Lutero, por volta de 1521. Porém, quando Lutero proclamou o lema *sola Scriptura*, toda a tradição dos pais e mães da fé cristã, ou seja, toda a patrística foi relativizada.

A Igreja católica optou, então, por não fazer a autocrítica que Lutero propunha e, temendo que a ignorância existente no meio do povo pudesse levar a interpretações equivocadas dos textos bíblicos, deixou a Bíblia de lado e dedicou-se mais a cultivar nos fiéis as devoções aos santos, novenas, terço e outras expressões da religiosidade popular. Assim, após o Concílio de Trento (1545-1563), a Bíblia ficou privatizada nas mãos dos padres e bispos. Interrompeu-se o movimento de democratização e de acesso à Bíblia empreendido por São Jerônimo, que, antes de morrer, em 420 da era cristã, a traduziu para o Latim, a Vulgata, colocando-a na língua do povo. Do mesmo modo, também nos estudos teológicos, a Bíblia ocupava um lugar periférico até o Concílio Vaticano II (de 1962 a 1965).

O primeiro documento oficial da Igreja Católica admitindo e animando a leitura crítica da Bíblia surgiu no final do século XIX, em 1893, o que denota que durante muitos séculos houve pouco incentivo ao seu estudo por parte da Igreja em relação aos seus fiéis. O problema é que incentivar uma leitura crítica da Bíblia leva à formação de pessoas cristãs críticas e criativas, não infantilizadas, e que certamente irão exigir a partilha do poder religioso e o exercício de cidadania nos destinos da Igreja. Manter o outro na ignorância ou na ingenuidade é também uma forma de controlar e exercer poder e dominação.

CAPÍTULO 19

MARCOS 1,23-28: EXPULSÃO DE UM DEMÔNIO: COMBATER O PODER DO MAL

No Evangelho de Marcos, o primeiro milagre narrado é a expulsão de um demônio. O poder do mal tomava conta das pessoas e as alienava de si mesmas. Este poder tinha vários nomes: satanás, belzebu, diabo, demônio, espírito impuro, legião. Ele se encarnava de várias maneiras: em pessoas, nas doenças, no sistema religioso, no império romano. Hoje, muita gente é alienada de si mesma pelo poder midiático dos meios de comunicação, de propagandas enganosas, do comércio, da religião institucional mal compreendida etc. Acha que não vive direito se não comprar este ou aquele aparelho doméstico, se não fizer esta ou aquela obrigação religiosa. Assim, pela isca do consumo, a classe dominante vai incluindo todos dentro de um sistema de consumo que reduz a dignidade humana e trata a pessoa como se ela tivesse somente a dimensão econômica.

Em Marcos, a expulsão não *começa* com um exorcismo. Antes de qualquer exorcismo, os demônios já gritam: "Vieste para arruinar-nos!" É o simples anúncio da Boa Nova de Deus que desestabiliza o poder do mal e arruína o sistema que aprisiona o povo. A Boa Nova de Deus que Jesus trouxe traz consciência crítica e devolve as pessoas a si mesmas (Cf.: Marcos 5,15). Quais os demônios a serem expulsos atualmente? O nosso jeito de anunciar a Boa Nova desestabiliza o sistema opressor que exclui e marginaliza tanta gente? Às vezes, satanizamos o que nos incomoda, como alguns escribas faziam com Jesus: "Ele expulsa os demônios por meio de Belzebu!" (Marcos 3,22).

CAPÍTULO 20

COMO JESUS SE REVELA FILHO DE DEUS?

A revelação de Deus chegou ao seu auge, na plenitude dos tempos, quando o Deus da vida enviou o seu Filho, nascido de uma mulher (Gálatas 4,4), Jesus Cristo. Jesus é a imagem visível do Deus invisível, que veio revelar-nos a face do Pai, como afirma os Evangelhos e o apóstolo Paulo. Segundo o Evangelho de João, Jesus é o verbo encarnado que veio morar entre nós (João 1,14). Essa revelação é: histórica, progressiva, acontece ao longo da história por meio de gestos e palavras, pela mediação dialógica e pessoal, que revela o pensamento de Deus ao ser humano. Sua revelação é Trinitária como se revela no batismo (Marcos 1,9-11) e na Transfiguração de Jesus (Marcos 9,2-8); é Cristológica, em Jesus de Nazaré (Tu és o Cristo, o Filho do Deus vivo), Deus, Uno e Trino. O homem Jesus vive a história humana e é Palavra encarnada de Deus, mistério de infinito amor. Jesus é a imagem invisível de Deus (Colossenses 1,15-20).

Os evangelhos sinóticos (Mateus, Marcos e Lucas) revelam a manifestação, por excelência, de Deus, ao narrarem o testemunho, os ensinamentos e a prática de Jesus no meio do povo injustiçado. Se observarmos atentamente o que Jesus fez e ensinou, percebe-se que, se por um lado, as palavras e os gestos de Jesus revelam a força transformadora e o poder de Deus, por outro, mostram uma espantosa debilidade que parece desmentir essa força e o poder de Deus. Jesus não faz a demonstração de um milagre, a pedido dos fariseus, para confirmar a sua origem divina (Marcos 8,10-13). Feliz, afirma Jesus a Tomé, quem crê sem ver. Os milagres vão diminuindo à medida que se aproxima a paixão de Jesus. Não há dúvidas que a cruz de Jesus é um fracasso sob o olhar humano, no entanto, sob o olhar da fé é nesta fragilidade que se revela o poder de Deus, pela ressurreição.

O início da vida pública de Jesus Cristo foi marcado por uma grande e crescente receptividade do seu projeto (Ensinamento e Práxis) pelo povo empobrecido. A princípio, ele fascinava a todos. "As multidões corriam para Jesus" (Lucas 6,17-19), mas pouco a pouco Jesus foi aprofundando sua postura e radicalizando sua Opção pelos Pobres, marginalizados(as) e injustiçados(as) da sociedade (Lucas 4,18-19). A "lua de mel" com "gregos e troianos" – era de "paz e amor" – durou pouco. Começaram a surgir conflitos com poderosos e opressores (Lucas 13,31), pois sua prática incomodava os interesses dos que viviam explorando e escravizando o povo. Jesus descobriu que precisava formar melhor seus discípulos e discípulas, pois viu que a adesão popular inicial era 'fogo de palha' e 'oba oba'. Com o avanço da missão pública de Jesus, os conflitos com os poderosos da economia, da política e da religião foram aumentando gradativamente. Em seus últimos dias, os embates[66] de Jesus com as autoridades judaicas e grupos religioso-políticos renomados se intensificaram.[67]

Nos evangelhos sinóticos, Jesus se revela na busca constante dos pobres e dos pecadores, não faz acepção de pessoas, perdoa a todos(as) e, mesmo que Ele não seja aceito pela sua prática, ela revela o rosto misericordioso de Deus que passa pela mediação histórica da vida e ação de Jesus. Para os evangelhos sinóticos, Jesus é o único revelador de Deus, porque só ele é o Filho, e ao mesmo tempo ele é o revelado pelo Pai, o mistério da sua pessoa resta inacessível à "carne e ao sangue", não o reconheceríamos sem a revelação do Pai (Mateus 16,17), nas narrativas do batismo (Marcos 1,9-11) e da transfiguração de Jesus (Marcos 9,2-8).

Jesus se serve também das parábolas como linguagem da revelação, para falar de Deus, do Reino e de si mesmo. Não é possível falar do mistério de Deus e de seu Reino senão por meio de parábolas, em uma linguagem que ao mesmo tempo esconde e revela, é luminosa e obscura. Elas não nos conduzem, pela nossa experiência, diretamente a Deus, mas nos fazem passar pela experiência de Jesus. A sua história é passagem obrigatória para chegar ao mistério do Reino.

---

[66] Como por exemplo: Lucas 19,45-46; 20,9-26; 21,1-4; 22,2.52; todo o capítulo 23.

[67] PALLARES, J. C. *Dios es Puro Corazón, la misericordia de Dios en San Lucas*. México, 1994. p. 117.

O mistério escondido foi revelado pelo apóstolo Paulo. A palavra mistério, na verdade, revela um vocabulário amplo que pode ser identificado com: evangelho, *kerigma*, revelação, escritos proféticos, conhecimento, palavra de Deus. Este mistério se manifestou em Jesus Cristo e nos foi transmitido pelos apóstolos e pelos ensinamentos da Igreja, mas o protagonista interior que o revela e atualiza é o Espírito Santo.

> Àquele que tem o poder de vos confirmar segundo o meu evangelho e a mensagem de Jesus Cristo, revelação de mistério envolvido em silêncio desde os séculos eternos, agora, porém, manifestado e, pelos escritos proféticos e por disposição do Deus eterno, foi dado a conhecer a todas as nações, para levá-las à obediência da fé... (Romanos 16,25-26).[68]

A função do Espírito Santo é indispensável: "A nós, porém, Deus o revelou pelo Espírito. Pois, o Espírito sonda todas as coisas, até mesmo as profundidades de Deus" (1 Coríntios 2,10). A revelação do mistério é ao mesmo tempo um fato teológico e eclesial como afirma a carta aos Efésios: "... para dar agora a conhecer os Principados e as autoridades nas regiões celestes, por meio da Igreja, a multiforme sabedoria de Deus..." (Efésios 3,10). O mistério estava já presente nas Escrituras, mas se revelou pela luz de Cristo, embora os cristãos esperem ainda a plena revelação de Jesus Cristo (1 Coríntios 1,7). Mesmo assim, esse mistério revelado torna-se acessível somente pela fé, e não só pela razão.

O apóstolo Paulo acentua a contraposição entre o passado e o momento presente, porque ele quer ressaltar a unicidade e a novidade da revelação em Cristo, mesmo que esteja em continuidade com os escritos proféticos (Romanos 16,26). A revelação do mistério é feita a todos os crentes com dimensões universais, a todas as nações, a todos os povos e culturas. O conteúdo desse mistério é o projeto divino de salvação: "Ensinamos a sabedoria de Deus, misteriosa e oculta, que Deus antes dos séculos, de antemão destinou para a nossa glória" (1 Coríntios 2,7). É um projeto global que diz respeito ao sentido último de toda a criação. Segundo a Carta aos Efésios, é um projeto de comunhão e de reunificação da humanidade em Cristo, em um único corpo (Efésios 3,6).

Na revelação segundo o Evangelho de João, Jesus se fez carne. São temas centrais no evangelho de João a revelação e a fé em contraposição à incredulidade. Estes podem se traduzir também pelo

[68] Outros textos: 1 Coríntios 2,6-10; Colossenses 1,25-27; Efésios 3,2-12.

vocabulário: *logos* (palavra), luz, glória, verdade, manifestar, ver, compreender, crer, testemunhar. A história da revelação de Deus se desenvolve em três níveis: na história universal de todos os povos, na história dos povos da Bíblia e na história de Jesus. Nas três se evidencia a mesma dialética de revelação e rejeição. Por essa razão, o evangelista João vê como se a história de Jesus fosse interpretativa da história universal. Na historicidade e fragilidade, a Palavra de Deus se torna carne. Jesus é a revelação de Deus que se dá na carne, ou seja, de forma velada, carregada de debilidade e relatividade. Deus não escolheu uma manifestação gloriosa e poderosa para se encarnar na humanidade.

Esta manifestação gloriosa diz respeito à humanidade de Jesus e aos sinais que Jesus realizou ao longo de sua vida e que o conduziram à pena de morte (cruz) e à ressurreição, que para João é a glorificação. Em toda a sua vida, Jesus revelou Deus, cujo ápice está na cruz, onde foi transpassado. A palavra feita carne, afirma João, "é plena de graça e de verdade" (João 1,17) e ela veio por meio de Jesus Cristo. Ele é a palavra do Pai, voltada para o Pai em uma atitude de escuta e obediência (João 4,34). "Ele era a luz verdadeira que ilumina a toda pessoa humana que vem a este mundo" (João 1,9).

Para o evangelista João, sem o dom do Espírito Santo não há possibilidade de compreender Jesus e sua palavra, tornar-se testemunha, participar da vida divina e entrar em comunhão com o Pai. Sua tarefa é a de interiorizar e atualizar a palavra de Jesus: "O Paráclito, o Espírito Santo que o Pai enviará em meu nome, vos ensinará tudo e vos recordará tudo o que vos disse" (João 14,26). O Espírito não se afasta da tradição histórica de Jesus e da tradição eclesial que garantem a sua continuidade. O ensinamento da tradição eclesial é o ensinamento da tradição do Jesus histórico, elas o interiorizam e o fazem presente em toda a sua plenitude. Uma revelação interior, viva, atual e progressiva. Negritamos que o Espírito Santo age e se revela nas entranhas da história e não de forma mágica.

CAPÍTULO 21

COMO A IGREJA ORIENTA INTERPRETAR A BÍBLIA?

O papa *Leão XIII* estava muito atento aos problemas que surgiram no final do século XIX, sobretudo aos questionamentos de grupos intelectuais sobre questões sociais, religiosas e no campo bíblico. Ele publicou, em 15 de maio de 1891, a Encíclica *Rerum Novarum* sobre as injustiças que o capitalismo estava impondo sobre os operários e outras questões sociais, bem como a Encíclica sobre os estudos da Bíblia *Deus Providentíssimo*, publicada em 18 de novembro de 1893, que nasceu em uma época marcada por polêmicas e ataques contra a Igreja. A exegese liberal trazia um apoio importante, porque utilizava todos os recursos das ciências, desde a crítica textual até a geologia, passando pela filologia, pela crítica literária, pela história das religiões, pela arqueologia e por outras disciplinas.

A Encíclica *Deus Providentíssimo buscava* proteger a interpretação católica da Bíblia contra os ataques da ciência racionalista. A encíclica do Papa "convida os exegetas católicos a adquirirem uma verdadeira competência científica, de modo a superarem os seus adversários no terreno dos mesmos".[69] O primeiro meio de defesa é o estudo das línguas antigas do Oriente e o exercício da crítica científica, pois neste tempo havia muitos questionamentos sobre a autenticidade, a antiguidade, a integridade e o valor histórico dos Livros Bíblicos.

---

[69] PONTIFÍCIA COMISSÃO BÍBLICA. *A Interpretação da Bíblia na Igreja.* Paulinas: São Paulo, 1994. p. 9.

O Papa Leão XIII já havia manifestado a sua constante preocupação com os problemas relativos aos textos bíblicos com diversas intervenções. Em 1902, ele criou a Comissão Bíblica e, em 1909, o Papa Pio X fundou o Pontifício Instituto Bíblico, em Roma, na Itália. Em 1920, o Papa Bento XV celebrou o milésimo quinquagésimo aniversário da morte de São Jerônimo, com a Encíclica sobre a interpretação da Bíblia.

Para celebrar o cinquentenário da Encíclica *Deus Providentíssimo*, o papa *Pio XII* escreveu, em 1943, a Encíclica *O Sopro Divino do Espírito*. O contexto em que nasceu esta encíclica foi a polêmica que surgiu, sobretudo, na Itália, contra o estudo científico da Bíblia. Apareceu um fascículo anônimo advertindo contra eventuais erros na interpretação da Bíblia. Pio XII já havia usufruído dos benefícios da Encíclica *Deus Providentíssimo:* "Graças a um maior conhecimento das línguas bíblicas e de tudo o que diz respeito ao Oriente [...] numerosas questões levantadas no tempo do Papa Leão XIII contra a autenticidade, a antiguidade a integridade e o valor dos Livros Bíblicos encontram-se hoje esclarecidas e resolvidas".[70]

O objetivo da Encíclica *O Sopro Divino do Espírito* foi defender os exegetas católicos contra os ataques dos que não querem o uso das ciências para o estudo da Bíblia, mas apenas a interpretação fundamentalista e espiritualista. Tal documento recomenda aos biblistas o estudo dos gêneros literários como tarefa complexa, necessária e apaixonante.

O documento da Pontifícia Comissão Bíblica, de 1993, afirma que os dois documentos – *Deus Providentíssimo* e *O Sopro Divino do Espírito* – rejeitam o dualismo entre o humano e o divino, entre a investigação científica e o olhar da fé, entre o sentido literal e o espiritual. Eles mostram plena harmonia entre o estudo crítico dos textos bíblicos e o mistério da encarnação e toda a revelação divina por meio dos textos bíblicos.

Em 1965 nasceu a *Dei Verbum*: Constituição Dogmática sobre a Revelação Divina, no tempo do Papa Paulo VI – durante o Concílio Vaticano II. O documento nasceu com o objetivo de propor o genuíno ensinamento sobre a revelação divina e sua transmissão. É um documento relativamente pequeno e muito denso nas suas propostas

70 PONTIFÍCIA COMISSÃO BÍBLICA. *A Interpretação da Bíblia na Igreja*. Paulinas: São Paulo, 1994. p. 10.

feitas em vários pequenos capítulos: a Revelação, a Transmissão, a Inspiração divina, o Antigo Testamento, o Novo Testamento e a Sagrada Escritura na vida da Igreja.

A *Dei Verbum* ressalta a importância do estudo dos Gêneros Literários: "Para descobrir a intenção dos(as) autores(as), os textos bíblicos devem ser tidos também em conta, entre outras coisas, 'os gêneros literários'. Com efeito, a verdade é proposta ora de um modo, ora de outro, segundo se trata de gêneros históricos, proféticos, poéticos ou outros...".[71] Na *Dei Verbum* há um forte incentivo ao estudo e à pesquisa bíblica.

Por ocasião do centenário da Encíclica *Deus Providentíssimo*, de 1893, e do Cinquentenário da Encíclica *Divino Sopro do Espírito*, de 1943, a Pontifícia Comissão Bíblica, em 1993, apresentou a 'Interpretação da Bíblia na Igreja', em 1993, com o objetivo de "indicar os caminhos que convêm tomar para chegar a uma interpretação da Bíblia, que seja tão fiel quanto possível a seu caráter ao mesmo tempo humano e divino". O que a Comissão Bíblica deseja é

> examinar os métodos suscetíveis de contribuírem com eficácia a valorizar todas as riquezas contidas nos textos bíblicos, a fim de que a Palavra de Deus possa tornar-se sempre mais o alimento espiritual dos membros de seu povo, a fonte para eles de uma vida de fé, de esperança e de amor, assim como uma luz para toda a humanidade.[72]

Para alcançar este objetivo, o documento *Interpretação da Bíblia na Igreja* se apresenta em quatro capítulos: 1) Uma breve descrição dos diversos métodos e abordagens de leitura bíblica, indicando suas possibilidades e seus limites; 2) Algumas questões de hermenêutica; 3) As características da interpretação católica da Bíblia e sua relação interdisciplinar com as outras disciplinas teológicas; 4) O lugar que a interpretação da Bíblia ocupa na vida da Igreja.

Tal documento é muito importante para o estudo da Bíblia como obra literária, dando uma abertura enorme aos estudiosos da Bíblia e aos fiéis para pesquisarem, questionarem os diferentes textos, percebendo neles rupturas, junções e, até mesmo, contradições e imperfeições,

---

[71] CONCÍLIO VATICANO II, *Dei Verbum. Constituição Dogmática sobre a Revelação Divina.* São Paulo: Paulinas, 1966. p. 16.

[72] PONTIFÍCIA COMISSÃO BÍBLICA. *A Interpretação da Bíblia na Igreja.* Paulinas: São Paulo, 1994. p. 36.

sob o ponto de vista literário, para compreender melhor a mensagem transmitida por meio das formas e dos gêneros literários presentes na Bíblia, sem minimizar a sua dimensão sagrada.

CAPÍTULO 22

CATAR VERSÍCULOS BÍBLICOS PARA JUSTIFICAR PRECONCEITOS?

Invocado sob muitos nomes, mistério de amor que nos envolve e perpassa, Deus, segundo a Bíblia, se revela na *história*,[73] nas entranhas dos fatos e acontecimentos que fazem a história. Assim, para quem acredita em Deus, a caminhada e as lutas de libertação de todo e qualquer tipo de escravidão se dão na companhia amorosa de Deus. A revelação de Deus se faz presente na transitoriedade humana, ou seja, no tempo e no espaço, com a progressividade de um caminho com início, realização e cumprimento em Cristo Jesus. Isso não significa dizer que seja um caminho sem tensões, retrocessos e avanços. O caminho da revelação divina se faz na história das lutas libertárias dos povos explorados e injustiçados e por meio da palavra que a interpreta e orienta. Nas relações humanas e sociais dos acontecimentos históricos, a iluminação interior confere ao profeta/profetisa ou à comunidade de fé a inteligência de ler, à luz de Deus, os acontecimentos, seja pela palavra oral ou escrita, fazendo a leitura e a interpretação dos fatos e da realidade que os envolve.

A revelação bíblica não é mágica. Ela passa pela *mediação* humana não só porque a palavra chega até nós por meio dos profetas/profetisas e dos(as) apóstolos(as). Além disso, por ser ela histórica, necessita da mediação para ser transmitida e atualizada para o ser humano

[73] Cf.: MORALDI L. *Rivelazione*. Em: Nuovo Dizionario di Teologia Biblica, Edizione Paoline: Torino, 1988. p. 1375.

e a comunidade que a acolhem. A revelação é o entrelaçamento de movimentos históricos e sagrados da iniciativa livre e gratuita de Deus e das reflexões do ser humano para compreendê-la e abraçá-la.

A revelação é *dialógica e pessoal,* por meio do encontro de Deus com o ser humano, que se coloca em uma atitude de escuta e de abertura ao mistério de amor que nos envolve. É um diálogo profundo, vital; não só troca de conhecimentos. Deus fala com o ser humano para libertá-lo e torná-lo humano-divino. Podemos dizer que a revelação é, ao mesmo tempo, teológica e antropológica, porque revela o mistério de Deus e a vocação/missão humana. Deus revela o seu desígnio sobre o ser humano, a história, dá normas de conduta, explica os acontecimentos que são dados ao ser humano para viver, conviver e lutar para que um projeto de vida para todos(as) se torne realidade: o reino de Deus a partir do aqui e do agora. Deus se revela em uma comunhão de pessoas, em um diálogo de conhecimento e de amor, no qual o ser humano é inserido pela fé, que é disposição existencial para acolher e lidar com o mais profundo do nosso ser.

A revelação divina manifesta-se *trinitária,* em que as três pessoas da Trindade Santa estão na origem com modalidades próprias da revelação: o Pai tem a iniciativa de buscar comunhão com o ser humano; Jesus Cristo é a revelação plena do amor do Pai e do Espírito Santo, que interpreta e atualiza as palavras, gestos e sinais que Jesus realizou. Jesus Cristo é revelador do Pai e do Espírito Santo e de si mesmo, ao realizar o projeto do Pai/Mãe, repito, mistério de infinito amor. Jesus é o revelado pelo Pai: "Tu és meu Filho amado, em ti me comprazo" (Marcos 1,11) como também na transfiguração: "Este é o meu filho amado, em quem me comprazo, ouvi-o" (Mateus 17,1-8). Em Jesus Cristo, a revelação encontra o seu cumprimento pleno. Enquanto no Primeiro Testamento a espera de Cristo é incompleta e ainda não realizada, no Segundo Testamento bíblico, mesmo que o Cristo seja a revelação máxima, é "ainda não", será plena só na escatologia, no fim dos tempos; enquanto estamos no tempo presente, resta sempre uma revelação na fé.

A Revelação é sempre iniciativa de Deus em busca do ser humano, a quem se revela de mil formas desde a criação do universo nas ondas da evolução, do próprio ser humano e ao longo da sua história. Ao registrar estas experiências de encontro com os(as) hagiógrafos(as), são estes/estas mesmos(as) que reconhecem, novamente, que é Deus quem os inspirou e conduziu para que escrevessem tudo aquilo que é da sua vontade, e para a nossa libertação e salvação.

Como se dá a inspiração dos textos bíblicos? No documento do Concílio Vaticano II, *Constituição Dogmática sobre a Revelação Divina, Dei Verbum*, os Padres conciliares afirmam, com convicção, que todos os escritos da Sagrada Escritura foram inspirados pelo Espírito Santo. Dizem eles:

> Consideram como sagrados e canônicos os livros inteiros, tanto do Antigo como do Novo Testamento com todas as suas partes. Todavia, para escrever os Livros-Sagrados, Deus escolheu e serviu-se de homens – e mulheres – na posse das suas faculdades e capacidades para que agindo neles e por meio deles, pusessem por escrito como verdadeiros autores, tudo aquilo e só aquilo que ele quisesse.[74]

Como esses livros foram escritos por homens e mulheres, à maneira humana, quem interpreta as Sagradas Escrituras deve investigar com atenção o que os(as) hagiógrafos(as) quiseram dizer e aprouve a Deus revelar por meio deles e delas. Para isso, devem ser levados em conta os gêneros literários para descobrir o sentido que estes, segundo as condições de tempo e cultura, quiseram expressar. Havia entre pessoas de Deus, profetas e profetisas, sacerdotes e sábios dos Povos da Bíblia (Jeremias 18,18) que foram considerados mediadores da mensagem divina, cuja autoridade é inquestionável. Óbvio que, como na busca do ouro é preciso peneirar o que está junto com o ouro, mas não é ouro, ao ler um texto bíblico precisamos interpretar, ou seja, peneirar o sentido que possivelmente é mensagem divina e o que o(a) autor(a) colocou ali pelos seus condicionamentos culturais, sociais e religiosos.

Quando os(as) autores(as) do Segundo Testamento citam o Primeiro Testamento bíblico, referem-se aos seus autores e autoras, aos quais conferem um valor divino. A Igreja reconhece também nas palavras desses profetas[75] a presença de um carisma semelhante ao dos antigos profetas (Lucas 1,70; Atos 2,24). As cartas do Apóstolo Paulo circulavam entre as comunidades, eram lidas e refletidas por elas, conforme nos informam as próprias cartas (Colossenses 4,16;1 Tessalonicenses 5,27).

Depois de considerarmos a Revelação divina para a humanidade por livre iniciativa e por amor, lembrando que Deus inspirou homens e

---

[74] CONCÍLIO VATICANO II, *Dei Verbum. Constituição Dogmática sobre a Revelação Divina.* São Paulo: Paulinas, 2005. p. 15.

[75] Atos 11,27; 13,1; 1 Coríntios 12,28; 14,37; Efésios 4,11.

mulheres ao longo da história, para registrarem a experiência humana, social e religiosa que o povo fez com o mistério de amor que nos envolve, não podemos esquecer que a Bíblia é uma biblioteca, composta por 73 livros, ou seja, a Bíblia é obra literária e como tal deve ser interpretada. É ingenuidade e erro grave dizer: "A Bíblia basta ser lida e colocada em prática". Toda leitura suscita e requer interpretação, que precisa ser sensata e libertadora. Não podemos sair catando versículos e citando-os para justificar nossos preconceitos e posturas muitas vezes moralistas e fundamentalistas, o que recai em idolatria.

CAPÍTULO 23

NAS CEBS, LEIGAS E LEIGOS NA PRÁTICA DA PROFECIA[76]

À luz do pedido do Papa Francisco, de fazer crescer "a consciência da identidade e da missão dos leigos na Igreja", com o tema "Cristãos Leigos e Leigas sujeitos na "Igreja em saída", a Serviço do Reino"" e o lema: "Sal da Terra e Luz do Mundo" (Mateus 5,13-14), a Igreja Católica do Brasil celebrou o Ano Nacional do Laicato, de 26 de novembro de 2017 – Solenidade de Cristo Rei – a 25 de novembro de 2018.

A nossa participação na Igreja e na sociedade é fruto de um processo histórico. Celebrar o Ano do Laicato foi mergulhar em uma longa história de vidas amadas, doadas, ceifadas, crucificadas, ressuscitadas. Foi como percorrer o caminho feito por um grande rio, caudaloso, banhado por outros rios, outros riachos e córregos. Este rio reapareceu com o Concílio Vaticano II, espalhou-se pela América Afrolatíndia e pelo Brasil e segue banhando outros rios, mas também deixando-se banhar e, até mesmo, beber de novas águas: conferências dos bispos da América Afrolatíndia em Medellín, Puebla, Santo Domingo e Aparecida. O Documento 62 da Conferência Nacional dos Bispos do Brasil (CNBB) "Missão e ministérios dos cristãos leigos" é outro rio da grande bacia do protagonismo das leigas e dos leigos. O 14º

[76] Este texto, eu, frei Gilvander, escrevi em conjunto com Neli Almeida, do CEBI/MG e das CEBs de Minas Gerais. O mesmo encontra-se publicado também no site www.cebsdobrasil.com.br e pode ser acessado pelo link: http://www.cebsdobrasil.com.br/2017/11/23/nas-cebs-leigas-e-leigos-profecia-no-ano-do-laicato-por-neli-almeida-e-frei-gilvander-moreira. Acesso em 14 mar. 2024.

Intereclesial das CEBs – Encontro Nacional –, ocorrido em Londrina, no Paraná, chegou trazendo os clamores do mundo urbano. "Eu vi e ouvi os clamores do meu povo e desci para libertá-lo" (Êxodo 3,7). Ver e ouvir são os primeiros passos da profecia, que exige conhecer por dentro a realidade dos superexplorados e com eles assumir o compromisso da opção pelos pobres que alimenta as lutas libertárias.

Nas sociedades capitalistas, com cidades empresariais, a especulação imobiliária e mil formas de opressão moem vidas como cana passada no engenho. Entretanto, é neste mundo violentador que, pela coragem e fé de mulheres e homens que profetizam nas comunidades, brota a esperança, fruto das lutas coletivas por direitos. Mesmo diante desse quadro gritante nos grandes centros urbanos e, apesar da insistência dos Documentos da Igreja em apontar o mundo como primeiro âmbito da atuação dos leigos e leigas, atualmente muitos padres e leigos clericalizados estão atraindo o povo para dentro das igrejas, deixando-os entocados e abstendo-se de ser sal, luz e fermento na sociedade.

Na Igreja, há contradições relacionadas ao protagonismo leigo, principalmente no que toca à atuação das mulheres. O Concílio Vaticano II, que aconteceu de 1962 a 1965, ressaltou o sacerdócio comum de todos os fiéis que pelo batismo se tornam profetas, sacerdotes e pastores/reis, porém, os pontificados de João Paulo II e Bento XVI, em 34 anos, alimentaram de forma absurda o clericalismo, o liturgismo e espiritualismos que atrofiam a dimensão social da fé cristã. O clericalismo marginaliza ou exclui as mulheres. Elas coordenam comunidades, pastorais, conselhos e abraçam os serviços da Igreja como leigas, no sentido estrito de uma vocação. Até quando a Igreja Católica vai ficar sem aceitar o sacerdócio ordenado por mulheres, como já existe em várias outras igrejas cristãs?

> As Comunidades Eclesiais de Base (CEBs), constituídas no Brasil, desde 1960, assumem como centro a Palavra sempre em uma dimensão missionária que conduz ao engajamento nas lutas de transformação da sociedade na perspectiva do Reino de Deus. Outro espaço privilegiado de participação dos cristãos leigos é as Pastorais Sociais. Elas significam a solicitude e o cuidado de toda a Igreja missionária diante de situações reais de marginalização, exclusão e injustiça. A sua atuação deve ser profético-transformadora, indo além do assistencialismo (CNBB, Doc. 105, 205).

Tanto nas CEBs quanto nas Pastorais Sociais, o protagonismo das mulheres é marcante. São mulheres profetisas que abraçam a luta em defesa da vida de forma concreta. Luta marcada pela indignação diante das injustiças sociais, mas selada pela ternura, coragem e perseverança.

A igreja, enquanto instituição, deve um pedido de perdão às mulheres por ainda não serem ordenadas ou porque não se elimina o sacerdócio ordenado deixando somente o sacerdócio comum. Jesus, com seu jeito simples de testemunhar o Reino de Deus, quebrou a estrutura machista de seu tempo e deixou-nos o exemplo de igualdade e respeito às mulheres. Por isso, elas estão presentes em toda caminhada de Jesus, desde a Galileia até Jerusalém, ao pé da cruz. Na Bíblia há "144 mil" mulheres leigas e profetisas. Os quatro evangelhos da Bíblia dizem que havia mais mulheres do que homens seguindo a Jesus, e que Maria Madalena, uma leiga, foi a primeira testemunha e anunciadora de sua ressurreição.

Outro desafio a ser considerado encontra-se também dentro da própria Igreja. Não são poucos os padres que tentam impedir e/ou não admitem o protagonismo leigo. Não podemos esquecer que "é para a liberdade que Cristo nos libertou" (Gálatas 5,1). Em suas comunidades, esses padres escolhem os leigos e as leigas que constituirão os Conselhos Pastorais e os Conselhos de Assuntos Econômicos, de forma a garantir a submissão e a concordância com suas imposições. Nessas comunidades, raramente se veem encontros de formação de leigas e leigos, e as Pastorais Sociais são inexistentes ou inexpressivas. E isso, infelizmente, muitas vezes tem o respaldo de bispos, pela omissão, negligência ou cumplicidade.

Diante do clamor da Mãe Terra, da irmã água e com a inquietude cristã provocada pela crise que ameaça a vida em toda a sua biodiversidade, leigas e leigos devem também assumir, com urgência, ações concretas inspiradas na Encíclica *Laudato Si, do Papa Francisco,* e serem verdadeiras/os missionários(as) a anunciarem a "comunhão com a criação, a defesa da água, do clima, das florestas e dos mares, como bens públicos a serviço de todas as criaturas" (CNBB, Doc. 105, 272).

Leigas e leigos juntos, com alegria, coragem e espiritualidade libertadora fazem a diferença e devem seguir, com ousadia, construindo outra igreja e outra sociedade, possíveis e necessárias, justas, democráticas, proféticas, misericordiosas, (macro)ecumênicas, respeitosas da diversidade cultural e religiosa e em harmonia com nossa única casa comum: o planeta Terra.

CAPÍTULO 24

CEBS RESGATANDO O COMPROMISSO COM AS LUTAS POPULARES

Na cidade de Passos, Diocese de Guaxupé, no sudoeste de Minas Gerais, de 18 a 21 de julho de 2024, com cerca de 500 lideranças de CEBs (leigos(as), religiosos(as), padres e bispos), de todas as regiões de Minas Gerais, aconteceu o 9º Encontro Mineiro das CEBs, Comunidades Eclesiais de Base. Graciosamente, as centenas de pessoas participantes do Encontro foram acolhidas e hospedadas em casas de famílias. "Fomos acolhidos(as) e hospedados(as) por famílias que não nos conheciam. Convivendo e dialogando, fizemos amizades. Só nas CEBs isto acontece: maravilha da caminhada na construção do reino de Deus", disse uma cebiana, me apresentando o casal que a tinha hospedado.

Várias equipes de serviço, compostas por pessoas voluntárias garantiram o êxito do Encontro: equipes de coordenação, animação, liturgia, secretaria, comunicação, limpeza, alimentação. "A comida está uma delícia, muito boa, feita em mutirão com muito amor. Aqui não tem jejum, é café da manhã, almoço, jantar e lanche nos intervalos", vários diziam.

"Mesmo tendo viajado quase 30 horas para chegar a Passos, saindo lá de Santo Antônio do Jacinto, no Baixo Jequitinhonha, viemos com muita alegria, acolhendo irmãos e irmãs em várias paradas. Almoço e janta sempre em uma Comunidade na beira da estrada", anotou com alegria uma cebiana do povo do Vale do Jequitinhonha.

O Tema do IX Encontro Mineiro de CEBs foi "CEBs e Lutas Populares", e o Lema "Caminhando juntos na luta por Terra, Teto e Pão", embalados(as) pela utopia profetizada por Maria, a Mãe de Jesus e nossa mãe: "Derrubando do trono os poderosos e elevando os humildes" (Lucas 1,52).

Após análise sobre o Tema e o Lema, muito bem apresentados pelo Padre Paulo Adolfo e pela irmã Virma Barion, a reflexão e a troca de experiências seguiram em 13 oficinas: 1) CEBs e Direitos Humanos; 2) CEBs e Combate à Fome; 3) CEBs e Comunicação não violenta; 4) CEBS X Mineração; 5) CEBs, Agroecologia e Ecologia Integral; 6) CEBs e Economia Solidária de Francisco e Clara; 7) CEBs, Religiosidade Popular e Liturgia em função de uma espiritualidade popular; 8) CEBs, Ecumenismo e Diálogo Inter-religioso; 9) CEBs e Mobilização Popular (Luta de classes); 10) CEBs e Juventudes; 11) CEBs e a luta das Mulheres; 12) CEBs e Coleta Seletiva; 13) CEBs e Pacto Educativo proposto pelo papa Francisco.

Em todas as oficinas, o tema "CEBs e Lutas Populares" foi aprofundado. Reafirmamos que é preciso levar a sério o B de CEB, que é base eclesial, os leigos(as), que devem ser protagonistas e não subservientes ao clericalismo que insiste em impor relações de poder piramidal e autoritário. Foi evidenciado que o clericalismo é idolatria, um desvio brutal de padres que ao invés de serem servidores do povo, exigem que sejam servidos, enquanto ficam no alto de posturas arrogantes. Base também diz respeito à base da sociedade escravocrata, o que implica pôr em prática a opção de classe, a opção pelos injustiçados(as). Viver em comunidade, lutar juntos por direitos ao lado dos Movimentos Populares, eis o rumo certo das CEBs. Buscar unidade, sim, mas sem perder a opção pelos pobres. No "Concílio de Jerusalém", a Assembleia de Jerusalém, narrada em Atos 15,1-35 e em Gálatas 2,1-10, se constrói a unidade das igrejas, mas a partir da superação do grande tabu que tinha se tornado a circuncisão. Foi a partir da igreja da periferia da grande cidade de Antioquia, que exigia a superação da circuncisão, que se costurou a unidade e não um aliancismo entre "gregos e troianos". Segundo o apóstolo Paulo, a única exigência dos apóstolos em Jerusalém para abolir a circuncisão foi "não esqueçam os pobres" (Gálatas 2,10), ou seja, mantenham a opção pelos pobres.

Nos primeiros 30 anos dos seus 70 anos, as CEBs foram reconhecidas como "sementeiras de Movimentos Populares", tornando-se imprescindíveis na organização do Partido dos Trabalhadores, do sindicalismo combativo, na criação do MST e de dezenas de outros Movimentos Populares. Contudo, lamentavelmente, durante os 34 anos de pontificados de João Paulo II e Bento XVI (de 1978 a 2013), as CEBs foram asfixiadas com o fomento de movimentos religiosos espiritualistas, fundamentalistas e moralistas. Uma multidão de pessoas católicas e de outras igrejas cristãs foram empurradas e jogadas no colo da extrema direita política, que é idolátrica, pois usa em vão o nome de Deus e abusa de versículos bíblicos para difundir discriminação, preconceitos, homofobia, aporofobia e políticas de mortes.

Vimos que no seio da população há povo e massa. Povo que tem um projeto popular de sociedade, é autônomo e busca pôr em prática as três emblemáticas metáforas do evangelho: ser sal, fermento e luz. Necessário observar que o sal incomoda a comida, o fermento incomoda a massa e, por isso, a faz crescer. A luz incomoda as trevas. Ao incomodar, gera perseguição. Por isso, os profetas e profetisas são perseguidos. Em uma sociedade brutalmente injusta e violenta como a sociedade ultracapitalista brasileira, quem não está incomodando os opressores não está sendo fiel ao evangelho de Jesus Cristo.

Vimos que as CEBs precisam resgatar seu protagonismo nas Lutas Populares, mas sem recair no identitarismo, pois Maquiavel dizia que dividir é ótima estratégia para dominar. Logo, as lutas pela superação do racismo, da homofobia, do patriarcalismo... não podem se reduzir a lutas pela afirmação identitária, mas precisam questionar a causa maior que é a opressão de classes movida pela elite econômica, política e religiosa, que sequestram em propriedade privada capitalista os meios de produção. No Brasil, o grande capital superexplora o trabalhador, aprisionando e sequestrando a terra, como já denunciado pelo sociólogo José de Souza Martines no livro *O Cativeiro da Terra*, de leitura imprescindível. Enquanto não se fizer reforma agrária popular e não forem demarcados todos os Territórios dos Povos Originários (Indígenas) e dos Povos e Comunidades Tradicionais, não será possível superar a brutal injustiça urbana e ambiental que se reproduz cotidianamente no Brasil. Portanto, as CEBs devem se comprometer com a luta por Justiça Agrária ao lado dos sem-terra, dos indígenas, dos quilombolas e de todos os outros Povos Tradicionais.

Vimos que a missão de Jesus Cristo pode ser dividida em duas partes. Na primeira delas, Jesus priorizou a ternura, a compaixão e a misericórdia. A coluna mestra era a solidariedade, fase dos milagres e da convivência no meio do povo. Mas, após a chamada crise galilaica (Marcos 8,27-33), Jesus fez uma análise da realidade e descobriu que não podia restringir sua atuação apenas no cuidado das pessoas injustiçadas, mas deveria atacar as causas da fome, da paralisia, da cegueira...

Aprofundando em sua missão, Jesus, na 2ª parte dos evangelhos, via de regra, prima por lutar por justiça. Denuncia o governador Herodes como Raposa, comedor de sangue dos pobres; os saduceus, os que se apropriavam das terras, como hipócritas e falsos. Por lutar por justiça, Jesus foi condenado à pena de morte pelos chefes dos poderes econômico, político e religioso. Logo, as CEBs precisam seguir integralmente a missão de Jesus: solidariedade e luta por justiça. É erro teológico e pastoral grave restringir nossa atuação apenas à solidariedade. O bom pastor não somente cuida das ovelhas, mas, após libertá-las dos currais (João 10), as convida para campo aberto, onde enfrenta os lobos ferozes que insistem em agredir e violenta-las.

Sigamos a caminhada e as lutas populares por direitos, inspirados(as) pelo Evangelho do jovem mártir Jesus Cristo e pelo Papa Francisco, em uma Igreja em saída e sinodal, lutando coletivamente por condições objetivas de vida digna, com terra, teto, trabalho e tecnologia para todos e todas, e na certeza de que realizaremos a utopia de Deus: "Derrubar do trono os poderosos e elevar os humildes" (Lucas 1,52). E precisamos apressar o passo na luta pela superação do capitalismo, pois as sirenes da Emergência Climática estão gritando de forma estridente. Eventos extremos cada vez mais frequentes e letais estão acontecendo com tendência a piorar muito. Estudos da NASA[77] mostram que o Brasil pode ficar inabitável em 50 anos, ou seja, até 2074, por causa das mudanças climáticas que apontam o nosso país como uma das áreas do planeta Terra que mais ficará quente, tornando a vida humana e de muitas outras espécies impossível.

---

[77] Administração Nacional da Aeronáutica e Espaço, do Governo Federal dos Estados Unidos.

CAPÍTULO 25

UMBANDA, RELIGIÃO QUE PREGA O AMOR, A PAZ, A FRATERNIDADE E O RESPEITO

No dia 20 de novembro de 2023, Dia da Consciência Negra, dia do martírio de Zumbi, ocorrido em 1695, líder do Quilombo de Palmares, dia de reforçarmos as lutas justas e necessárias para superarmos as relações sociais escravocratas com acesso à terra, à moradia digna, à educação emancipatória, à saúde pública de qualidade, à cultura libertadora, com protagonismo do povo negro, em lutas que superem o racismo estrutural e institucional incrustado no capitalismo. Ciente de que dentro do capitalismo é impossível superar o racismo e o colonialismo, marchemos para a construção de uma sociedade socialista com as especificidades brasileiras. No dia de hoje dedico um tributo ao Povo Negro, especialmente ao povo da Umbanda, que se congrega em uma grande pluralidade.

Em 15 de novembro de 2023, parece que conduzido pelos bons espíritos, tive a alegria de assistir a uma sessão (gira) de Umbanda em uma das praças da cidade de Ibirité, na região metropolitana de Belo Horizonte/MG. Ao passar pela praça, me chamou a atenção a presença de um grupo vestido de branco, as mulheres com vestido rodado e uns cartazes que diziam: "Dia 15 de novembro é Dia Nacional da Umbanda". Outro cartaz dizia: "A roupa branca que você gosta de vestir na virada do ano é da religião que você oprime o ano inteiro". Outro cartaz dizia: "Não precisamos de Dia da consciência negra, branca, parda ou albina, mas de 365 dias de consciência humana. Viva a Umbanda!". "A Umbanda é uma religião que abre suas portas para todos, sem julgamento, apenas acolhe com amor, fraternidade e respeito". "Intolerância religiosa é crime", dizia outro cartaz, da Tenda Estrela da Guia, do Caboclo Rompe Mato. Faz parte de uma importante e complexa categoria de Povos e Comunidades Tradicionais de Matriz Ancestral Africana, os "Povos de Terreiro", compostos pelos segmentos do Candomblé das nações de Ketu, Angola e Jeje, Angola-Muxikongo, de Umbanda e Omolocô de diferentes linhas e por reinados nas mais diversas linhagens, dentre outros.

Rubens, um dos umbandistas que coordenava os trabalhos, me disse que apenas nos últimos anos eles estão podendo celebrar na praça, pois durante várias décadas tiveram que celebrar escondidos, para não serem perseguidos. Ele me acolheu e disse que eu poderia ficar à vontade, inclusive filmar, se eu quisesse. Acabei filmando quase 90 minutos a sessão de Umbanda na praça pública, com atabaques e cantorias que cantam a libertação do povo negro escravizado e a bênção dos ancestrais. Rezaram algumas vezes Pai Nosso e Ave Maria. Fizeram sinal da cruz e preces, inclusive à Nossa Senhora do Rosário. Estiveram presentes no ritual integrantes da Guarda de Moçambique de Ibirité. Algumas pessoas, fumando cachimbo, incorporaram Caboclo Velho, que ofereceu passe a quem quis. Com um defumador, todas as pessoas foram incensadas. Vinho e outra bebida foram partilhados e, no final, uma canjica foi partilhada com todos os presentes. Enfim, saí de lá me sentindo abençoado por outra religião e me perguntando: por que pessoas que se dizem cristãs, sejam católicas ou (neo)pentecostais, perseguem os Povos de Terreiro? Vi que existem muitas semelhanças entre a celebração na Umbanda e as celebrações que se fazem nas igrejas cristãs: cantos, orações, bênçãos, partilha etc. Mesmo que fossem totalmente distintas as formas de celebração e de rituais, não há motivo para discriminação e muito menos de perseguição, pois os Povos de Terreiro pregam o amor, a paz, a fraternidade e o respeito. Além do mais, o Brasil é um país laico, ou seja, está garantido na Constituição Federal de 1988 a liberdade de credo de todas as religiões e igrejas, bem como a alteridade cultural. O Brasil não é um país confessional, de uma única religião, o que seria ditadura religiosa. O que é tipificado como crime é a intolerância religiosa. Sei que o preconceito é fruto de desconhecimento e da falta de informação histórica e correta. Não há como amar o que se desconhece.

O biblista e teólogo da Teologia da Libertação Marcelo Barros nos recorda que "o termo Umbanda vem do idioma quimbunda de Angola e significa "arte de curar", ou hoje podemos traduzir por "arte de cuidar", o que liga a fé e a espiritualidade ao cuidado uns dos outros/

umas das outras, assim como o "cuidado da mãe-Terra e da natureza". Assim como em sua sociedade Jesus valorizou os samaritanos, cultural e espiritualmente, reconhecemos nas comunidades de Umbanda essas comunidades samaritanas que têm ajudado as pessoas negras e pobres a salvaguardarem a consciência de sua dignidade humana e a necessária e salutar cultura comunitária da qual a nossa sociedade precisa tanto.

No dia 15 de novembro deste ano de 2023 celebramos o aniversário de 115 anos da criação da Umbanda, uma religião propriamente brasileira. No dia 15 de novembro de 1908, em São Gonçalo, periferia do Rio de Janeiro, o médium Zélio Fernandino de Moraes fundou a Umbanda, que se baseia em três conceitos fundamentais: Luz, Caridade e Amor. O termo "Umbanda" vem de Angola e quer dizer "arte de curar". A Umbanda sintetiza elementos do Candomblé banto, do Espiritismo kardecista e do Catolicismo popular.

Infelizmente, até hoje, há grupos cristãos fundamentalistas que combatem e perseguem as religiões afrodescendentes. É mais triste ainda constatar que fazem isso em nome de Jesus. Conforme o Evangelho, Jesus afirmou que pelos frutos se conhece a árvore. No Brasil e em todo o continente, os frutos das religiões negras têm sido preservar as culturas originárias, manter a unidade das comunidades e, em nossos dias, testemunhar a toda a humanidade uma espiritualidade que liga o amor social ao cuidado afetuoso com a mãe-Terra e toda a natureza.

No passado e até hoje, a Umbanda e as outras religiões indígenas e negras foram discriminadas, condenadas e mesmo perseguidas pela nossa Igreja e, ainda hoje, por grupos católicos fundamentalistas e (neo)pentecostais. Por isso, temos uma dívida moral com a Umbanda e com as espiritualidades de matriz afro e podemos, em nome de Jesus, afirmar em bom e alto som: Viva a Umbanda!".

Filmei e posto em meu Canal no Youtube – "Frei Gilvander Luta pela Terra e por Direitos" – quase 90 minutos da sessão de Umbanda que assisti, para quem tiver interesse de conhecer um pouco da beleza ética e espiritual da Umbanda e dos demais Povos de Terreiro.

Sejamos construtores de paz com respeito entre as religiões, igrejas e pessoas religiosas e não tenhamos apenas tolerância. Que a luz e a força divina nos guiem sempre, inclusive no processo de libertação de preconceitos e discriminações.

CAPÍTULO 26

VI E OUVI NA PALESTINA: POR QUE APOIAR O POVO PALESTINO?

Com a brutalidade do dragão de Apocalipse, como Estado colonialista, racista e que submete a *aparthaid* há 76 anos o povo palestino, Israel segue aumentando os ataques e exterminando milhares de civis palestinos em Gaza. A cada minuto aumenta o número de mortos. O Ministério da Saúde da Palestina, Press TV, Hispan TV e FEPAL[78] informaram, em 23 de outubro de 2024, que, em Gaza, em 381 dias de genocídio, já havia mais de 120 mil feridos e 43 mil palestinos assassinados, sendo que 44% dos mortos são crianças (19 mil) e 24,5% de mulheres (10,5 mil). E, sob os escombros, ainda há 10 mil pessoas desaparecidas.

Segundo a revista científica *The Lancet*, que se baseou em dados da ONU, o número de mortos até 05 de julho de 24 deveria ser de, aproximadamente, 186 mil mortos, incluindo os que estão sob os escombros ou que morreram por falta de acesso a hospitais, alimentos, água ou abrigo. Isso corresponde a 4 mortes indiretas para cada morte direta. Portanto, considerando que a população estimada de Gaza é de 2,3 milhões de habitantes, 8% de sua população teria sido assassinada pelo Estado de Israel sionista.

O alto comissário da ONU para os direitos humanos, Volker Türk, disse, em entrevista:

[78] Federação Árabe Palestina Brasil.

> Em média, aproximadamente 130 pessoas morreram todos os dias em Gaza durante os últimos dez meses (desde o dia 7 de outubro de 2023). A magnitude da destruição de casas, hospitais, escolas e locais de culto pelo Exército israelense é profundamente chocante. Hoje é um marco sombrio para o mundo inteiro. O povo de Gaza lamenta hoje a morte de 40 mil palestinos.[79]

Eu estive por duas semanas na Palestina estudando arqueologia e geografia bíblica. Vi com meus olhos o tanto que o povo palestino vem sendo injustiçado e violentado pelo Estado de Israel há muitas décadas, de forma muito mais brutal e, agora, sob o governo fascista de extrema-direita atrelado ao senhor da guerra, tio Sam.

Após concluir o mestrado em Exegese Bíblica, no Pontifício Instituto Bíblico de Roma, na Itália, sete padres colegas e eu fizemos uma viagem-estágio, de 05 a 20 de março de 2000, à "Terra Santa" (todas as terras são santas, mas...) de Israel-Palestina. Partilho aqui algumas impressões, "coisas" que vi e/ou escutei lá e que me marcaram muito. O centro-sul de Israel-Palestina é quase só um deserto, uma desolação imensa. Ao constatar esse perfil geográfico, imediatamente me veio a consideração: "Mas esta é a terra que Deus prometeu aos nossos pais e mães?!!! Terra em que corre leite e mel?!!! Por que e para que brigar tanto pelo controle desta terra?" Entretanto, ao chegar às planícies da Galileia, no norte da Palestina, vi que a terra ali é muito fértil. Na Galileia se produz de tudo – é um paraíso terrestre, um grande celeiro agrícola. A Palestina tem sido disputada, há mais de 4 mil anos, em vista de ser uma região estratégica para a geopolítica do Oriente Médio – geograficamente, é ponto de ligação entre três continentes: Europa, Ásia e África.

A Jerusalém Antiga é hoje um grande mercado religioso e... se Jesus "torrou a paciência" e, com o sangue fervendo de indignação, "chutou o pau da barraca" lá na frente do Templo, quando disse: "Vocês estão fazendo da casa do meu Pai um covil de ladrões!" (Cf.: Lucas 19,45; Marcos 11,17), imaginem agora, que toda a Jerusalém (e o mundo) é um grande mercado, onde em nome do deus capital se jogam toneladas de bombas em cima de crianças, mulheres, idosos e doentes em Gaza e em muitos outros lugares do mundo...

---

[79] BRASIL DE FATO. *Massacre em Gaza continua.* Disponível em: https://web.facebook.com/story.php/?story_fbid=903673408466052&id=100064702027752&_rdc=1&_rdr. Aceso em 20 set. 2024.

As ruas da Jerusalém antiga são muito estreitas. Automóveis circulam somente em algumas delas. Na maioria das vielas, só podem passar uns pequenos tratores para transportar mercadorias e recolher resíduos. Os judeus, após 1948, construíram ao lado da Antiga Jerusalém, uma Jerusalém Nova, uma cidade de primeiríssimo mundo, muito luxuosa.

Em Israel, o serviço militar é obrigatório: três anos para os rapazes e dois anos para as moças. Israel tem um poderosíssimo arsenal bélico. Por exemplo, em Hebrom, onde a quase totalidade da população é palestina, em março de 2000, ainda viviam dois mil judeus. Estavam lá 500 soldados para dar "segurança" a estes: um soldado para cada quatro judeus. Vi diversas pessoas judias andando em Jerusalém (e no caminho para Jericó) com um ou dois soldados com metralhadora nas mãos fazendo a sua escolta. Cada família hebraica que vive em território palestinense tem direito à escolta de dois soldados judeus com metralhadora nas mãos, 24 horas por dia. Em Hebrom, pudemos sentir a grande tensão que existe entre palestinos e israelenses. Existem barreiras do exército de Israel por todos os lados, o que configura um *apartheid*, imposto por Israel há muitas décadas contra o povo palestino, que quando não é morto ou exilado ao terem seus territórios invadidos por Israel, tem que se submeter a revistas das forças (armadas até os dentes) do desgoverno de Israel.

Tivemos que passar no detector de metais diversas vezes, sobretudo quando tentamos entrar na mesquita de Omar, no Muro das Lamentações e no Túmulo dos Patriarcas em Hebrom. Um dos meus colegas não pôde entrar com um binóculo para ver melhor à distância. Mesmo sendo descendente de judeus perseguidos na Península Ibérica, que foram forçados a migrar para o Brasil, eu, por ser parecido com palestino, fui vistoriado diversas vezes por soldados do exército israelita.

No norte da Palestina, acima do lago da Galileia, nas Colinas de Golã (território que Israel tomou à força da Síria que o Hezbollah e o povo Sírio reivindicam de volta), divisa com o Líbano e a Síria, vimos de perto como o exército israelense está armado até os dentes. Vimos três acampamentos do exército, cada um com mais de 30 tanques de guerra e caminhões lotados de armas.

Nas Colinas de Golã, ao lado do asfalto, há cercas de arame dos dois lados, com placas penduradas de 15 em 15 metros dizendo: "Atenção, perigo! Terreno minado!" Nas Colinas de Golã estão fontes de águas de Israel-Palestina e as terras são muito férteis. É no Golã que estavam as "vacas de Basã" (Cf.: Amós 4,1-4), pois lá era (e continua sendo) um grande celeiro agrícola. A degradação ambiental está secando fontes de águas do Rio Jordão, que são as Colinas de Golã, e, consequentemente, o lago da Galileia. O "Mar" Morto está baixando muito suas águas. Logo, como sem água não se pode viver, pois é imprescindível para a agricultura, para os animais e principalmente para os seres humanos, o controle das fontes de água tornou-se questão de Segurança Nacional para Israel.

Israel controla militarmente a quase totalidade das águas da região. Quando diminuem as águas, os palestinos e os jordanianos são os primeiros a passarem sede, pois Israel fecha a "torneira" para eles (algo equivalente também se faz no Brasil: água vira mercadoria. Grandes empresas consomem um exagero de água para produzir mercadorias e deixam os pobres na beira do rio São Francisco sem água, favelas sem água, enquanto condomínios fechados esbanjam água). A água não está sendo distribuída equitativamente para todos. Israel permite acesso à água somente para o abastecimento urbano nas cidades palestinas, mas, ultimamente, cortou o acesso a água em Gaza, o que é crime de guerra. Mais da metade da agricultura de Israel é irrigada, mas os palestinos são proibidos de irrigar suas lavouras, algo semelhante à transposição do rio São Francisco para beneficiar hidronegócio de grandes empresas, enquanto o povo do semiárido continua sem água.

A presença marcante das práticas religiosas está por toda a parte. Na Jerusalém Antiga, às 4 horas da manhã, os muçulmanos começam a rezar na grande Mesquita de Omar, construída no lugar do Templo judeu. No alto da Mesquita, os alto-falantes (em todas as mesquitas deles os alto-falantes estão presentes) fazem ecoar para toda a Jerusalém antiga a oração dos muçulmanos. Cinco vezes por dia é possível escutá-los rezando. A poucos metros da Mesquita de Omar, no Muro das Lamentações, ao lado do ex-templo judaico, os judeus mais conservadores rezam "inclinando a cabeça rumo ao muro".

Vimos na Samaria, região central da Palestina, perto do monte Garizim, um grupo de crianças palestinas apedrejando o automóvel de um israelense, que, zombando das crianças, apontou um revólver para as mesmas. Dá para imaginar o ódio que existe de parte a parte? Todas as famílias palestinas já tiveram vários parentes assassinados pelo exército de Israel. O martírio do povo palestino não será em vão, será semente de ressurreição e irá garantir o reconhecimento pelas nações do mundo de um Estado Palestino autônomo, com território necessário para viver, conviver e trabalhar em paz com justiça.

Em 1998, chegaram a Israel cerca de 63 mil judeus, vindos principalmente da ex-União Soviética, país que tinha acolhido uma grande multidão deles. Mas enquanto os judeus importam judeus da diáspora de todo o mundo, com o patrocínio econômico dos judeus dos Estados Unidos, os palestinos se multiplicam somente pelo processo reprodutivo natural. A Jerusalém antiga está cheia de muçulmanas, quase todas com uma criança nos braços, outra no ventre e 3, 4, 5 ou 6 ao redor de si. Entre os muçulmanos existe a poligamia. Todavia, na prática, este regime é coisa de ricos, porque cada mulher tem que ter uma casa, conforme determina o Alcorão.

Dizem que corre entre os palestinos a seguinte afirmação: "Nós venceremos os judeus na cama, não com armas, mas com amor". O povo palestino é empobrecido, assim como o povo negro brasileiro. Os palestinos são pessoas muito simpáticas e acolhedoras. Existem diversos campos de refugiados palestinos. Uma mulher cristã de Belém desabafou conosco sobre o turismo comercial religioso:

> Os peregrinos-turistas vêm aqui preocupados em ver pedras mortas (ruínas antigas), mas não se lembram das pedras vivas que somos nós cristãos, muçulmanos e judeus, na terra de Jesus, e que estamos sendo massacrados juntos com os palestinos pelo exército de Israel. Não conhecem a nossa história de luta pelo território.

Uma das características de Israel-Palestina: as cidades e/ou bairros dos judeus são ricos e luxuosos, com grande segurança militar, muros altos com cerca de arame farpado, enquanto as cidades e/ou bairros palestinos são pobres e com nenhuma segurança militar. Enquanto Israel mantem hospitais de luxo, bombardeia os poucos e pobres hospitais que existem na Faixa de Gaza, desrespeitando de forma cruel e impiedosa as leis internacionais que instruem a preservação de hospitais, igrejas e edificações históricas, impedindo ainda os corredores humanitários.

No dia 22 de março de 2000, o Papa João Paulo II celebrou uma missa em Belém, na Palestina. Foi uma celebração bonita. Os palestinos gostaram. O Papa disse: "O mundo não pode mais ignorar o sofrimento do povo palestino!" O Papa exortou judeus e palestinos a encontrarem um caminho de paz, justiça e convivência respeitosa. O Papa Francisco está se empenhando em contribuir para o cessar fogo de Israel, que se chegue a negociações de paz que inclua o reconhecimento do Estado Palestino e que os territórios invadidos por Israel sejam devolvidos ao povo palestino.

Em quase todas as cidades da Israel-Palestina existe uma cidade nova ao lado das ruínas de uma antiga cidade, que foi destruída várias vezes. Na parte nova de Jerusalém, cidade de Primeiro Mundo, onde está a sede do Parlamento de Israel e a sede do Governo, os judeus construíram um grande museu chamado Yad Vashem, como memorial do Holocausto da Segunda Grande Guerra. Lá plantaram 18 mil árvores com o nome de 18 mil pessoas que salvaram judeus dos campos de concentração nazistas. Lá estão também, dentro de uma grande sala, três velas acesas que, com ajuda de espelhos refletores, se multiplicam em 1.500.000 velas-estrelas. Ao entrar nesta sala, tem-se a impressão de estar no meio de uma noite escura com o céu estrelado. Cada "estrela" recorda uma das 1.500.000 crianças judias assassinadas nos campos de concentração de Hitler. Impressionante é escutar uma voz que vai dizendo o nome de todas as crianças judias vítimas do nazismo e, ao sair da sala, encontrar diversas fotografias das crianças martirizadas. É muito comovente, mas imediatamente uma voz dentro de mim me dizia, quando ali estive: "O mais dramático e grave é que o holocausto não é somente uma questão do passado, pois 2/3 da humanidade continua sendo assassinada antes do tempo pelo mundo afora". Pior, Israel, após a Segunda Grande Guerra, nos últimos 76 anos, já matou mais de 170 mil palestinos e, nas últimas semanas, está perpetrando com brutalidade parecida que a de Hitler o holocausto do povo palestino em Gaza! O holocausto se repete, agora, perpetrado pelo Estado terrorista de Israel. Vítimas do holocausto feito com requintes de crueldade pelos nazistas, judeus sionistas agora fazem holocausto do povo palestino. Israel transformou Gaza no maior campo de concentração, de extermínio em massa.

Enfim, alerto aos judeus sionistas e a quem os apoia: quem mata nossos irmãos palestinos morrerá politicamente em breve, pois a história não os perdoará. E assim como Hitler e os nazistas foram jogados na lata de lixo da história e todos os violentos e opressores foram vencidos, vocês também, que insistem na brutalidade, serão vencidos e serão jogados na lata de lixo da história. E os palestinos mortos ressurgirão e serão milhões cada vez mais humanos e fortes. Que a luz e a força divina nos guiem sempre na luta pela paz com justiça. Viva a luta do povo palestino!

"POR QUE E PARA QUE MATAS TEU IRMÃO PALESTINO?" POR PAZ COM JUSTIÇA ENTRE OS POVOS JUDEU E PALESTINO

De forma impactante, a romancista e poeta palestina Heba Abu Nada deixou por escrito, pouco antes de ser morta sob os escombros em Gaza,: "...somos pessoas justas e do lado da verdade".

Em 1920, ainda sobre a administração britânica, Albert Einstein escreveu uma carta a um árabe, com uma proposta secreta, na qual dizia: "Nós, árabes e judeus, devemos escolher um conjunto de pessoas, um conselho, em que haja sempre paridade absoluta de um lado e de outro, para fazermos um caminho em conjunto pela autonomia e para reivindicarmos esta terra para nós, judeus e árabes".

O povo palestino não é terrorista, é povo de uma humanidade extraordinária. Não nos calemos diante do massacre dos palestinos pelo governo racista, colonial e genocida de Israel, que, há 76 anos começou a matar palestinos e a invadir o Território deles, quando ainda não existia Hamas, mas usava-se outra desculpa para mata-los e expulsá-los.

Tem direito de defesa quem é atacado e violentado. Se o estado de Israel ataca, violenta, matou 160 mil palestinos nos últimos 76 anos, segue invandindo suas terras, expulsa palestinos, mata 2000 crianças em 17 dias, Israel está sendo Estado terrorista e não tem direito de defesa. Quem tem direito de defesa são os violentados, os palestinos. O JN da TV GLobo, como a mídia ocidental em geral, diariamente está fazendo propaganda pró-Israel disfaçada de notícia. A mesma TV GLobo que cresceu lambendo as botas dos generais da ditadura, agora passa pano para o estado genocida de Israel. Foca em israelenses sequestrados e omite que o governo nazifascista de Israel mantém presos/sequestrados milhares de palestinos, inclusive crianças de 12 anos e adolescentes, e que em 76 anos matou mais de 160 mil palestinos, invadiu o território deles, cortou o acesso à água, enfim, matou de muitas formas.

O secretário geral da ONU, Antônio Guterrez, disse a pura verdade e o mínimo que precisava ser dito: o Hamas não fez o que fez por acaso. A reação do Hamas, criado pela postural colonial e de *apartheid* do governo de Israel, é uma resposta desesperada à matança do povo palestino. Exigimos cessar fogo e negociação JÁ, para que se crie de fato o Estado Palestino e se respeite todos os direitos do seu povo. Lutamos por paz com justiça. Que a luz e a força divina nos guiem sempre na luta pela paz com justiça. Viva a luta do povo palestino!

É brutal o GENOCÍDIO que Israel vem fazendo em Gaza. O holocausto se repete, agora, perpetrado pelo Estado terrorista de Israel. Vítimas do holocausto pelos nazistas, os judeus agora fazem holocausto do povo palestino. Ignorando a resolução da Assembleia Geral da ONU e convenções de Direito Internacional Humanitário, Israel aumentou ataques e está exterminando civis em Gaza. Já foram mortas mais 3 mil crianças e 2 mil mulheres... O Governo brasileiro, liderado pelo presidente Lula, precisa se posicionar de forma contundente contra o Estado de Israel, que está sendo colonialista e genocida. Precisa cancelar todos os acordos comerciais e suspender relações diplomáticas com Israel até que aconteça um cessar fogo e sejam encaminhadas negociações que levem à paz com justiça, o que inclui, necessariamente, o reconhecimento do Estado Palestino e que sejam devolvidos ao povo palestino todos os territórios invadidos por Israel.

O palestino Ahmed Shehada, presidente do Instituto Brasil Palestina, para denunciar o que está acontecendo na Faixa de Gaza, relatou ao deputado padre João, em vídeo disponibilizado no Youtube,[80] um pouco do que o seu povo passa há mais de 70 anos.

Como já falamos uma vez, não é uma guerra, é um massacre, um *apartheid*. Os hospitais entraram em colapso, milhares de crianças já foram mortas desde o dia 7 de outubro de 2023, foram usadas mais de 12 mil toneladas de bomba por Israel.

---

[80] YOUTUBE. *Massacre e genocídio que Israel faz há 76 no meio do Povo Palestino*: pare o genocídio! PAZ, JÁ! Disponível em: https://www.youtube.com/watch?v=oLpNR77eleA. Acesso em 20 set. 2024.

A crueldade de ataques a hospitais, ambulâncias e escolas, os assassinatos de funcionários da ONU e da Cruz Vermelha, a utilização de fósforo branco, arma química proibida pela legislação internacional, além do bloqueio total da entrada de alimentos, água e combustível são elementos que configuram claramente a prática de punição coletiva.

O número de mortos em Gaza pelo Estado genocida de Israel é de milhares de palestinos, entre os quais milhares de crianças e mulheres. É muito triste tudo o que está acontecendo.

Além dos réus principais – os sionistas, os governos de Israel e dos EUA – outros atores devem ser arrolados como cúmplices e, igualmente, julgados. Quais sejam: a mídia nacional e internacional, com seu papel de máquina de guerra do sionismo, a manipular os fatos e a tentar justificar o genocídio contra um povo; os governos do mundo inteiro que foram – são – coniventes com esse massacre covarde, que tentam chamar de guerra, mas que nunca foi uma guerra: o que há é o cerco de um território onde apenas um exército fortemente armado e com apoio da maior potência militar do mundo pratica, durante meses, um genocídio, com requintes de crueldade, com corte de energia elétrica, de comida, de água e até de internet, despejando toneladas de bombas e mísseis, incluindo fósforo branco, destruindo hospitais, escolas, igrejas e impedindo até mesmo a entrada de ajuda humanitária.

A humanidade não pode deixar impune o massacre de um povo que está sendo visto e televisionado nos canais alternativos para todo o planeta.

Se nada for feito, a destruição covarde, vil e cruel do povo palestino será a destruição da própria humanidade, ou do que restou de humano em nós.

É urgente cessar o genocídio contra a população palestina, que em Gaza forma mais de dois milhões de almas, sobretudo crianças, mulheres e idosos.

É urgente julgar e punir todos os envolvidos, diretos e indiretos, nesse genocídio realizado no maior campo de concentração a céu aberto.

Defendemos a paz e que Israel pare de matar inocentes! Queremos o reconhecimento do Estado da Palestina e que todos os os crimes de guerra de Israel sejam julgados pela ONU e pelos Tribunais Internacionais.

CAPÍTULO 28

POR POUCO, NOVA DITADURA, MAS, DITADURA NUNCA MAIS!

Dia 08 de janeiro de 2024 aconteceram em várias capitais brasileiras atos públicos em defesa da democracia que, como flor sem defesa, precisa ser cuidada e construída cotidianamente, visto que os arroubos tirânicos de extrema-direita continuam rondando. Em Minas Gerais, o Ministério Público realizou o Ato "8 de janeiro Nunca Mais", um tributo ao Regime Democrático, caracterizando a tentativa de golpe ocorrida em Brasília, no dia 8 de janeiro de 2023, como "atos abomináveis, inaceitáveis e que devem ser punidos exemplarmente". Em Brasília, no Congresso Nacional, aconteceu o Ato "Democracia Inabalada", ato de reafirmação e celebração da democracia brasileira, marcando um ano do fatídico dia da infâmia e da cólera: tentativa de golpe frustrado planejado pelo bolsonarismo, a extrema-direita inconformada com a eleição de Luiz Inácio Lula da Silva para presidente do Brasil pela terceira vez.

É necessário recordar, para manter na memória, para não esquecer e julgar, e para que não se repita. Na tarde de 8 de janeiro de 2023, a Praça dos Três Poderes, em Brasília, foi invadida por uma multidão ensandecida, com a cumplicidade da Polícia Militar do Distrito Federal, que "escoltou a turba golpista", deixando de cumprir sua missão constitucional de proteger a Praça dos Três Poderes e seus Prédios de ataques de vândalos. Arruaça e quebra-quebra no Congresso Nacional, no Palácio do Planalto e no Supremo Tribunal Federal (STF) foi o que o povo viu atônito, parte ao vivo, por TVs e via internet.

Vidraças, poltronas, portas, obras de arte foram quebradas... Um rastro de destruição... Abjetos atos golpistas. Para além das depredações e dos prejuízos causados ao Patrimônio Público, a turba invasora afrontou e desrespeitou a vontade popular, pois rejeitou o resultado das eleições feitas por urnas eletrônicas comprovadamente seguras.

Entretanto, o presidente Lula, bem assessorado pelo ministro da Justiça, Flávio Dino, e outros(as), não caiu na armadilha de decretar GLO, que é a Garantia da Lei e da Ordem, remédio extremo que daria muitos poderes para os generais das Forças Armadas. Perspicaz, Lula decretou Intervenção na Segurança Pública do Distrito Federal que, sob o comando de Ricardo Cappelli, conseguiu controlar e asfixiar a tentativa de golpe ao entardecer de um dos mais tristes dias da história do Brasil, o 8 de janeiro de 2023, e encaminhar, no dia seguinte, para a prisão, mais de 1.400 golpistas que estavam acampados em "incubadoras" golpistas ao lado do Quartel do Exército em Brasília. As instituições democráticas reagiram e impediram que a barbárie ocorrida em Brasília virasse um fogo incontrolável.

Os atos de barbárie que tiveram seu cume em 8 de janeiro de 2023, em Brasília, tratam-se do ápice do desdobramento de um processo golpista militar, empresarial e midiático iniciado em 2016, que retirou do poder a presidente eleita Dilma Rousseff, sem que ela tivesse cometido crime de responsabilidade, instalando, no seu lugar, um desgoverno de usurpadores e golpistas. O dia 8 de janeiro de 2023 aconteceu, porque foi permitido pelo STF e pelo Ministério Público Federal o golpe de 2016, em seguida, a prisão sem provas de Lula, a fim permitir a eleição em 2018 do Inominável. A elite brasileira, a grande imprensa e os chefes de igrejas (neo)pentecostais foram os arautos do plano macabro para colocar na presidência, em 2018, um fascista de extrema-direita que, em quatro anos de desgoverno, deixou um rastro de destruição sob todos os aspectos.

Nos pronunciamentos e nas ações das autoridades do Governo Federal, do STF e do Senado Federal ficou evidenciado que os discursos de ódio e de intolerância foram o combustível para os atos golpistas; os golpistas não passaram e nunca passarão; todos(as) que participaram dos atos golpistas, diretamente ou indiretamente, financiando, estimulando ou sendo mentores intelectuais, devem ser levado às barras do STF, julgados e condenados. Prisão, já, para quem participou, pagou, planejou e financiou! "Sem anistia!", eis o grito de luta do povo brasileiro que sabe o valor da democracia.

O presidente do STF, ministro Luís Roberto Barroso, afirmou:

> 8 de janeiro de 2023 não foi um ato isolado, foi o cume de um processo golpista planejado, organizado e fomentado por discursos negacionistas, de ódio e de intolerância. Funcionários do STF relataram que após marretadas no Plenário do Supremo, muitos invasores se ajoelharam e rezaram com as mãos para o céu. Que desencontro espiritual é este?[81]

De fato, estamos colhendo a tempestade semeada por 34 anos de pontificado de João Paulo II e Bento XVI, que semearam movimentos espiritualistas, fundamentalistas e moralistas como se fosse o jeito cristão de ser e de agir. A mercantilização da fé cristã por pretensos "pastores, bispos e apóstolos" que usam a fé do povo simples, abusam do nome de Deus para juntar dinheiro e, assim, em vez de ser cuidado como rebanho sofrido que acorre às igrejas com espadas de dores transpassando seus corações, esse povo é tosquiado por falsos pastores e falsos sacerdotes. Os políticos profissionais, os mais asquerosos, sabendo que ao longo da história passar-se por pessoa religiosa rende muito voto, aproveitaram do espiritualismo moralista construído no meio do povo religioso pelas "igrejas eletrônicas" e apresentaram o lema, isca sedutora, ao dizer "Brasil acima de tudo! Deus acima de todos! Deus, Pátria e Família". Esse foi o lema de quase todos os ditadores e tiranos da história: Mussolini e Hitler, por exemplo. Falavam em Deus, mas eram idólatras; falavam em Pátria, mas a destruíram, e falavam em Família, mas massacraram as famílias com políticas de morte.

É evidente que é necessário e urgente regulamentar as redes sociais/virtuais, a internet e as big techs, como, ultimamente, o fez a Europa, a Austrália e o Canadá. Não dá mais para a internet continuar sendo uma "terra sem lei". O Congresso Nacional ainda não regulamentou com sensatez a internet, porque está composto por uma maioria de centro, direita e de extrema-direita, a quem interessa deixar a porta aberta para a avalanche de *fake news*, de negacionismo e de discursos que solapam as instituições democráticas.

A democracia exige vigilância constante e permanente, mas não pode ser reduzida a uma democracia formal e burguesa. Só votar

---

81 PODER 360. 8 de janeiro não foi ato isolado, diz Barroso. Disponível em: https://www.poder360.com.br/justica/8-de-janeiro-nao-foi-ato-isolado-diz-barroso/. Acesso em 14 mar. 2024.

é muito pouco, pior ainda sob a agressão de *fake news* e do poder econômico que compra votos de forma deslavada. A democracia verdadeira é um processo que se constrói com lutas permanentes por direitos humanos, sociais, trabalhistas, ambientais, previdenciárias, direitos da natureza etc.

Só pode existir liberdade para as pessoas na democracia. Liberdade não é fazer o que quiser. Liberdade pessoal exige responsabilidade social, ambiental e geracional. Liberdade de expressão está garantida pela Constituição de 1988, mas liberdade de expressão não inclui autorização para se cometer crimes.

Todos os(as) golpistas estão sendo julgados e, independentemente da condição social, se é civil ou militar, pobre ou empresário, político ou não, todos precisam ser responsabilizados dentro do devido processo legal, por questão de justiça e também para que a impunidade não estimule outras aventuras golpistas. A anistia funcionará como a antessala de novas investidas golpistas. Por isso, SEM ANISTIA! Apaziguamento é inaceitável, pois implica fazer de conta que não aconteceram crimes brutais e pôr esparadrapo sobre ferida que precisa ser curada com justiça.

No Brasil, o que existe não é apenas uma 'polarização', palavra do discurso pós-moderno que esconde a contradição existente em uma sociedade capitalista, onde a classe dominante segue insistindo em superexplorar a maioria do povo que integra a classe trabalhadora e camponesa.

Com união e mobilização, o povo brasileiro e as instituições selaram um pacto de rotundo "Não ao fascismo!", mas as ameaças continuam rodando. Se a tentativa de golpe tivesse sido vitoriosa, a "caça às bruxas", a quem luta por direitos humanos, sociais e ambientais, estaria a todo vapor prendendo, torturando e matando de mil formas; a Amazônia seria reduzida em chamas em poucos anos, como vinha sendo devastada com a cumplicidade e incentivo do desgoverno federal do inominável. "A boiada continuaria passando". O Brasil continuaria sendo pária no mundo e dilapidado em seus bens naturais e humanos.

Apesar dessa vitória da democracia, reiteramos que não podemos nos contentar apenas com uma democracia formal e representativa. Temos que seguir lutando coletivamente por uma democracia plena, o que acontecerá quando implementarmos reforma agrária popular, reforma urbana, preservação ambiental, direitos humanos, direitos trabalhistas, direitos previdenciários, direitos das próximas gerações, direito da natureza, superação da idolatria do mercado, demarcação dos territórios dos povos indígenas e tradicionais..., o que só será possível em uma sociedade socialista, para além do capitalismo, sistema que na fase atual gera fascismo e políticos de extrema-direita.

CAPÍTULO 29

PESSOA CRISTÃ É DISCÍPULA DE UM PIEDOSO OU DE UM MÁRTIR?

Como pessoa cristã, participo de Comunidades Eclesiais de Base (CEBs), de Pastorais Sociais e de Movimentos Sociais Populares, lutando por uma terra sem males que exige a superação do capitalismo, brutal máquina de moer vidas, e a construção de uma sociedade socialista com justiça econômica, democracia real, solidariedade social, responsabilidade social, ambiental e geracional, e respeito à imensa pluralidade cultural e religiosa existente no seio dos povos.

Nos Encontros das CEBs, geralmente um dos momentos de oração e mística é fazer uma caminhada com os(as) mártires, carregando os estandartes com os rostos dos cristãos e cristãs que foram martirizados(as) porque estavam comprometidos com a luta pela reforma agrária, pela defesa da Floresta Amazônica e de todos os direitos humanos fundamentais e da natureza. Chico Mendes, Santo Dias, irmã Dorothy Stang, padre Ezequiel Ramin, padre Josimo, Mariele Franco, Dom Fhillips, Bruno Pereira e uma multidão de outros(as), são exemplos de mártires dessas lutas. Nos últimos 50 anos, no Brasil, foram mais de cinco mil mártires, a maioria tombada na luta pela terra e por território. O número de mártires anônimos é muito maior.

Toda vez que eu participo de uma caminhada com os mártires, fico muito emocionado. Primeiro, porque ouço as palavras que Moisés ouviu no deserto ao se aproximar do encontro com o Deus da vida: "Tire as sandálias dos seus pés, porque a terra que você está pisando é sagrada" (Êxodo 3,5). Segundo, porque participar de uma caminhada com os(as) mártires é uma bênção, uma maravilha, mas também uma responsabilidade muito grande que me lembra também de um momento do filme *Anel de Tucum*, quando nosso querido e saudoso dom Pedro Casaldáliga tira o Anel de Tucum do seu dedo e pergunta: "André, você aceita usar este Anel de Tucum, símbolo do compromisso com a causa dos pobres? Posso te dar de presente este Anel de Tucum, mas esse anel queima".

Participar de uma caminhada com os(as) mártires, como fizemos no IX Encontro Mineiro das CEBs, em Passos/MG, na noite de 19 de julho de 2024, também queima, porque é um sagrado convite de Deus, mistério de infinito amor, invocado sob tantos nomes; é um convite amoroso do Espírito Santo e de Jesus Cristo, nosso mestre e mártir maior, para não vacilarmos sendo omissos e cúmplices, mas assumirmos para valer as lutas justas e necessárias que incomodam os opressores e exploradores que poderão tentar calar a nossa voz. "Se perseguiram o mestre Jesus, também vos perseguirão" (João 15,20), mas como Jesus ressuscitou, se nos matarem, ressuscitaremos também na luta do povo, conforme profetizou o arcebispo dom Oscar Romero, martirizado enquanto celebrava a missa em El Salvador, em 24 de março de 1980. Bradou Romero: "Se me matam, ressuscitarei na luta do meu povo".

Os(as) Mártires da caminhada não apenas tombaram combatendo o bom combate (2 Timóteo 4,7-8), fazendo a diferença, eles e elas estão vivos no nosso meio, caminham conosco em nós, nos animando e nos fortalecendo. O sangue dos(as) mártires circula nas nossas artérias, nos encorajando nas lutas justas e necessárias. Dom Pedro Casaldáliga gostava de alertar: "Ai de um povo que esquece seus mártires".

Nós, pessoas cristãs, somos discípulos e discípulas de um mártir: Jesus Cristo, que, lamentavelmente, muitas pessoas, por ingenuidade ou porque foram induzidas, tendem a reduzir a um piedoso, a um "bom samaritano", a um ermitão, a um monge espiritualista, mas Jesus Cristo foi acima de tudo um mártir. "Prova de amor maior não há que doar a vida pelo irmão/ã...", canta a primeira música religiosa que aprendi quando ainda era criança.

Jesus não morreu de velhice, numa morte natural, Ele foi matado, assassinado, sofreu a pena capital – pena de morte sob a crucifixão. Condenado por chefes dos três podres poderes: da economia, da política e da religião. Jesus Cristo se tornou mártir, porque não apenas fez solidariedade, como nos mostra a primeira parte dos evangelhos sinóticos (Mateus, Marcos e Lucas), mas porque teve a lucidez e a coragem de lutar por justiça no seu sentido mais profundo, o que nos mostra a segunda parte de sua missão, na também segunda parte dos evangelhos de Mateus, Marcos – a partir de Marcos 8,34 – e Lucas – a partir de Lucas 9,51. Ao ser ameaçado de morte pelo governador Herodes, Jesus teve a coragem de o chamar de raposa. "Vão dizer a essa raposa: eu expulso demônios, e faço curas..." (Lucas 13,32). "Raposa" no sentido de comedor de suor e sangue dos empobrecidos, vampiro explorador do povo escravizado. Assim, Jesus desmascarou o rei Herodes, imposto pelo imperador romano escravocrata para continuar a colonização do povo na Palestina.

Jesus Cristo se tornou mártir porque teve a sabedoria e a coragem de denunciar todos os saduceus, que eram os poderosos do poder econômico, se diziam proprietários de terra, mas, na verdade, eram os grandes grileiros de terra, os grandes latifundiários da época. Diante dos saduceus e de parte dos fariseus e doutores da lei, Jesus não baixou a cabeça e nem se ajoelhou, mas de pé, com cabeça erguida, os acusou:

> Ai de vocês, hipócritas! Vocês são como sepulcros caiados: por fora parecem bonitos, mas por dentro estão cheios de ossos de mortos e podridão! Por fora, parecem justos diante dos outros, mas por dentro estão cheios de hipocrisia e injustiça (...) Serpentes, raça de cobras venenosas! Enviei a vocês profetas, sábios e doutores, mas a uns vocês matarão e crucificarão, a outros torturarão nas sinagogas de vocês. Por isso virá sobre vocês todo o sangue justo derramado sobre a terra (Mateus 23,27-28,33-35).

Jesus Cristo se tornou mártir, porque, mesmo com o vacilo de alguns de seus companheiros, quando estavam naquela caminhada rumo a Jerusalém (Lucas 9,51-19,28), vindo da periferia da Galileia e começaram a aparecer ameaças de morte contra Jesus de Nazaré, o apóstolo Pedro se aproximou do Mestre e propôs que era hora de colocar a "viola no saco" e voltar para a Galileia, onde todo mundo o aplaudia, todo mundo queria estar com Ele, fase da missão em que Jesus fazia os milagres e esbanjava solidariedade, abraçando a todos. Entretanto, Jesus ficou indignado com a proposta e repreendeu Pedro, alegando que ele estava querendo desviá-lo do caminho: "Fique longe de mim, satanás! Você não pensa as coisas de Deus, mas as coisas dos homens" (Marcos 8,33). O evangelho não faz referência a um satanás abstrato, "um deus do mal", mas a um adversário que tira o foco da missão e propõe fazer aliança com opressores. Jesus foi martirizado, porque com altivez decidiu: "Nós vamos continuar firmes na caminhada rumo a Jerusalém. Não vamos voltar para trás".

Portanto, que tenhamos a grandeza humana, espiritual e ética, a sabedoria e a coragem para não medirmos esforços para sermos também companheiros e companheiras firmes na luta, combatendo o bom combate (2 Timóteo 4,7-8), fazendo a diferença, com uma mão sendo pessoas solidárias e com a outra lutando por justiça agrária, urbana e socioambiental, bem como por todos os direitos humanos fundamentais e da natureza. Assim, nós poderemos ser verdadeiros discípulas e discípulos dos mártires da caminhada e de Jesus Cristo, o nosso mártir maior, mestre e salvador.

Enfim, eis uma amostra de que um Encontro de CEBs é sempre um momento de reanimar as forças, reacender a esperança, as utopias e a coragem de viver a verdadeira e libertadora espiritualidade, assumir o compromisso profético de anunciar o Reino de Deus e denunciar tudo o que fere e mata a vida.

CONCLUIR SEM CONCLUIR...

Pelo analisado nos vinte e nove artigos deste livro, que podem ser lidos e compreendidos independentemente, pois eles têm autonomia, mas se complementam ao analisar a relação da Fé com a Política, inclusive com a política partidária, não resta dúvida de que a questão religiosa se tornou uma gravíssima questão política no Brasil e no mundo. Mesmo estando em um Estado laico, segundo prescreve nossa Constituição Federal de 1988, o entrelaçamento de posturas religiosas com posições políticas tem feito muito mal ao povo e ao meio ambiente. A extrema direita política, planejadamente, tem buscado se apropriar da dimensão de fé das pessoas e induzido muita gente a pensar que a luta pelos direitos humanos fundamentais e pelos direitos da natureza é coisa de comunista, coisa contrária "aos princípios religiosos".

Esperamos que tenha ficado demonstrado neste livro que a dimensão de fé das pessoas, no seu sentido mais profundo, em todas as religiões e nas igrejas cristãs idôneas, – desconsiderando as "pequenas igrejas, grandes negócios" –, tem relação intrínseca com a dimensão política de toda pessoa humana. Isso, porque fé, no sentido de postura existencial que reconhece que estamos envolvidos por um amor infinito, ao qual chamamos de Deus, invocado sob muitos nomes, implica ter empatia pelo(a) próximo(a), pela natureza que nos sustenta e, logicamente, comprometer-se com a construção de uma sociedade justa, solidária e ética, o que passa necessariamente por um projeto político de sociedade que seja democrático, popular e que busque construir relações sociais onde o bem comum e os direitos humanos e da natureza sejam respeitados. Portanto, é absolutamente contraditório ser pessoa cristã e defender na prática um projeto político idolátrico, que inviabilize a fraternidade real entre todas as pessoas e a natureza.

REFERÊNCIAS

ACOSTA, Alberto. *O Bem Viver. Uma oportunidade para imaginar outros mundos*. São Paulo: Ed. Elefante, 2016.

ARENS, E. Ásia *menor nos tempos de Paulo, Lucas e João*: aspectos sociais e econômicos para a compreensão do Novo Testamento. São Paulo: Paulus, 1998.

BRETON, A. Vocación y misión: formularia profético. *Analecta Bíblica 111*, Roma, 1987.

CLAUCK, H. Opositores de dentro-tratamento dos separatistas na primeira epístola de João. *Concilium*, Petrópolis: Vozes, n. 6. p. 758-767, 1988.

COMBLIN, José. *Atos dos Apóstolos*. Petrópolis: Vozes, 1987. v. I.

COMBLIN, José. *Atos dos Apóstolos*. Petrópolis: Vozes, 1988. v. II.

CONCÍLIO VATICANO II, *Dei Verbum. Constituição Dogmática sobre a Revelação Divina*. São Paulo: Paulinas, 1966.

CONCÍLIO VATICANO II, *Dei Verbum. Constituição Dogmática sobre a Revelação Divina*. São Paulo: Paulinas, 2005.

CORBO, V. La fortezza di Macheronte. Rapporto preliminare. LA (= Liber Annus) XXVIII, 1978, p. 217-231; LA 1979, p. 315-326; LA 1980, p. 365-376; LA 1981, p. 257-286.

COSTA, Julieta Amaral da et al. *Comunidade de Tessalônica*: *fermento do Reino na grande Cidade* – uma leitura da 1ª Carta aos Tessalonicenses feita pelo CEBI-MG. Belo Horizonte: CEBI-MG, 2017.

CROSSAN J. D. *O Jesus histórico, a vida de um camponês Judeu do Mediterrâneo*. Rio de Janeiro: Imago, 1994.

CROSSAN J. D. *Quem matou Jesus?*. Rio de Janeiro: Imago, 1995.

CROSSAN J. D. *Uma biografia Revolucionária Jesus*. Rio de Janeiro: Imago, 1995.

DAIBER, João. O amor humano de Deus em Oséias. *In*: *Estudos Bíblicos*, n. 63, 1999.

FITZMYER, J. *The Acts of the Apostles*. New York: The Anchor Bible, Doubleday, 1998. v. 31.

FREIRE, Anízio. Um cidadão do amor e da esperança no Reino do Norte (Oséias). *In*: *Estudos Bíblicos*, n. 79, 2003.

JOSEFO, Flávio. *Antiguidade Judaica*. XVIII, 5, 2, p. 116-119.

LARROSA, Jorge. *Pedagogia profana*: danças, piruetas e mascaradas. Belo Horizonte: Autêntica, 2004.

LAUREANO, Delze dos Santos. *O MST e a Constituição, um sujeito histórico na luta pela reforma agrária no Brasil*. São Paulo: Ed. Expressão Popular, 2007.

LIBÂNIO, J. B. *A volta à Grande Disciplina*. São Paulo: Loyola, 1983.

LINDEZ, José Vilchez. *Sabedoria. Grande Comentário Bíblico*. São Paulo: Paulus, 1995.

LOFFREDA, S. *Ceramica di Mishnaqa-Macheronte (I sec. a. C. – I sec. d. C.).*

MANSILLA, Sandra Nancy. Um jubileu na era da pós-modernidade – Sobre a necessidade de uma hermenêutica permanente. Leitura do discurso programático de Jesus na sinagoga de Nazaré (Lucas 4, 14-30). *Revista de Interpretação Bíblica Latino-Americana/Ribla*, n. 33, Petrópolis: Vozes, p. 150-160, 1999.

MARCONCINI, Benito. *Profetti e apocalittici*. Elle di ci, 1995. v. 3.

MARX, Karl. *O Capital*. Edição resumida. 7. ed. Rio de Janeiro: Zahar Editores, 1982.

MEIER J. P. *Um Judeu marginal repensando o Jesus Histórico*. Rio de Janeiro: Imago, 1993.

MESTERS, Carlos. A profecia durante e depois do cativeiro. *In*: *Curso de Verão*. São Paulo: Paulus, 1991.

MESTERS, Carlos. *Paraíso terrestre*: saudade ou esperança? Petrópolis: Vozes, 1985.

MÉSZÁROS, István. *O poder da ideologia*. São Paulo: Ensaio, 1996.

MORALDI L. *Rivelazione*. Em: Nuovo Dizionario di Teologia Biblica, Edizione Paoline: Torino, 1988.

MOREIRA, Gilvander Luís. Grandes projetos na Bíblia e a resistência do povo. *Estudos Bíblicos*, v. 30, n. 120, Petrópolis: Vozes, p. 339-358, 2013.

MOREIRA, Gilvander Luís. *CPT e MST*: e a (in)justiça agrária? Experiências de luta da CPT e do MST. Belo Horizonte: Editora Dialética, 2021.

MOREIRA, Gilvander Luís. Laudato si'e as lutas dos movimentos socioambientais. *In*: MURAD, Afonso; TAVARES, Sinivaldo Silva (Org.). *Cuidar da Casa Comum*: chaves de leitura teológicas e pastorais da Laudato Si'. São Paulo: Paulinas, 2016.

MOREIRA, Gilvander Luís. Jesus de Nazaré e as CEBs: da Solidariedade à luta por Justiça. Por uma pedagogia emancipatória. *In*: FERRARO, Benedito; DORNELAS, Nelito (Org.). *CEBs*: raízes e frutos ontem e hoje. Goiânia: Scala Editora, 2014.

MORIN, E. *Jesus e as estruturas de seu tempo*. São Paulo: Paulinas, 1984.

ODEN JÚNIOR, Robert J. *The Bible Without Theology*. Harper and Row, 1987.

PALLARES, J. C. *Dios es Puro Corazón, la misericordia de Dios en San Lucas*. México, 1994.

PAPA FRANCISCO. *Exortação Apostólica Evangelii Gaudium – A alegria do evangelho*. São Paulo: Paulinas, 2013.

PAULA PEDRO, Enilda de; NAKANOSE, Shigeyuki. *Como ler o livro de Oséias – reconstruir a casa*. São Paulo: Paulus, 1995.

PIXLEY, Jorge. Oséias, uma nova proposta de leitura a partir da América Latina. *In*: *RIBLA*, n. 1, p. 44-63, 1988.

PONTIFÍCIA COMISSÃO BÍBLICA. *A Interpretação da Bíblia na Igreja*. Paulinas: São Paulo, 1994.

REIMER, Haroldo. Amós – profeta de juízo e justiça. *In*: Os livros proféticos: a voz dos profetas e suas releituras. *RIBLA 35-36*, Ed. Vozes, Petrópolis e Ed. Sinodal, São Leopoldo, 2000.

REVISTA DE INTERPRETAÇÀO BÍBLICA LATINO-AMERICANA. *Os livros proféticos*: a voz dos profetas e suas releituras. Petrópolis: Vozes, n. 35/36, 2000.

RICHARD, P. *O Movimento de Jesus depois da ressurreição, uma interpretação libertadora dos Atos dos Apóstolos*. São Paulo: Paulinas, 1999.

SAMPAIO, Tânia Mara Vieira. Oséias: uma outra profecia. *RIBLA 35/36*, Ed. Vozes, Petrópolis, Ed. Sinodal, São Leopoldo, 2000.

SAMPAIO, Tânia Mara Vieira. O corpo excluído de sua dignidade – uma proposta de leitura feminista de Oséias 4. *In*: *RIBLA*, n. 15, p. 28-36, 1993.

schökel, l. Alonso; diaz, j. l. Sucre. *Profetas*. São Paulo: Paulinas, 1991. v. II (Grande comentário Bíblico).

SCHWANTES, Milton. Era um menino – anotações sobre Oséias 11. *In*: *RIBLA*, n. 14, p. 33-43, 1993.

SCHWANTES, Milton. A profecia durante a monarquia. *In*: *Curso de Verão*. São Paulo: Paulus, 1991.

SEUBERT, Augusto. *Como entender a mensagem dos profetas*. São Paulo: Edições Paulinas, 1992.

SICRE, José Luís. *A justiça social nos profetas*. São Paulo: Paulinas, 1990.

SICRE, José Luís (Org.). *Os profetas*. São Paulo: Paulinas, 1998.

SICRE, José Luís. *O profetismo em Israel; O profeta. Os profetas. A mensagem*. 1. ed. São Paulo: Vozes, 1996

SIMIAN-YOFRE, H. *El desierto de los Dioses. Teologia e Historia en el libro de Oseas*, Córdoba: ED. El Almendro de Córdoba, 1992.

STORNIOLO, Ivo. *Como ler o Livro da Sabedoria*: a sabedoria de Israel é o senso da justiça. 4. ed. São Paulo: Paulus, 2008.

THEISSEN, G. *O movimento de Jesus*: história social de uma revolução de valores. São Paulo: Loyola, 2008.

VV. AA. *A Leitura profética da História*. São Paulo: CRB, Loyola, 1992.

VV. AA. *Profetas*: ontem e hoje. Série Estudos Bíblicos 04, Petrópolis: Vozes, 1987.

WENGST. K. *Pax Romana, pretensão e realidade*. São Paulo: Paulus, 1991.

WILSON, Robert R. *Profecia e sociedade no antigo Israel*. São Paulo: Paulus, 1993.

Esta obra foi composta em fonte Palatino Linotype, corpo 10
e impressa em papel Pólen Bold 70g (miolo) e Supremo 250g (capa)
pela Gráfica Star7.